THOMAS DREXEL

LOWEST BUDGET

Häuser unter 125.000 Euro – preisgünstig und attraktiv

Deutsche Verlags-Anstalt

INHALT

II. UMBAUTEN UND ANBAUTEN

EINFÜHRUNG

Noch günstiger als günstig bauen – die Anleitung dazu liefert LOWEST BUDGET! Das Buch macht Lust auf günstiges Bauen und beweist, dass kompakte, mit engem Kostenrahmen erstellte Häuser durchaus sehr attraktiv aussehen und höchste Innenraumqualität besitzen können. Größtenteils für das Wohnen bestimmt, aber immer dafür geeignet, zeigen 24 vorbildhafte Beispiele, wie ansprechend und doch äußerst preiswert gebaut werden kann – im Grunde das Ziel jeder Bauherrin und jedes Bauherrn. Ganz gleich, ob man keine Lust auf »Heißnadelfinanzierungen« oder einfach keinen Bedarf für eine Luxusvilla hat, hier findet jede Bauherrin und jeder Bauherr zu seinem günstigen Traumhaus!

Ob ein Haus teuer oder billig wird, hängt von einer Reihe von Faktoren ab. Bauherren, für die Kosten keine Rolle spielen und die mit ihrem Haus im wahrsten Sinne um jeden Preis renommieren möchten, werden 50.000 oder 100.000 Euro Baukosten mehr oder weniger als Peanuts empfinden. Für alle anderen jedoch findet sich in diesem Buch eine Vielzahl praktischer Hilfen und wichtiger Vorzeigeprojekte, um das eigene günstige Architekten-Haus Wirklichkeit werden zu lassen.

Zahlreiche Neubauten – vom strahlend weißen Giebelhaus über den roten Kubus im Bauhaus-Gewand und das gläserne Loft-Atelier bis zum futuristischen Haus im Grünen – zeigen die gesamte Bandbreite des Bauens mit kleinem Budget. Dabei müssen es gar nicht immer knappe Finanzen sein, sondern oft ist es einfach eine sehr reizvolle Aufgabe, mit bescheidenen Mitteln das Optimum an Architektur zu erreichen. Hinsichtlich Fassaden- und Innenraumgestaltung wie auch Grundriss und Erschließung bieten die Häuser alles, was man von bester Architektur erwarten darf. Insgesamt also das genaue Gegenteil von billig und stattdessen viele überraschend preisgünstige Wohn-Kunstwerke mit höchstem Wohnwert.

Die detaillierten textlichen Ausführungen, Baudatentabellen und Pläne zu den vorgestellten Projekten versorgen den Leser mit reichlich praktisch verwertbarem Detailwissen. Kosten sparende Planung, optimale Raumausnutzung, preiswerte Baumaterialien und Konstruktionsweisen, die Vermeidung unnötiger Arbeitsgänge, der Verzicht auf Luxus und ein auch auf Dauer preiswertes, nachhaltiges Baukonzept sind die wichtigsten Bausteine. Das Buch zeigt, wie aus diesen Elementen das perfekte LOWEST-BUDGET-Haus wird.

Ein Haus unter 125.000 Euro – wie geht denn das?

Das Ziel, ein Haus für kleine Familien, Paare oder Singles mit geringem Budget zu bauen, erfordert von Beginn der Planung bis zum Abschluss der Bauarbeiten hohe Disziplin auf Seiten aller Beteiligten. Bauherren und Architekten müssen mit vollem Einsatz für das Ziel arbeiten. Ein kleines Budget vorzugeben heißt auch, bewussten Verzicht zu üben. Wer nicht auf Luxus in puncto Wohnfläche und Ausstattung verzichten möchte, wird den gesetzten Kostenrahmen nicht einhalten und dies auch vom Architekten nicht erwarten können. Spätere Zusatzwünsche sind hier ebenfalls nur dann möglich, wenn dafür an anderer Stelle eingespart werden kann.

Die im Projektteil dieses Buchs aufgeführten Beispiele erzielen ihre geringen Kosten auf unterschiedliche Weise und durch verschiedene Faktoren – etwa durch eine kompakte Gestaltung des Gebäudes, durch eine kohärente Planung, den Einsatz günstiger Baumaterialien oder durch den Einsatz der eigenen Arbeitskraft. Aber es finden sich darunter auch viele Projekte, die ohne oder mit nur wenig Eigenleistung verwirklicht werden konnten. Hier sind selbstverständlich besondere Anstrengungen nötig, um das Sparziel bei hoher Architekturqualität dennoch zu erreichen. Die Baukosten sind als Gesamtkosten brutto, also einschließlich der landesüblichen Mehrwertsteuer, Nebenkosten und der gezahlten Honorare (ohne Außenanlagen) angegeben und ermöglichen daher eine optimale Beurteilung der tatsächlichen finanziellen Aufwendungen.

Günstig bauen mit kostenbewusstem Architekten

Vorurteile von der Art, Architekten würden den Hausbau immens verteuern, gehören zu den lieb gewordenen Allgemeinplätzen. Natürlich gibt es auch unter den Planern solche, die an kostenbewusstem Bauen kein Interesse haben, aber bei der Auswahl des richtigen Architekten zahlt sich das Vertrauen auf Kompetenz im wahrsten Sinne aus. Es kommt dann weit mehr als das aufgewendete Honorar in Form von Einsparungen, eines guten Grundrisses mit perfekter Raumausnutzung und hoher Wohnqualität wieder zurück. Ein kompetenter und engagierter Architekt wird insbesondere auf folgende, in starkem Maß kostenrelevante Aspekte achten:

– eine ganzheitlich kosteneffiziente Planung, von der Auswahl des Grundstücks bis zum Einzug

– Grundriss mit optimaler Raumausnutzung und entsprechender Einsparung an kostenrelevantem Bauvolumen

– gutes Verhältnis von Außenwandflächen zu Raumvolumen/Wohnfläche

– genaue Auswahl der eingesetzten Bauteile und Materialien nach Kosten und Qualität

– kompetente Abwicklung der Auftragsvergabe nach Kosten und Qualität

– Einsatz günstiger Produktions- und Bauweisen (z.B. Vorfertigung, Fertigbauteile, Verwendung einheitlicher Komponenten)

– reibungsloser, das heißt Zeit sparender Ablauf des Bauprozesses durch detaillierte Bauzeitenplanung und genaue Kontrolle der Arbeiten.

Das wichtigste Kriterium bei der Auswahl des Architekten sollte neben der Sichtung gebauter Referenzobjekte das gemeinsame Verständnis sein. Stimmt die »Chemie« überhaupt nicht oder besteht kein Interesse am Sparkonzept, geht man besser wieder auseinander, denn das Vertrauensverhältnis zwischen Bauherrschaft und Architekt ist entscheidend nicht nur für das Gelingen des Hausbaus als solchem, sondern auch für die Einhaltung des Kostenrahmens. Eine möglichst frühzeitige Einschaltung des Architekten empfiehlt sich immer – am besten schon beim Grundstückskauf. Eine schwierige Lage (etwa an einem steilen Hang) kann hohe Erschließungskosten verursachen, problematischer Bauuntergrund kann die Kosten für die Fundamentierung in die Höhe schnellen lassen und ein ungünstiger Zuschnitt der Parzelle das gesamte Hauskonzept Makulatur werden lassen.

Kostenkontrolle von Anfang an

Wenn es das erklärte Ziel ist, ein günstiges Haus zu bauen, sollte in jedem Fall eine persönliche, verbindliche Kostenobergrenze formuliert werden, die auch dem Architekten bekannt sein muss. Um sicher zu sein, dass alle Beteiligten vom Gleichen reden, muss von identischen Zahlen ausgegangen werden. Am einfachsten und für die Bauherrschaft am besten nachvollziehbar ist die Rechnung mit Gesamt-Bruttokosten, die alle Steuern, Nebenkosten und Honorare sowie alle Nebengebäude einschließen sollte. Abgesehen vom Architektenhonorar (und natürlich den Handwerkerkosten) fallen in der Regel Kosten für Statik, Brandschutz, Entwässerung und für das Energiegutachten an. Es können im Voraus entweder

alle Leistungsphasen beauftragt werden oder zunächst nur die Entwurfsplanung. Ausschreibung, Vergabe und Bauleitung selbst zu übernehmen, ist allerdings nicht zu empfehlen, da hier versteckten Mehrkosten, Verzögerungen, Baumängeln und Haftungsproblemen Tür und Tor geöffnet ist, die am Ende deutlich teurer kommen können als das Architektenhonorar.

Es sollte darauf geachtet werden, dass bei Besprechungen immer von der gleichen Berechnungsweise ausgegangen wird – beispielsweise stets von den Bruttokosten je Quadratmeter Wohnfläche sowie gesondert je Quadratmeter Nebenfläche (Terrassen, Schuppen, Carports etc.). Je weiter spezifiziert wird, desto besser. Dies erleichtert, gezielt Kosten abzuspecken und vielleicht sogar auf weniger wichtige Bauteile zu verzichten.

Kostensteigerungen im Verlauf des Bauprozesses werden sich nicht immer ganz vermeiden lassen, sollten aber zumindest weitgehend ausgeschlossen werden. Dessen ungeachtet ist es unbedingt notwendig, dass nicht die gesamten vorhandenen Finanzmittel eingerechnet, sondern eine stille Reserve von mindestens 20 Prozent Brutto-Gesamtkosten vorhanden sein sollte. Neben unvorhersehbaren Mehrkosten – etwa durch schwierigen Bauuntergrund, Wassereinbrüche oder andere Faktoren – können auch Handwerkerkosten noch bis zu 10 Prozent über den Angeboten liegen. Unbedingt beachtet werden sollte ferner, dass Angebote teils zeitlich befristet sind und sich die Bauherrschaft frühzeitig gegen unplanbare Überschreitungen absichern muss. Aufgrund der teils rapiden Preissteigerungen bei Baumaterialien, insbesondere Metallen und Produkten auf Mineralölbasis, ist eine zügige, perfekt geplante Abwicklung der Arbeiten von umso größerer Bedeutung. Abrechnungen nach Material-Tagespreis oder auf Stundenbasis nach Aufwand sollten in der Regel nicht akzeptiert werden, da diese Kosten nicht kalkuliert und nicht verbindlich begrenzt werden können. Ein engagierter Architekt schützt die Bauherrschaft vor solchen Unwägbarkeiten. Ferner sollte er die fachgerechte Ausführung der Arbeiten durch Erstellung von Leistungsverzeichnissen oder zumindest genauen Ausführungsanleitungen zu den Plänen und durch eine genaue Planung, Koordination und Kontrolle des Bauablaufs sicherstellen.

Nicht zu vergessen ist das Thema Architektenhonorar. Grundsätzlich lässt die Gebührenordnung für Architekten (in Deutschland HOAI) einen beträchtlichen Spielraum bei der Bemessung des Honorars zu. Da die Planungsaufwendungen für ein Einfamilienhaus im Vergleich zu einem größeren Bauprojekt relativ hoch liegen, wird der Architekt nicht immer an die untere Grenze gehen können. Es wurde ja bereits erwähnt, dass gute Architekten für den Planungs- und Einsparerfolg einen beträchtlichen zeitlichen Einsatz erbringen müssen – sei es etwa für die Erstellung der verschiedenen Pläne, die Berechnung der Kosten, die Abstimmung mit den Behörden, Handwerkern und anderen Projektbeteiligten oder die Überprüfung der Bauabläufe. Es sollte zwischen Bauherrschaft und Planer aber immer verbindlich vereinbart werden, welche Leistungen das Honorar im Einzelnen beinhaltet.

Kompakt, praktisch und einfach bauen

Beim Durchschnittshaus wirken sich überflüssige Bauteile und eine unnötig große Kubatur sowie eine schlechte Grundrissplanung und Raumausnutzung besonders negativ auf die Kosten aus. All diese Versäumnisse können selbst durch noch so hohe Eigenleistung in der Regel nicht aufgefangen werden. Es gilt also, kompakt zu bauen, mit optimalem Verhältnis von Baumasse beziehungsweise Außenwand- und Dachflächen zu Wohn-/Nutzfläche – ohne überflüssige An- und Aufbauten wie Erker, ausladende Vordächer, Balkone und überdimensionierte Dachüberstände. Kompakte Häuser haben das beste Verhältnis von Außenwandfläche zu nutzbarer Wohnfläche/nutzbarem Volumen sowie einfache, das heißt Material und Arbeitszeit sparende und daher günstige Konstruktionen. Kompliziert gezimmerte Dachstühle wie etwa beim teils beliebten Walmdach sind beispielsweise sehr aufwändig und teuer, während Pult- und insbesondere Flachdachkonstruktionen deutlich günstiger erstellt werden können. Ziegel-Massivbauweise ist aufgrund der hier anteilig besonders hohen Rohbaukosten nur dann das Mittel der Wahl zum Kosten sparenden Bauen, wenn ansonsten strenge Sparvorgaben gelten. Der Verzicht auf einen Keller kann, auch wenn einige Beispiele in diesem Buch mit Untergeschoss realisiert werden konnten, eine der einfachsten Möglichkeiten zur Minimierung der Kosten darstellen.

Installationskosten lassen sich durch die konzentrierte Anordnung von Elektro-, Wasser- und sonstigen Leitungen in einem Versorgungskern einsparen. Teils kann eine einzige Fallleitung die Abführung des gesamten Niederschlagswassers übernehmen. Nicht in jeder Ecke des Raums werden Steckdosen benötigt, die ja schon wegen des Elektrosmogs sparsam eingesetzt werden sollten. Eine Heizung ohne zentrale Warmwasserbereitung spart Kosten beim Einbau und auch beim Betrieb. Nicht zuletzt bietet sich oft die Chance, Bauteile mit kombinierten Funktionen zu verwenden und damit wiederum einzusparen – zum Beispiel ein Dach als Terrasse oder ein einziges Vordach für Eingang und Sitzplatz im Freien.

Die beste Raumausnutzung: geniale Grundrisse ohne Schnörkel

Eine vernünftige und kosteneffiziente Planung fängt schon vor dem Haus an: Die Erschließung im Außenbereich muss so konzipiert sein, dass der Zugang sowie die Verlegung der entsprechenden Versorgungsleitungen auf möglichst direktem und kurzem Weg erfolgt. Kompakte Häuser erfordern in besonders starkem Maß eine gute Einbeziehung des Außenbereichs – etwa durch große Glasflächen und Terrassen –, um den Wohnbereich ins Freie hinein zu erweitern und so die Gebäudegrenzen im Eindruck aufzulösen. Eine gute Ausrichtung zur Sonne und eine bewusste Lichtführung machen den Innenraum heller und im Eindruck dadurch auch größer. Bei zweigeschossiger Bauweise kann etwa die Treppe dem Eingang zugeordnet werden, um die Erschließungsbereiche zusammenzufassen und so Wohnfläche einzusparen. Die eingeschossige Bauweise hat grundsätzlich den Vorteil, dass Treppen und entsprechende Erschließungsflächen eingespart werden können und das Raumgefühl besonders großzügig ausfällt, da sich der Wohnraum auf eine einzige Ebene beschränkt und so als Zusammenhang erlebbar wird. Bei zweigeschossigen Bauten lässt sich dies durch die Schaffung visueller Durchgängigkeit in der Vertikalen kompensieren, indem über zwei Geschosse reichender Luftraum für großzügige Kopffreiheit sorgt. Grundsätzlich sollten immer nur die absolut notwendigen Sichtbarrieren und Innenwände eingeplant werden, da ihre Erstellung zum einen Kosten verursacht und sie zum anderen die visuelle Durchgängigkeit schmälern.

Neue Wege bei Konstruktion und Materialwahl

Wer ein Haus mit günstigen Kosten, aber hohem Wohnwert haben möchte, wird in der Regel nicht umhin kommen, sich mit neuen und ungewöhnlich eingesetzten Konstruktionen und Materialien zu befassen. Dies setzt voraus, dass einerseits bei der Bauherrschaft die Bereitschaft besteht, solche oftmals rau erscheinenden Produkte auch einzusetzen, andererseits der Architekt bereit ist und Spaß daran hat, sich auf die Suche nach neuen, preiswerten Materialien und Konstruktionsweisen zu begeben.

Seien es textile Vliese für die Fassade, Kunststoffbeschichtungen für die gesamte Außenhaut oder gestampfte Sägespäne als Dämmungsmaterial – es sollte keine Variante als undenkbar betrachtet werden. Industriell in hohen Stückzahlen gefertigte Stahlgitterroste können als Böden für Treppen und Terrassen eingesetzt werden, Stahlseile als Brüstungs- und Geländerfüllungen. Wer keinen Wert auf edles Oberflächenfinish legt, kommt mit Bodenbelägen und

Wandoberflächen aus unbehandelten oder geölten OSB-Platten bestens zurecht, Türen und Innenwände können auch aus rohem Verpackungs-Sperrholz bestehen. Dachflächen können bei entsprechenden Voraussetzungen durchaus auch mit gängigen Aluminiumplatten anstelle der teurer werdenden Dach-Wellplatten eingedeckt werden. Die Liste lässt sich im Grunde beliebig fortsetzen. Wenngleich es nicht jeder Handwerker gerne sieht, dass der Bauherr einen Teil der einzubauenden Produkte selbst beschafft, so sollte er dies doch akzeptieren, solange es nicht die gesamte Ausstattung betrifft. Am besten klärt man dies schon vor der Vergabe der Aufträge verbindlich ab, um eventuelle spätere Diskussionen zu vermeiden. Teils werden etwa im Sanitärbereich günstige Sonderposten von Qualitätsprodukten angeboten, die anderen durchaus nicht nachstehen. Viele Schnäppchen, darunter auch Designer-Stücke – vom Philippe-Starck-Waschtisch bis zum Le-Corbusier-Sitzklassiker – finden sich im Internet, etwa bei ebay. Alternativ gibt es im Netz auch spezialisierte Bauteilbörsen, in denen Material aus Wiederverwendung angeboten wird. Vorsicht ist bei no-name-Produkten im Sanitärbereich geboten – etwa billigen Heizkörpern, die oft schon nach wenigen Jahren durchgerostet sind. Es gilt stets, bei der Suche nach günstigen Alternativen deren Qualität und Langlebigkeit nicht außer Acht zu lassen.

Einheitlichkeit und Vorfertigung

Je größer der Anteil einheitlich gestalteter Bauteile und damit deren Stückzahl ist, desto günstiger lässt sich der Preis gestalten. Dies gilt nicht nur für industriell, sondern auch für handwerklich hergestellte Produkte. Ein einziges Fenster- und ein Türformat lassen sich in größerer Stückzahl deutlich schneller und deshalb natürlich preiswerter fertigen.
Werden größere Komponenten – etwa Innenwände, Bodenplatten oder Decken – teils oder ganz in der Werkstatt vorgefertigt, kann dies aufgrund der Witterungsunabhängigkeit schneller und günstiger vonstattengehen als vor Ort; Unterbrechungen sowie zusätzliche Fahrt- und Rüstzeiten fallen weg.

Eigenleistung und Eigeninitiative

Einige der in diesem Buch vorgestellten Häuser kommen ohne Eigenleistung aus, bei anderen ist der Einsatz der Bauherrschaft ein wesentlicher Baustein für die Einhaltung des Kostenrahmens. Schon zu Beginn der Planung sollte geklärt sein, wie viel Zeit – nach strenger Selbsteinschätzung – tatsächlich in den Hausbau

oder in die Renovierung investiert werden kann. Im Normalfall, also bei durchschnittlichen Kenntnissen und zeitlichen Möglichkeiten, sind bis zu 20 Prozent der Handwerkerkosten realistisch. Versierte Bauherren, insbesondere bei Unterstützung durch Fachhandwerker in der Familie, können allerdings durchaus bis über 70 Prozent einsparen. Wer sich mit handwerklichen Dingen grundsätzlich eher schwer tut, sollte sich auf einfache Aufgaben wie Innenanstriche und leichte Verlegearbeiten beschränken. Die Zeit wird ansonsten besser genutzt, um sich gemeinsam mit dem Planer auf die Suche nach besonders günstigen Bauteilen und Materialien zu machen – ohne dabei deren Qualität aus den Augen zu verlieren.

Kosten sparen bei Finanzierung und Betrieb

Ein günstiger, aber realistischer Kostenrahmen ermöglicht immer eine komfortable Finanzierung mit geringst möglicher Belastung – ein übrigens für die persönliche Lebensqualität und Zukunftssicherheit sehr wichtiger Faktor! Ist zu einem späteren Zeitpunkt ein Plus an Wohnfläche erwünscht, kann dies bei den meisten der vorgestellten Häuser durch die Erweiterung mit zusätzlichen Modulen bis hin zur Aufstockung zusätzlicher Geschosse geschehen – und zwar dann, wenn die individuellen finanziellen Verhältnisse dies zulassen.
Kurze Bauzeiten mit entsprechenden Techniken, etwa einem hohen Vorfertigungsgrad, einem genauen Bauzeitenplan und einer genauen Kontrolle der Arbeiten helfen teure Überbrückungskredite zu vermeiden oder zu verringern. Ferner spart eingesparte Arbeitszeit in der Regel deutlich mehr Geld ein als der »spitze Bleistift« bei der Materialauswahl. Insofern ist die Kompetenz von Handwerksbetrieben auch und gerade beim günstigen Hausbau ein wichtiger Erfolgsfaktor.

Bei allen Bemühungen um eine Minimierung der Baukosten ist auch die Nachhaltigkeit der Low-Cost-Bauweise zu beachten. Das Spar-Domizil mit Anspruch will grundsätzlich kein Hightech-Haus mit vollautomatischer Steuerung diverser Features (und entsprechender Reparaturanfälligkeit) sein und erfüllt schon in dieser Hinsicht das Prinzip des »Weniger ist mehr«. In noch stärkerem Maß gilt dies für die bewusste Beschränkung der Baumassen und damit auch des Schadstoff-Ausstoßes bei der Errichtung. Kompakte Bauweise bedeutet darüber hinaus aber auch einen geringeren Energiebedarf im täglichen Betrieb, insbesondere für die Heizung. Alles in allem ist also das LOWEST-BUDGET-Haus ein ganzheitliches Erfolgs-Konzept mit Zukunft!

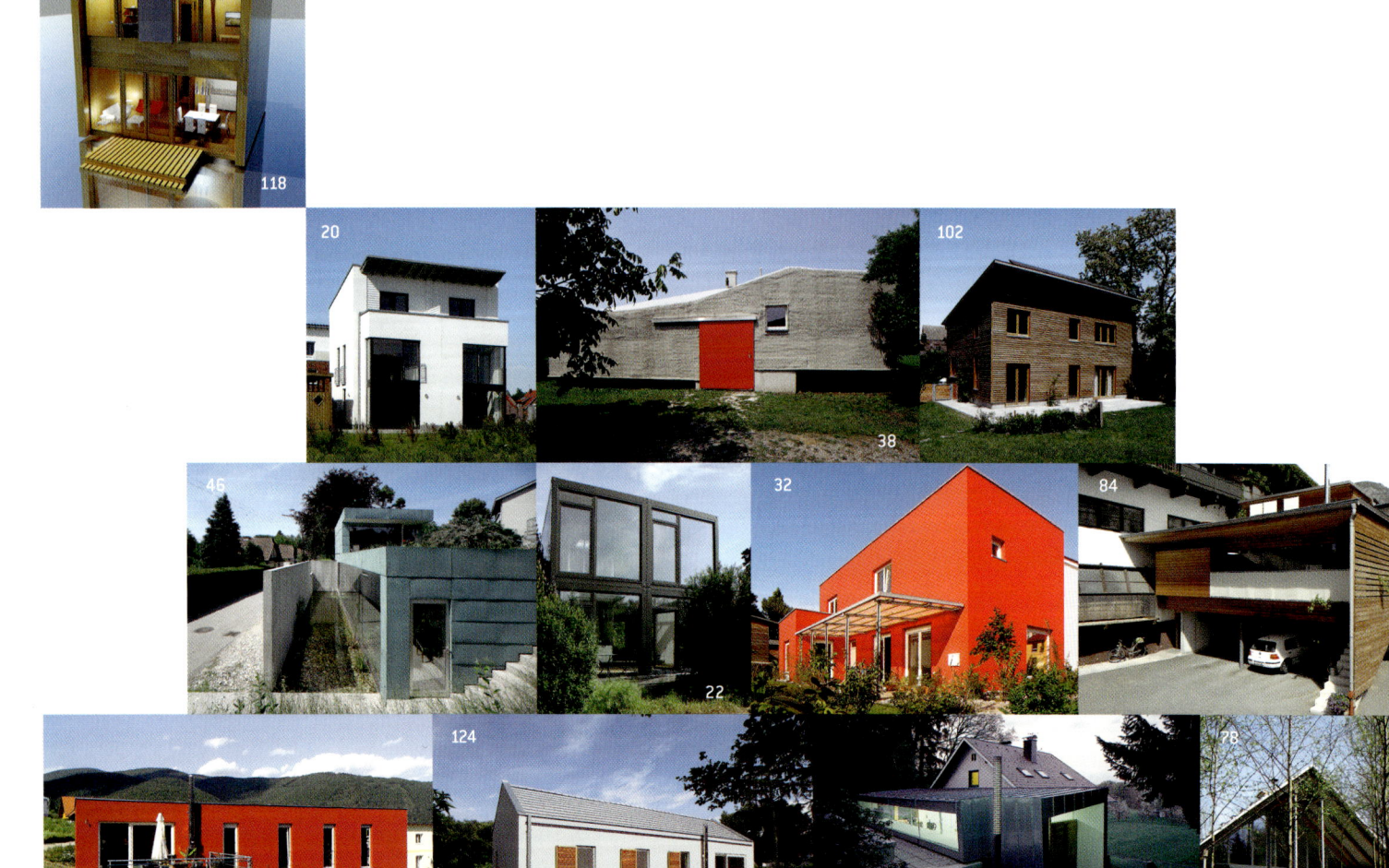

118

20

102

38

46

32

84

22

90

124

96

78

I. FREI STEHENDE NEUBAUTEN

RAUMWUNDER ZUM MINIMALPREIS

Architekten: W. Hofschröer Architekten, Rheine
Konzept, Entwurf und Projektleitung: Bernadette Kösters

Die oft vertretene Ansicht, mit geringem Budget könne keine erstklassige Architektur verwirklicht werden, wird durch dieses äußerst bemerkenswerte Beispiel in Westfalen überzeugend widerlegt. Das Hauskonzept von Bernadette Kösters war von Anfang an daraufhin ausgelegt, bestes Wohngefühl zum geringstmöglichen Preis zu erreichen. Zusammen mit dem Architekturbüro W. Hofschröer verwirklichte sie ihren Entwurf als Alternative zu einer Etagenwohnung. So ließ sich auch das häufig auftretende Problem vermeiden, nachträglich nicht eingeplante Wünsche einzuarbeiten, was ein Kosten sparend geplantes Haus im Nachhinein verteuert hätte. Es entstand ein vorbildhaftes Modell für Doppel- und Reihenhäuser zu geringsten Kosten.

Ein System mit Varianten

Dass das Hauskonzept konsequent zu Ende gedacht ist, zeigen nicht zuletzt die angebotenen Varianten, die die Möglichkeit der Erweiterung mit Terrasse ebenso bieten wie ein zusätzliches Kinderzimmer und auch andere Dachformen. Dadurch wird das Gebäude auch für kleine Familien interessant oder eignet sich bei Bedarf auch für die Unterbringung von Wohnen und Arbeiten unter einem Dach.

Verzicht als Sparrezept

Der günstige Preis resultierte bei diesem Haus aus der von Anfang an kohärenten, konsequent Kosten sparenden Planung, der in jeder Bauphase sehr genauen Kostenkontrolle und der bewussten Vereinfachung der Konstruktion. So verzichtete man in den beiden oberen Geschossen auf einen Estrich und verlegte stattdessen das Parkett direkt auf einer Dreischichtplatte und einer Unterkonstruktion aus Spanplatten. Günstige Steine aus Beton bilden die Außenwände, der Außenputz beschränkt sich auf die notwendige eine statt der gängigen zwei Schichten. So findet sich in nahezu jedem Bauteil eine Idee zum Kostensparen, die in der Summe den höchst attraktiven Gesamtpreis ergibt.

Klares Gesicht, klare Raumstrukturen

Im Gegensatz zu manch anderem Kleinhaus, das am Markt angeboten wird, ist hier sowohl die Gestaltung der Fassaden als auch die Strukturierung der Innenräume auf höchstem Niveau angelegt. Jedes Detail ist durchdacht, billige Gimmicks sucht man vergebens. Die beiden Giebelfassaden können als veritable Schauseiten bezeichnet werden. Das anthrazitfarbene Holz der Fenster korrespondiert mit dem leuchtend weißen Außenanstrich. Der Verzicht auf Dachüberstände bei innen liegenden Dachrinnen trägt ebenfalls wesentlich zur Klarheit des Baukörpers bei. Im Inneren des Doppelhauses dominieren offene Raumzusammenhänge, die durch die in zwei Läufen aneinander angeschlossene Treppe mit Gitterstahltritten vollständig bewahrt werden. Eine ausgesprochen großzügige Belichtung von drei Seiten läst das Haus hell und weit wirken. Im Erdgeschoss befindet sich ein großzügiger Koch- und Essbereich, der durch die Belichtung von zwei Seiten und den darüber offenen Luftraum enorm großzügig wirkt. Sein Mittelpunkt ist die gleich einer Skulptur im Raum stehende Kochinsel aus Beton. Eine Etage darüber angeordnet ist der Wohnbereich, darüber die Schlafgalerie. Ein kleiner Arbeitsbereich im Spitzboden rundet das erstaunlich vielgestaltige Raumprogramm ab.

Rechte Seite: Die Gartenansicht: äußerlich symmetrisch, im Inneren gibt es je nach Bauherrenwunsch alternative Gestaltungsvarianten.

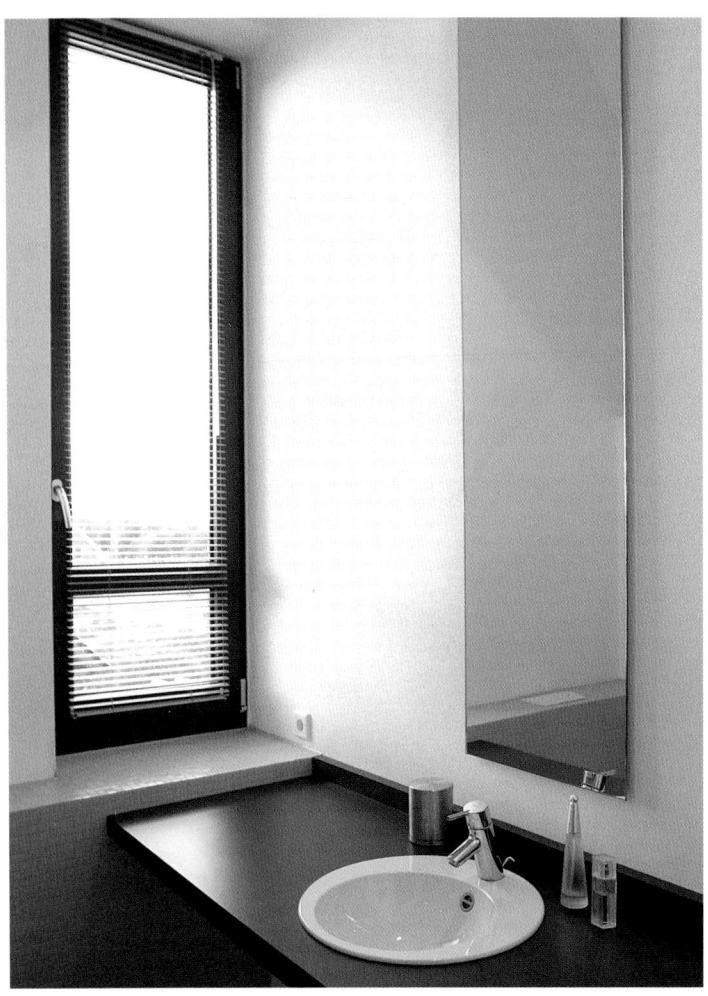

Selten wurde so überzeugend gezeigt, dass geringe Kosten und ein überragend schönes Raumempfinden miteinander verwirklicht werden können. Zum Preis einer etwa gleich großen durchschnittlichen Wohnung entstand so ein perfektes Haus mit allem, was das Herz des Architekturbegeisterten höher schlagen lässt.

Oben: Im Bad wurde hellblaues Glasmosaik mit warmen Materialien wie Holzparkett und einer wengefarbenen Waschtischplatte kombiniert.

Rechte Seite oben: Stimmungsvoller, sehr heller Lounge-Bereich im Obergeschoss. Die Elektroinstallation befindet sich aus Kostengründen ausschließlich im Bereich der Wände. Das Parkett ist unter Verzicht auf eine Trittschallschicht direkt auf die Verlegeplatten aufgebracht.

Rechte Seite unten: Im Wohn- und im Schlafbereich wurde Industrieparkett als Hochkantlamelle eingebaut – ein gleichermaßen hochwertiges, günstiges und belastungsfähiges Material. Klassische Bauhaus-Klassiker wie Le Corbusiers »LC2«-2-Sitzer und andere Stücke mit klarem Design bestimmen die Innenraumgestaltung.

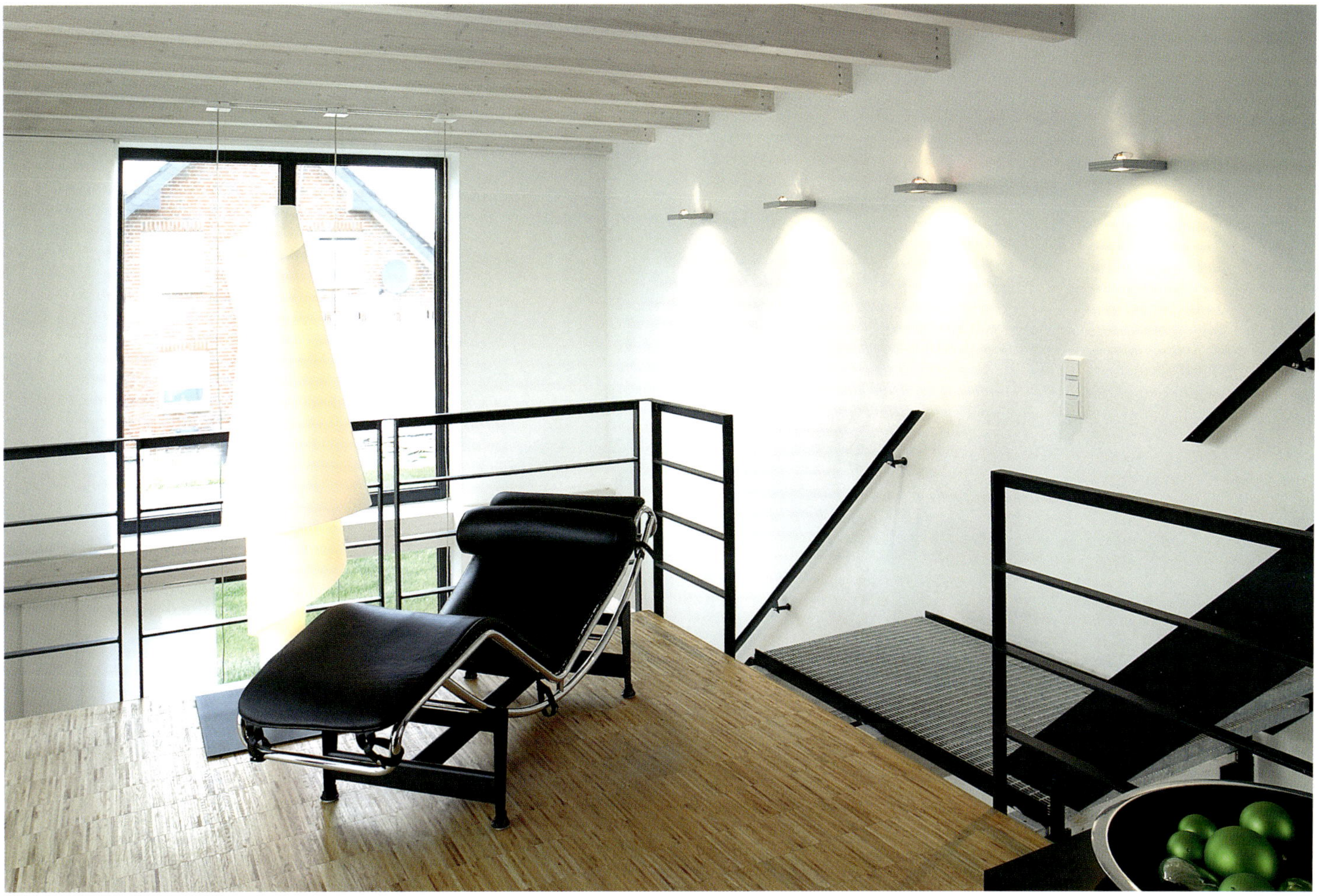

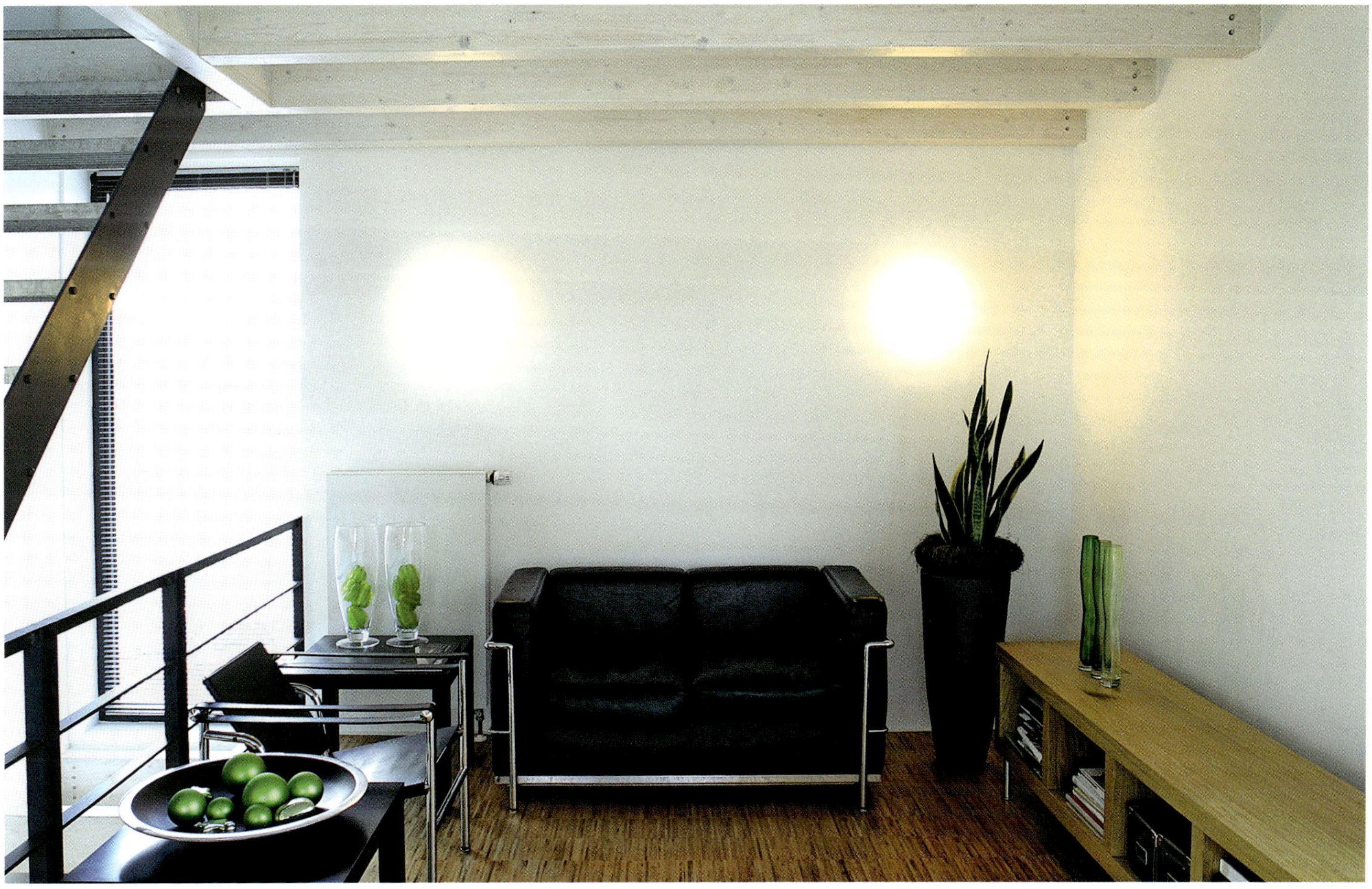

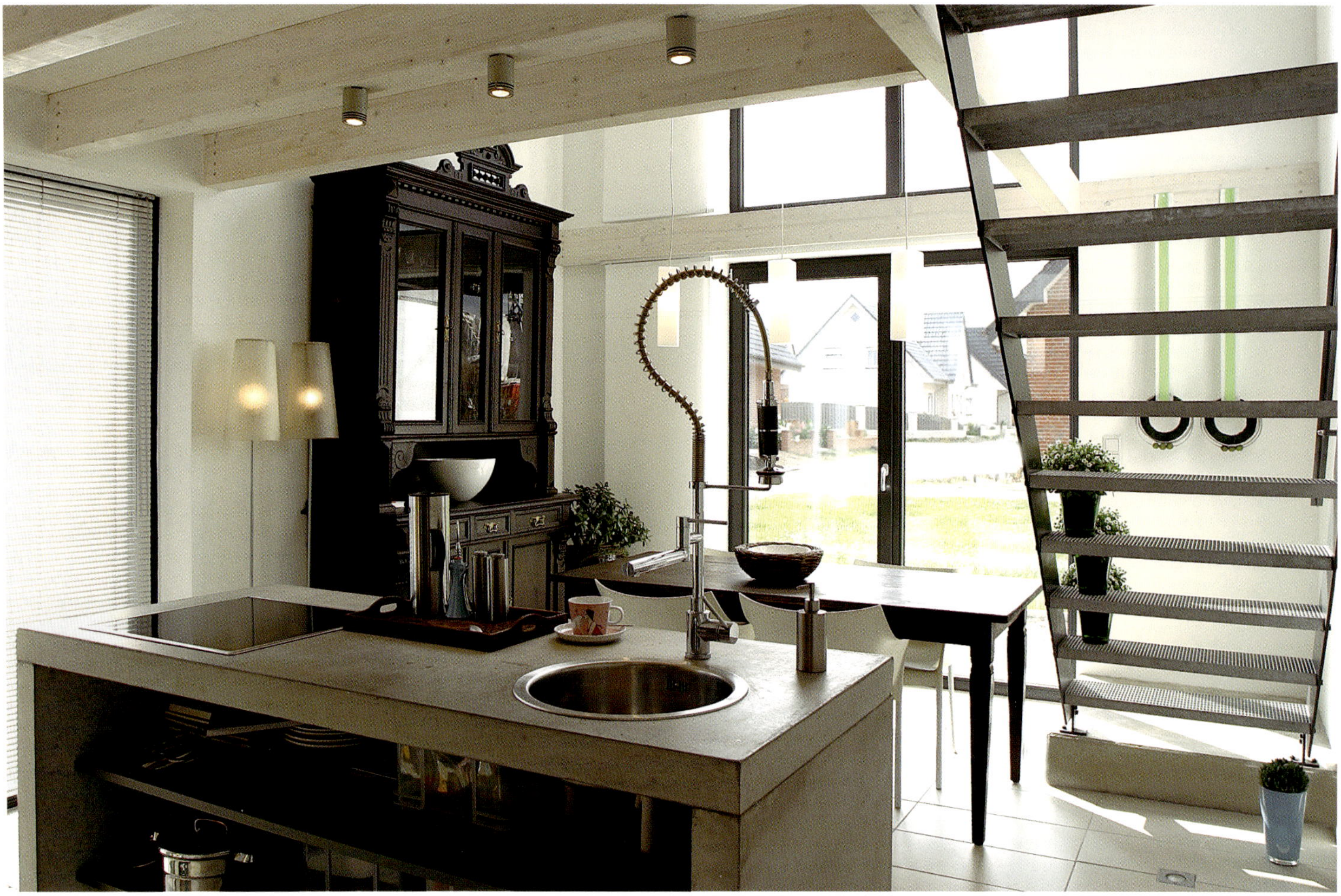

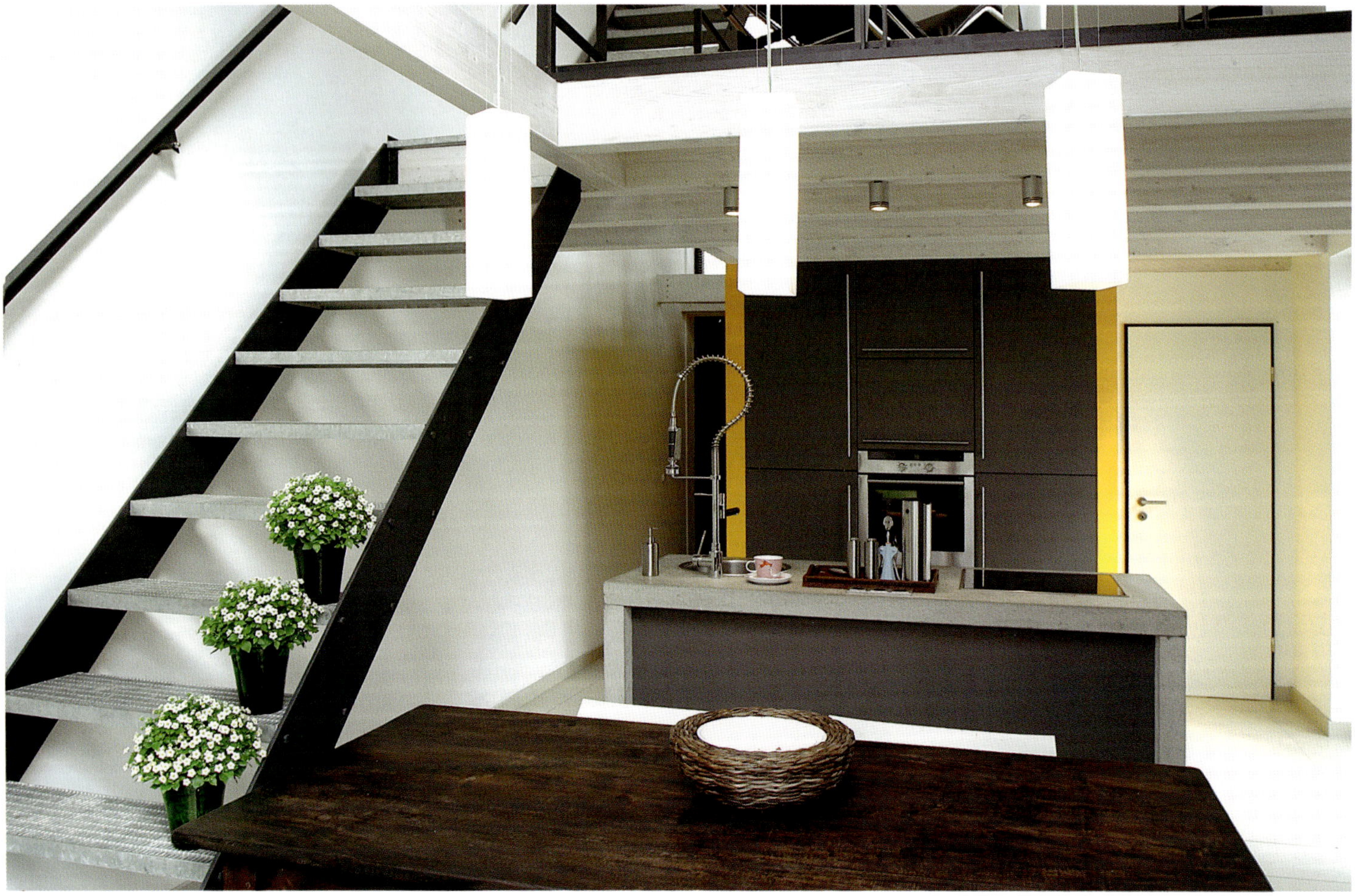

Oben: Den Hauseingang erreicht man über einen Steg aus Bankirai-Holz.

Linke Seite: Die im Raster der Fliesen eingebauten Bodenstrahler können gedimmt werden. Bei abendlicher Beleuchtung wird das Gitterwerk der Treppenstufen an der aufgehenden Wand abgebildet.

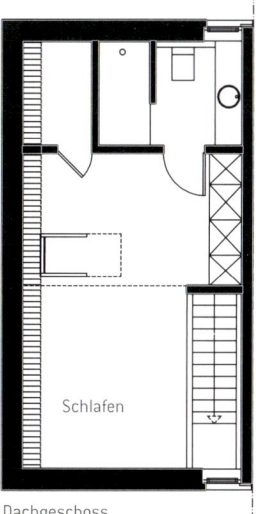

Dachgeschoss

Schlafen

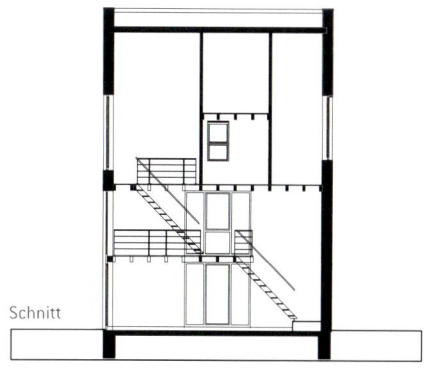

Schnitt

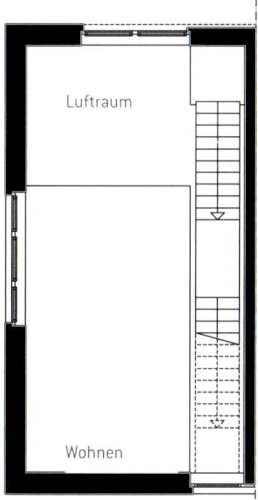

Luftraum

Wohnen

1. Obergeschoss

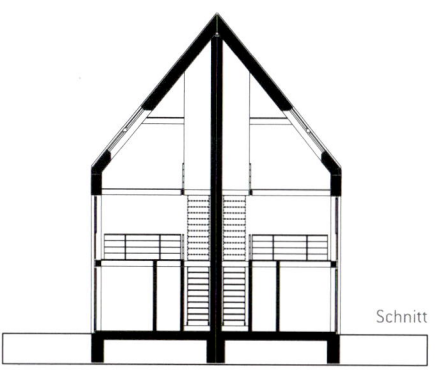

Schnitt

Linke Seite: Durch das offene Raumkonzept wirkt das Haus transparent, was im beleuchteten Zustand besonders gut zu erkennen ist.

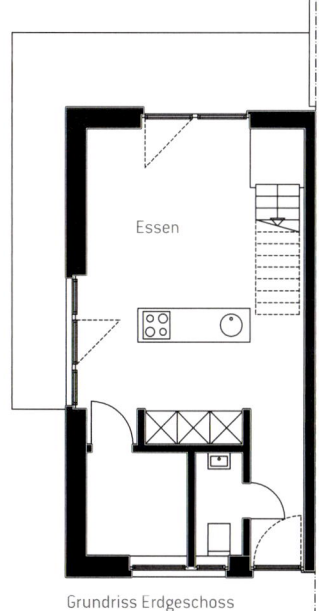

Essen

Grundriss Erdgeschoss

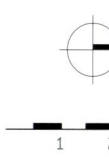

1   2

WICHTIGE BAUDATEN

Standort: Rheine/Westfalen
Bauzeitraum: ca. 4 Monate
Grundstücksgröße: ca. 200 m²
Wohnfläche der Doppelhaushälfte: ca. 69 m²
Umbauter Raum (BRI): ca. 323 m³
Heizwärmebedarf: ca. 58 kWh/m²a
Kosten senkende Faktoren: ganzheitlich Kosten sparende Planung, günstige Bauweise mit hoch wärmegedämmten Betonsteinen (36,5er Mauerwerk, einschalig), Wände in Trockenbauweise, Verzicht auf überflüssige Bauteile und Materialien (z.B. kein Estrich in den oberen Ebenen, möglichst wenige Innenwände, einlagiger Außenputz)
Gesamtkosten brutto: ca. 81.000 Euro

DAS ZWEITE GESICHT

Architekten: W. Hofschröer Architekten, Rheine
Konzept, Entwurf und Projektleitung: Bernadette Kösters

Das auf den vorhergehenden Seiten vorgestellte Low-Budget-Haus-konzept überzeugte schon durch seine formal herausragende Architektur und sein perfektes Raumprogramm. Ein weiterer entscheidender Vorteil ist seine Anpassungsfähigkeit an unterschiedliche Lebenssituationen und Nutzungswünsche.

Mit Pultdach und Dachterrasse

Dieses Doppelhaus zeigt sich von außen als völlig eigenständiger Baukörper, der sich im Äußeren schon durch sein Pultdach und die südseits angedockte Dachterrasse von seinem Satteldach-Pendant abhebt. Zusammen mit der gänzlich veränderten Fassadengliede-rung und der stark unterschiedlichen Positionierung der Fenster-ausschnitte entstand hier ein höchst individuelles Doppelhauskonzept, dessen typologische Verwandtschaft mit dem Projekt auf den Seiten 12–19 erst bei der Betrachtung des Grundrisses und der Raum- beziehungsweise Nutzungsaufteilung vollends evident wird. Die Belichtung erfolgt hier allerdings überwiegend durch eine zwei-geschossige Verglasung der Südseite, die bei beiden Haushälften über Eck läuft. Damit wird jeweils zusätzlich Sonne aus Osten be-ziehungsweise Westen in das Hausinnere geholt, was einerseits für längere direkte Belichtung und andererseits für reizvolle Ausblicke in verschiedene Richtungen sorgt. Auf diese Weise kann keinerlei hermetischer Eindruck entstehen, der Ess- und Koch- wie auch der Wohnbereich darüber profitieren so von intensiver Helligkeit. Zusätzliche kleinere Fensteröffnungen auf den beiden anderen Hausseiten ergänzen das Lichtkonzept. Der bewusst introvertierten Schlafebene ist eine Terrasse mit Vordach zugeordnet, das beim Aufenthalt im Freien vor Regen schützt und im Schlafbereich eine Überhitzung verhindert.

Von außen kaum wieder zu erkennen, stellt sich das von W. Hof-schröer Architekten geplante Doppelhauskonzept hier als gänzlich autonomes Architektur-Kunstwerk dar, das auch in dieser Version wieder erstklassige Architektur mit optimaler Raumausnutzung und günstigstem Kostenrahmen paart.

WICHTIGE BAUDATEN

Standort: Greven/Westfalen
Bauzeitraum: 2003 (ca. 4 Monate)
Grundstücksgröße: ca. 192 m²
Wohnfläche der Doppelhaushälfte: ca. 67 m² (zuzüglich ca. 6 m² Dachterrasse)
Umbauter Raum (BRI): ca. 295 m³
Heizwärmebedarf: ca. 57 kWh/m²a
Kosten senkende Faktoren: ganzheitlich Kosten sparende Planung, günstige Bauweise mit hoch wärmegedämmten Betonsteinen (36,5er Mauerwerk, einschalig), Wände in Trockenbauweise, Verzicht auf überflüssige Bauteile und Materialien (z.B. kein Estrich in den oberen Ebenen, möglichst wenige Innenwände, einlagiger Außenputz), Verwendung einfacher Konstruktionsweisen (Pultdach)
Gesamtkosten brutto: ca. 81.000 Euro

Rechte Seite: Die linke Haushälfte wurde für ein Paar mit Kind entworfen. Hier ist die Empore im ersten Obergeschoss durch ein Kinderzimmer ersetzt worden.

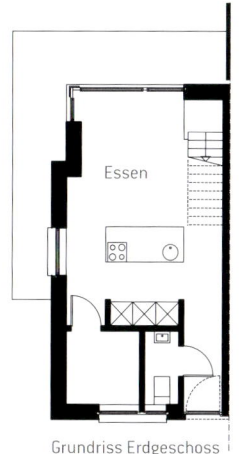

Essen

Grundriss Erdgeschoss

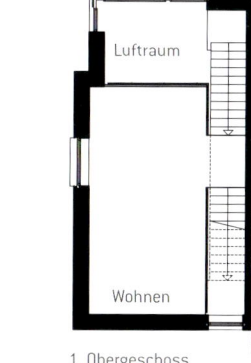

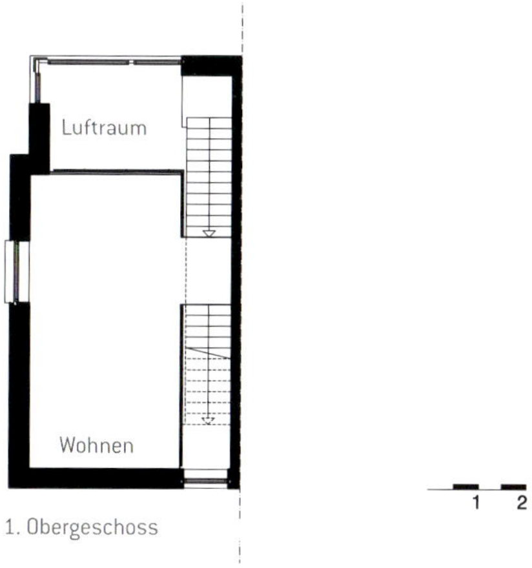

Luftraum

Wohnen

1. Obergeschoss

1   2

Schlafen

Dachgeschoss

DAS MODUL-TRAUMHAUS

Architekten: mm + p/Prof. Meyer-Miethke + Partner, Leipzig

Ein moderner Wohnwürfel aus Stahl und Glas für weniger als 100.000 Euro brutto? Wer jetzt in schallendes Gelächter ausbrechen möchte, der halte einen Moment inne und betrachte das vom Architekturbüro Meyer-Miethke + Partner entworfene und auch bereits gebaute Stahlmodulhaus.

Kiste mit perfektem Konzept

Welchen Faktoren verdankt sich nun im Einzelnen der günstige Preis? Zunächst handelt es sich auch hier um ein Hauskonzept, bei dem von Anfang an das Ziel des kostengünstigen Bauens – neben der hohen Architekturqualität – handlungsleitendes Kriterium des Entwurfs war. Nach langen Vorüberlegungen und Berechnungen entstand das endgültige Konzept eines aus Grundeinheiten zusammensetzbaren Gebäudes mit hohem Vorfertigungsanteil und Standardisierungsgrad. Die Tragwerksteile aus Stahl sind in den benötigten Abmessungen wegen der produzierten hohen Stückzahlen kostengünstig zu beziehen, die einzelnen Module werden montiert auf der Baustelle angeliefert. Die Fassadenfüllungen bestehen bei dem gezeigten Beispiel in Taucha aus Aluminium-Sandwichplatten beziehungsweise aus Glas. Man beschränkte sich auf möglichst wenige Materialformate – etwa nur zwei Verglasungsgrößen –, wählte bevorzugt Festverglasungen und sah nur die für die Belüftung notwendigen (teuren) Fenster vor.

Das flache Dach erfordert keine aufwändige Unterkonstruktion und spart damit wieder beträchtliche Summen ein. Als Bedachungsmaterial dient Stahlblech, das als Wanne konstruiert ist und das Wasser über die vier Ecken sammelt und abführt.

Wahr gewordener Traum für Paare und Kleinfamilien

Die hier vorgestellte, im Jahr 2004 gebaute kompakte Version des Modulhauses besitzt eine Wohnfläche von 70 Quadratmetern, die aufgrund fehlender Dachschrägen voll nutzbar sind. Das Konzept ordnet den Wohnraum sowie den Koch- und Essbereich dem Erdgeschoss zu, das schon bei geschlossenen Fenstern unmittelbar in den Garten und die Terrasse überzugehen scheint. Diese gläserne Transparenz löst die Grenzen des Hauses fast völlig auf und lässt es erstaunlich groß erscheinen.

Wohn- und Ess-/Kochzone sind durch eine über beide Geschosse reichende zentrale Versorgungsbox separiert, jedoch beidseits mittels Durchgängen und Durchblicken verbunden. In dieser Box, deren Wände gleichzeitig als Raumteiler dienen, befinden sich auf der unteren Ebene der Technikraum mit den Hausanschlüssen sowie ein Abstellraum, darüber das Badezimmer und WC. So konnten die Installationsleitungen gebündelt und damit auch entsprechend günstig montiert werden.

Die Räume zeigen nicht nur horizontal, sondern auch vertikal und diagonal eine große Offenheit. Neben einem separaten, dem Bad zugeordneten Eltern-/Kindbereich ist der zweite Teil des Obergeschosses als Galerieebene und ansonsten als bis zum Dach durchgehender Luftraum konzipiert, der mannigfache Blickbeziehungen zwischen den beiden Ebenen ermöglicht.

Zur notwendigen visuellen und akustischen Abgrenzung zwischen den Wohn- und Aufenthaltsbereichen dienen teils lichtdurchlässige Wellplatten aus Acryl, die die Menschen und Gegenstände schemenhaft durchscheinen lassen, teils OSB-Platten, die auch als Bodenbelag Verwendung fanden.

Rechte Seite: Die zur Straße orientierte Eingangsseite ist geprägt durch transparente Flächen, die den Eindruck von Leichtigkeit vermitteln.

Links: Blick durch das Haus zur Gartenseite.

Rechte Seite oben: Blick von der Galerie auf den Essbereich.

Rechte Seite unten: Erdgeschoss mit darüber angeordneter Galerie.
Rechts der Technik-Turm als eigenständiges Objekt im Raum.

Erweiterungsmöglichkeiten nach Wunsch

Entsprechend dem bis ins Detail durchdachten System ist es möglich, je nach Familien- und Lebenssituation zusätzliche Einheiten zu ergänzen. So kann durch weitere Module ein Familienhaus mit etwa 112 Quadratmetern Wohnfläche entstehen oder sogar eine zweite Hauseinheit ergänzt werden, die durch einen schleusenartigen Verbindungsgang auf der oberen Etage mit dem ersten Gebäude verbunden wird. Dieses zweite Gebäude kann den Wohnraum erweitern oder auch als Büroeinheit dienen. Im Endausbau stehen bei dem Modulhaussystem großzügige 250 Quadratmeter Wohnfläche zur Verfügung – Maße einer wahrhaften Villa!

Dieses Modulsystem zeichnet sich bei sehr günstigem Preis auch durch eine erstaunliche Anpassungsfähigkeit an die individuelle Lebens- und Arbeitssituation sowie die spezifischen Vorlieben der Bewohner aus. Ein hoher Vorfertigungsgrad, Vereinheitlichung, Einsparung von Arbeitsgängen, der Einsatz günstiger Materialien und die effiziente Anordnung der baulichen Komponenten sind nur die wichtigsten Zutaten dieses in jeder Hinsicht faszinierenden »Hausrezepts«.

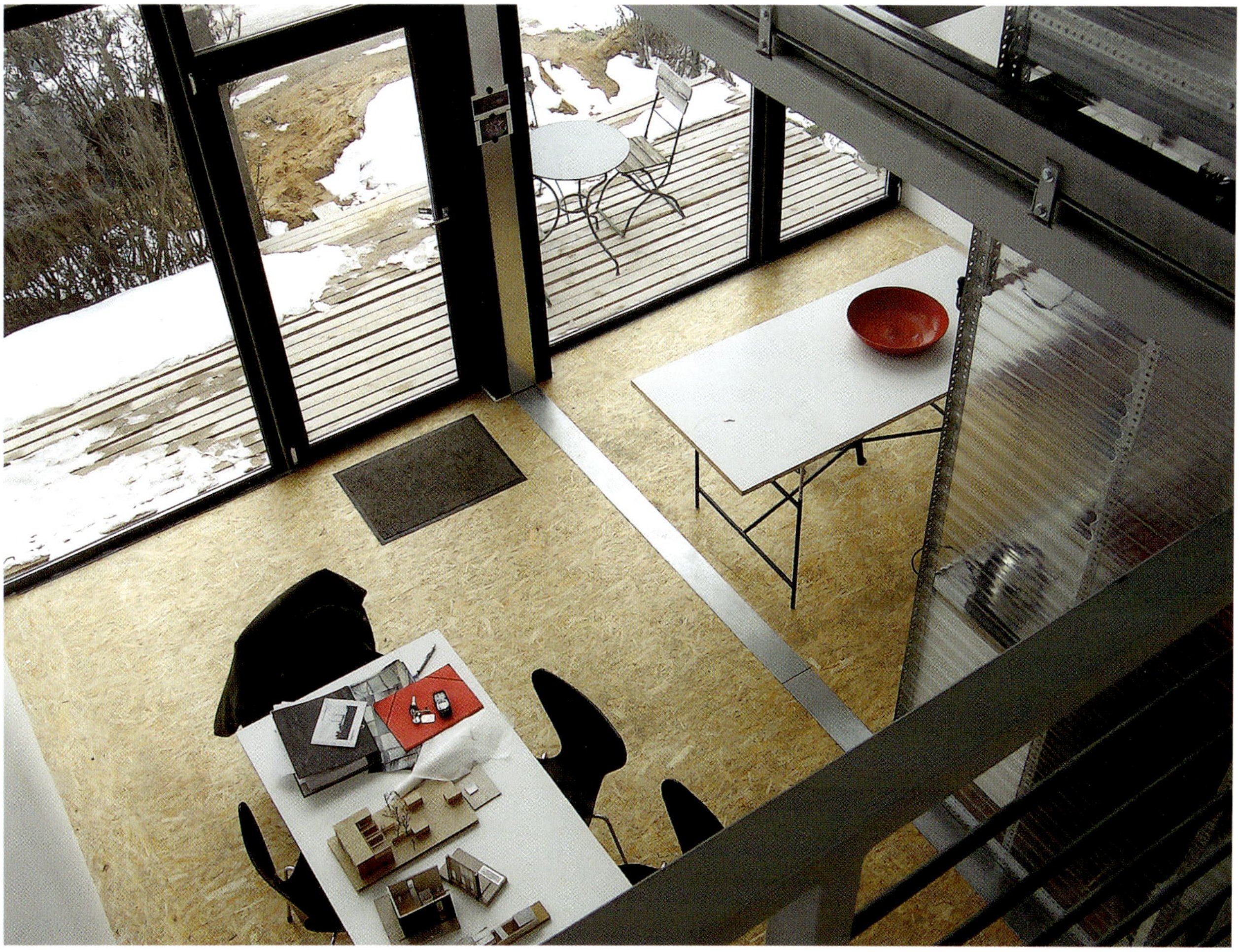

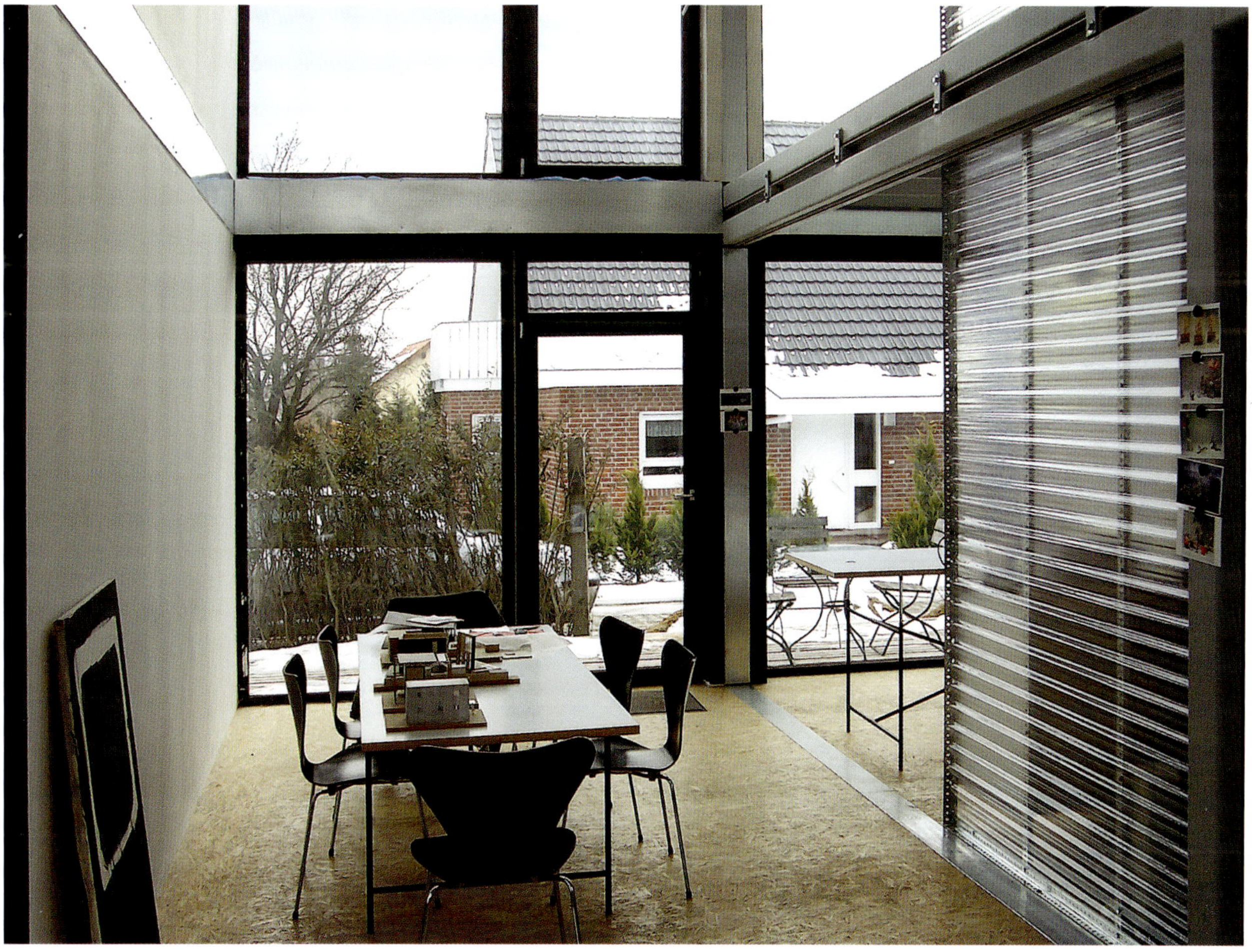

Oben: Blick auf die Galerie über dem Essbereich.

Oben links: Individualbereich mit Arbeitszone.

Links: Die Stahltreppe führt zum Individualbereich im Obergeschoss.

Rechte Seite: Die mit dem Innenraum niveaugleiche Holzterrasse setzt den Wohnbereich nach draußen fort.

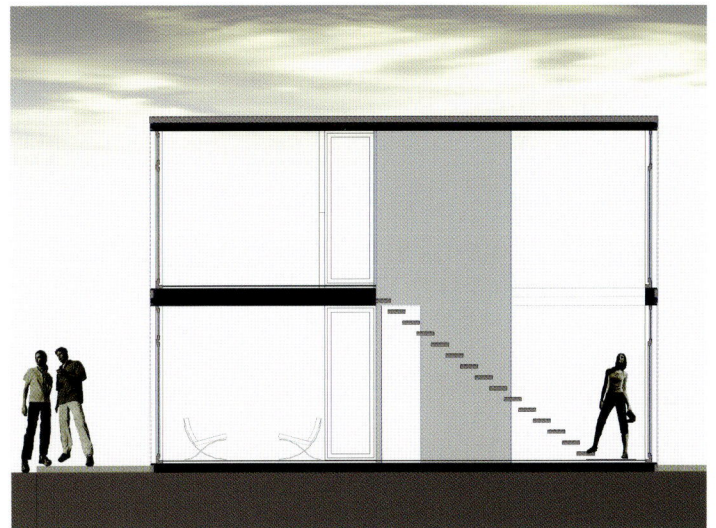

Schnitt

Oben und linke Seite: Die Ansichten zeigen das Fassaden-
konzept mit einerseits hoch geschlossenen und andererseits hoch transparenten Seiten.

Obergeschoss

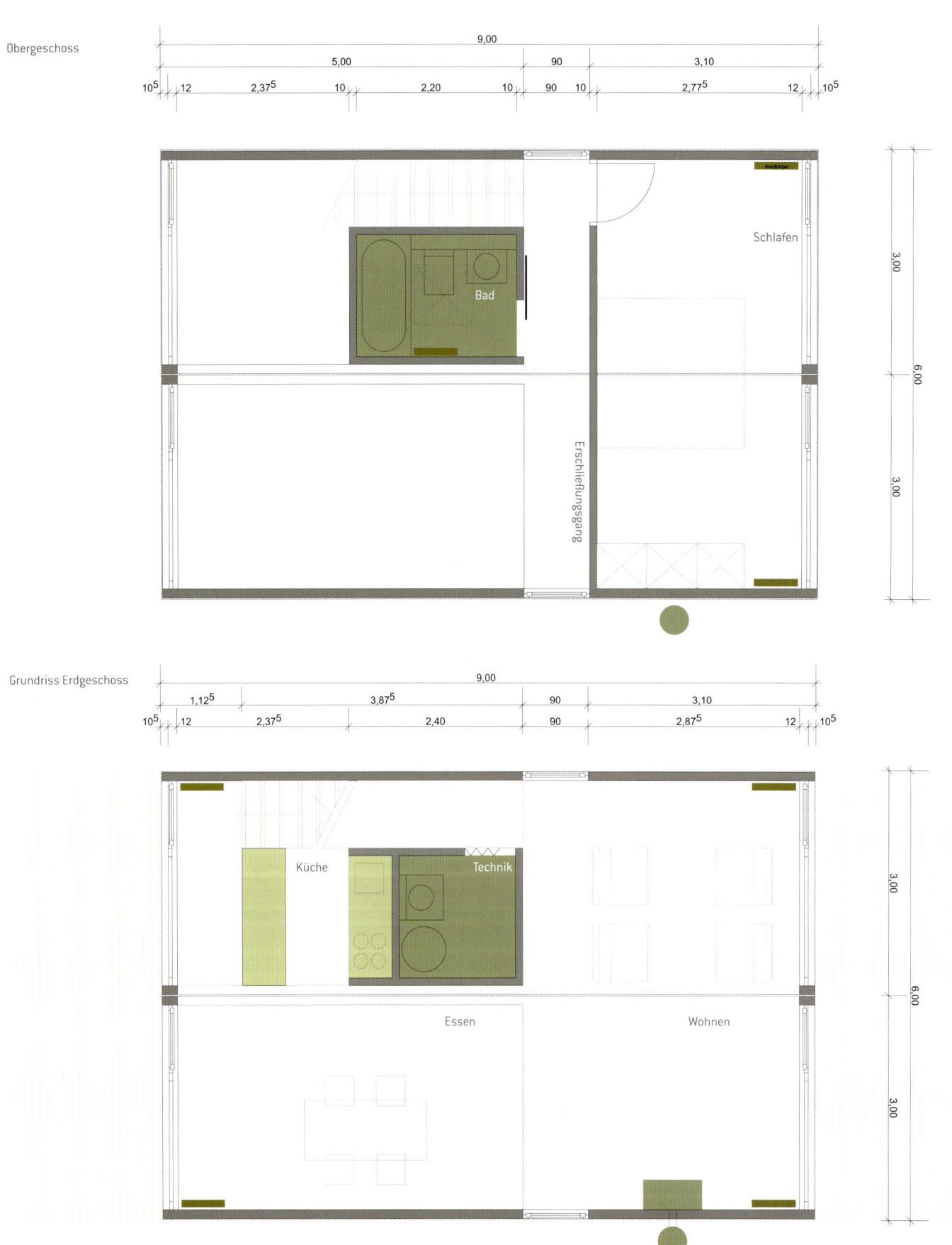

9,00

5,00 90 3,10

10⁵ 12 2,37⁵ 10 2,20 10 90 10 2,77⁵ 12 10⁵

Bad

Schlafen

Erschließungsgang

3,00

6,00

3,00

Grundriss Erdgeschoss

9,00

1,12⁵ 3,87⁵ 90 3,10

10⁵ 12 2,37⁵ 2,40 90 2,87⁵ 12 10⁵

Küche

Technik

Essen

Wohnen

3,00

6,00

3,00

Architekten: mm + p/Prof. Meyer-Miethke + Partner, Leipzig

Frontalansicht

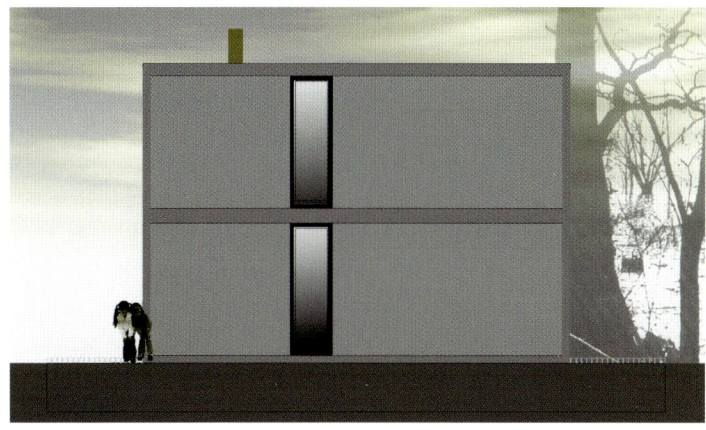

Seitenansicht

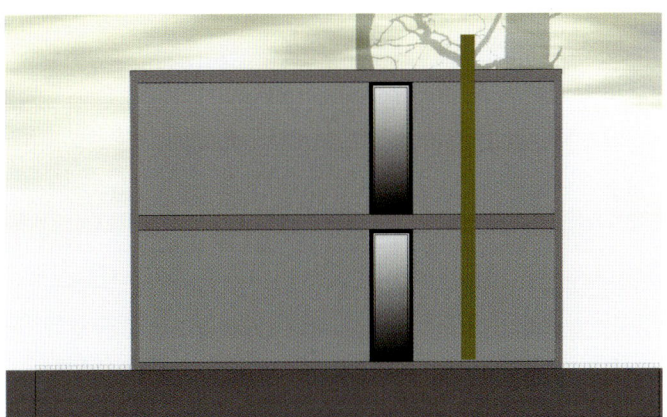

Seitenansicht

Frontalansicht Eingang

WICHTIGE BAUDATEN

Standort: Taucha bei Leipzig
Bauzeitraum: Juni/Juli 2004
Grundstücksgröße: 200 m²
Wohnfläche: ca. 75 m²
Umbauter Raum (BRI): ca. 324 m³
Heizwärmebedarf: ca. 7780 kWh/a
Kosten senkende Faktoren: ganzheitlich Kosten sparende Planung,
sparsame Konstruktionsweise beim Tragwerk, Flachdach
(mit zweilagiger Bitumenfolien-Abdichtung), eingeschossiges
Konzept (weniger Erschließungsfläche, keine Treppen)
Gesamtkosten brutto: ca. 60.000 Euro (ab OK Bodenplatte)

ROTER KUBUS ZUM WEITERBAUEN

Architekten: BauWerk Architekten, Dortmund, Heribert Röttger, Tom Schüring-Bruns

»Stop, hier bei guter Architektur anhalten« – dies scheint das intensiv rote Wohnhaus signalisieren zu wollen. Tatsächlich handelt es sich hier um keine unbotmäßige Übertreibung, denn bei aller wohltuenden Einfachheit und Geradlinigkeit ist es in dem Verhältnis von entstandener Wohnfläche, Raumqualität und Baukosten mehr als spektakulär.

Baumasse und Kosten sparen, Platz gewinnen

Das Sparen war bei diesem von einem Ehepaar bewohnten Haus in Dortmund von Anfang an Programm – ohne dass man es dem Gebäude auch nur ansatzweise ansähe. Mit seiner Wohnfläche von fast 126 Quadratmetern ist es sogar für eine kleine Familie voll ausreichend, denn die Ausnutzung der Räume wird aufgrund des Flachdachs auch im Obergeschoss durch keinerlei Schrägen behindert, der Bewegungsraum nicht geschmälert. Nicht zuletzt ist dadurch die Raumwahrnehmung besonders gut. Insgesamt weist das Haus ein hervorragendes Verhältnis von Außenwandflächen zu nutzbarem Wohnraum auf, was zum einen Baumasse und damit beträchtlich Kosten einspart, zum anderen die Betriebskosten niedrig hält.

Raumausnutzung durch geschickte Grundrissgestaltung

Der nur auf Schotterfundamenten und Bodenplatte ruhende Grundbaukörper besitzt den Charakter einer schmal-länglichen Kiste, die das Grundstück optimal ausnützt. Auf der Westfassade erweiterte ein Büroanbau das Erdgeschoss und schuf zugleich die Möglichkeit, dem Wohnzimmer im Obergeschoss eine Dachterrasse zuzuordnen. Die Terrasse beim Eingang ist dadurch ihrerseits vor kalten Nordwinden geschützt. Die Gartenebene ist von der mit über 30 Quadrat-metern sehr großzügigen Wohnküche bis zum Arbeitszimmer als offener Zusammenhang interpretiert, lediglich der Abstell- und Waschraum wurde mit einer Türe separiert. Auch das Wohn- und Schlafgeschoss kommt bis auf das Bad ohne Türen aus. Eine vergleichsweise preisgünstige Lichtkuppel im Flachdach, die ansonsten im Industriebau verwendet wird, belichtet das Obergeschoss, die Galerie und das gesamte Treppenhaus.

Neben der Durchgängigkeit fällt auch die konzentrierte, den Platz optimal ausnutzende Anordnung des Stauraums auf. Bücherregale sind bis unter die Decke eingebaut, Schränke befinden sich konzentriert an den Längsseiten und verstellen nie die wichtigen Blickrichtungen. So bleibt der Raum immer erlebbar.

Recht groß anfangen, nach Bedarf erweitern

Nicht immer ist Ziegel der Baustoff der Wahl fürs Kostensparen, jedoch ermöglichte der Einsatz eines hoch dämmenden Ziegels (U-Wert 0,31 W/m²K) in diesem Fall die Errichtung eines standardmäßigen 36,5er Mauerwerks, ohne dass ein zusätzliches Wärmedämmverbundsystem aufgebracht oder gar eine zweite Mauerwerksschale nötig gewesen wäre. Bei Bedarf kann problemlos ein drittes Geschoss aufgestockt werden, was zusätzliche 63 Quadratmeter Wohnfläche bedeuten würde. Die Erweiterbarkeit war insgesamt ein wichtiger Teil des gesamten Hauskonzepts.

Rechte Seite oben: Der sehr markante, rot verputzte Baukörper wirkt als Landmarke im Siedlungsgebiet. Die bereits vorhandene Brüstung für Dachterrasse oder zweites Obergeschoss lässt das Haus besonders hoch wirken. Im Vordergrund das in den Garten ausgreifende Büro.

Rechte Seite unten: Der Baukörper ist im Wesentlichen nach Westen orientiert. Die Platzierung der Fenster folgt dem Lebensrhythmus der Bewohner; die geschützte Eingangsveranda erweitert das Erdgeschoss nach draußen.

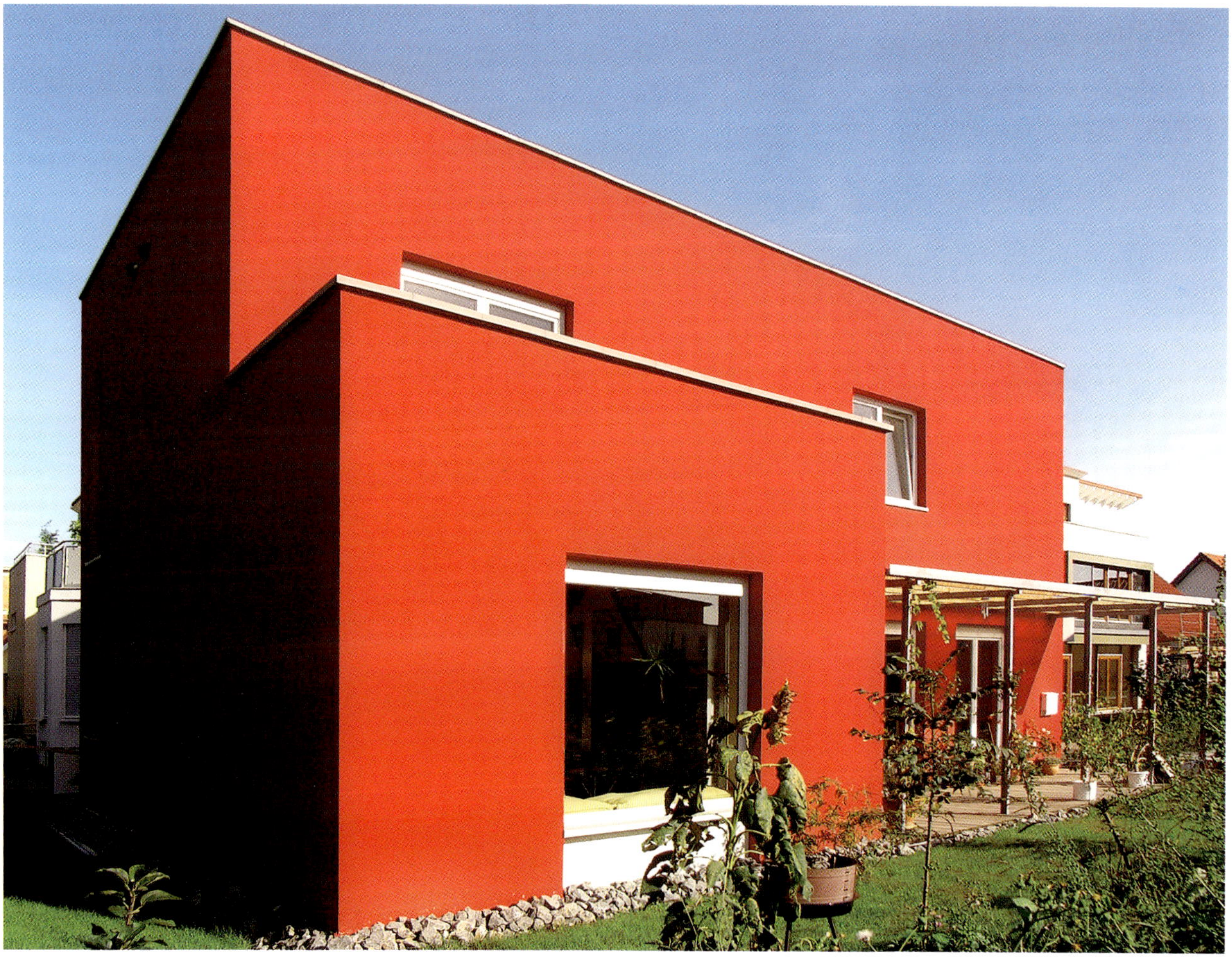

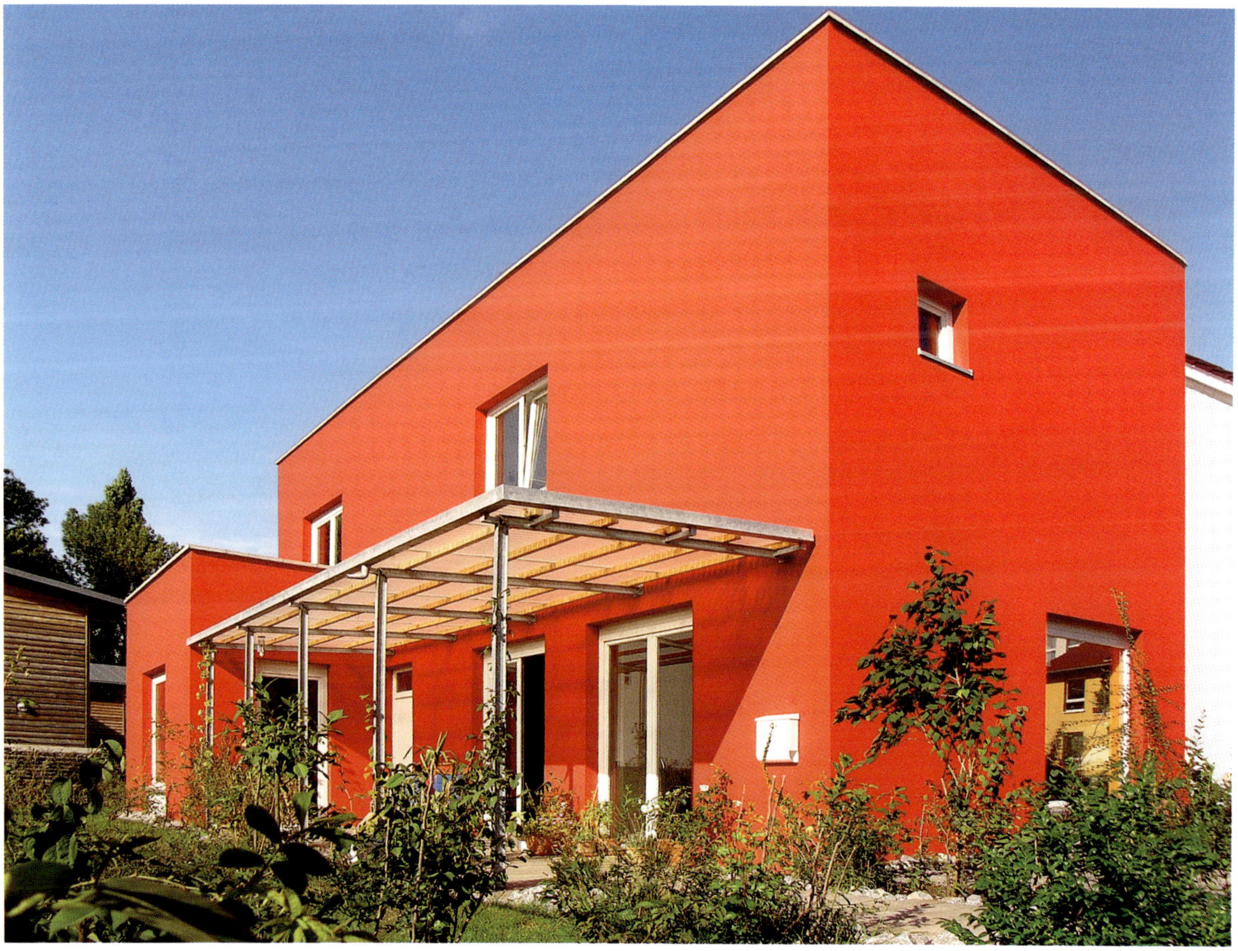

Zusätzliche kleinere Module – etwa für die Vergrößerung des Wohn-bereichs, für ein Kinderzimmer oder ein neues Büro – lassen sich auf beiden Geschossen andocken. So kann beispielsweise aus der Dachterrasse ein weiterer Wohnraum, aus der Veranda ein Winter-garten entstehen.

Findige Sparsamkeit

Jedes Detail auf Wertigkeit und Kosteneffizienz überprüfend, fand man unter anderem bei ebay einen Designerwaschtisch für 90 Euro (Neupreis ca. 1.700 Euro). Die Verkleidung von Bauteilen wie Treppe und Innenwände im Trockenbauverfahren sparte ebenfalls viel Geld ein. Eine einzige, innenliegende Fallleitung sammelt Regen und Abwasser.
Bei der Heizung handelt es sich um eine Gas-Durchlauftherme ohne Warmwasserhaltung. Die Versorgungstechnik konzentriert sich Platz und Kosten sparend in der Küchenzeile. Und nicht zuletzt konnte der Boden aus Eichendielen durch die frühzeitige Bestellung von Restposten realisiert werden. Die Liste ließe sich weiter fort-setzen ...

Oben: Im Wohn- und Medienzimmer: Wandhängende Regalkästen aus günstigen MDF-Platten nutzen den Raum optimal aus und ergänzen seine lebendige Struktur. Der als Beistelltisch zweckentfremdete Kof-fer und die mit Wasserfarben umgestaltete Reispapierleuchte setzen individuelle Akzente.

Rechte Seite oben links: Blickachse durchs Obergeschoss. Im Vorder-grund das von der Ostsonne beschienene Schlafzimmer, in der Mitte das den Raum strukturierende, farbig abgesetzte Badezimmer.

Rechte Seite oben rechts: Der halbhohe Raumteiler ist aus alten IKEA-Kommoden gefertigt und mit weiß beschichteten Holzwerkstoffplatten verkleidet worden. Das integrierte Bücherbord besitzt unterseits eine Beleuchtung. Beim Schiebetürenschrank handelt es sich ebenfalls um eine ästhetisch hochwertige Spar-Konstruktion aus einem Aluminium-schienen-System und weiß beschichteten Holzwerkstoffplatten.

Rechte Seite unten links: Die Brüstungsmauer im Obergeschoss dient auf Seiten des Wohnbereichs gleichzeitig als Sideboard für Unterhal-tungselektronik. Links hinten die Doppelflügeltür zum Balkon, links oben im Anschnitt die Lichtkuppel im Dachbereich.

Rechte Seite unten rechts: Unter der Treppe mit dem Material sparen-den Stahlgeländer und den Eiche-Tritten ist sehr platzeffizient das Tagesbad untergebracht.

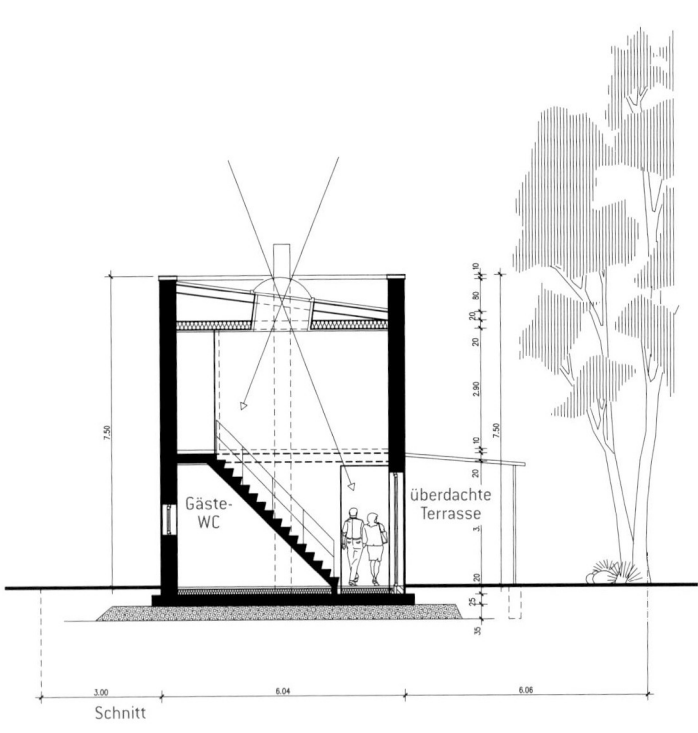

Gäste-
WC

überdachte
Terrasse

7.50

7.50

2.90

Schnitt

3.00   6.04   6.06

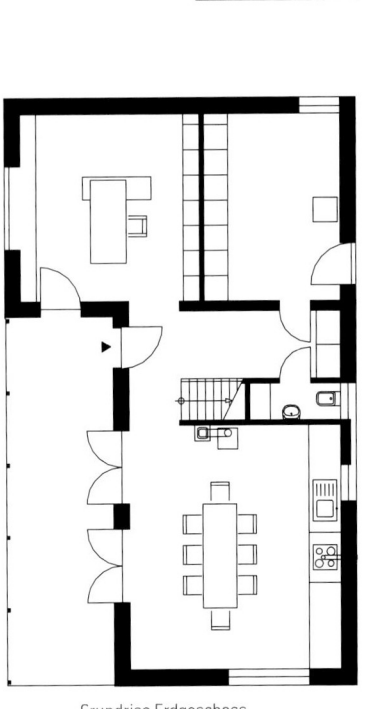

Grundriss Erdgeschoss

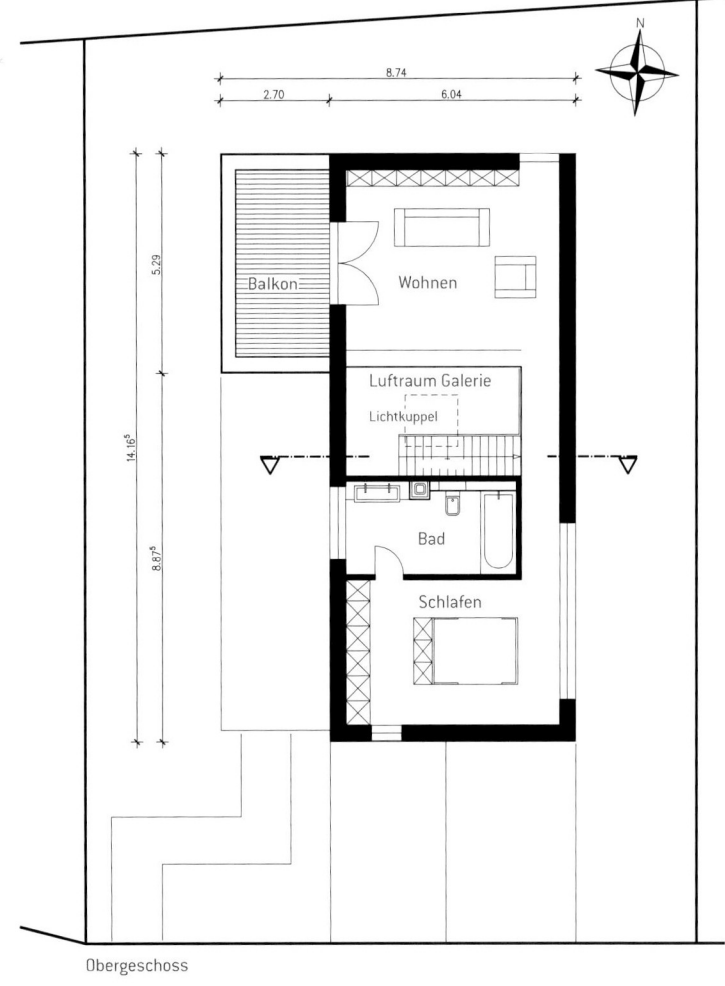

8.74

2.70   6.04

N

Balkon   Wohnen

5.29

14.16⁵

Luftraum Galerie

Lichtkuppel

Bad

8.87⁵

Schlafen

Obergeschoss

Die Überdachung schützt den Eingang und lässt zugleich einen
Aufenthaltsbereich entstehen. Der Boden besteht aus breiten,
gehobelten Tannendielen, die in ihrer Anmutung und Haptik an
Bootsstege erinnern.

Ungeachtet der werthaltigen, aber im Vergleich nicht unbedingt
preisgünstigen Ziegel-Massivbauweise sowie Holzfenstern und
Eichenparkett gelang es hier, ein architektonisch höchst anspre-
chendes Wohnhaus mit beachtlicher Wohnfläche zu bemerkenswert niedrigen Baukosten zu realisieren. Die Raumausnutzung und
das Raumempfinden sind besser als in mancher, um ein Vielfaches
teureren Villa. Und zusätzlich kann das Haus fast nach Belieben,
Bedarf und Lebenssituation planvoll erweitert werden.

WICHTIGE BAUDATEN

Standort: Dortmund
Bau- und Renovierungszeitraum: 2005 (3,5 Monate)
Grundstücksgröße: ca. 340 m²
Wohnfläche: ca. 126 m² (zuzüglich ca. 24 m² Terrasse/Veranda
und ca. 11 m² Balkon)
Umbauter Raum (BRI): ca. 726 m³
Kosten senkende Faktoren: ganzheitlich Kosten sparende Planung,
genaue Steuerung und Kontrolle der Bauabläufe, kompakte Gestaltung des Baukörpers und des Grundrisses, Verzicht auf überflüssige Bauteile (z.B. keine Fassadenvorsprünge, wenige Innenwände,
wenige Innentüren, weitestmögliche Konzentration der Haustech-
nik/Installation), Kombination von Funktionen (Vordach für Terrasse und Eingang zugleich), Einsatz günstiger Konstruktionsweisen,
Materialien und Techniken (z.B. Flachdach mit Bitumenbahnabdichtung, Restposten Eichendielen), Verwendung einheitlicher Bauteile
(z.B. Fenster, Bodenbelag), teils einfache Ausstattung (z.B. Sanitärbereich), aber auch intensive Suche nach wertvollen und günstigen
Stücken, Eigenleistung (ca. 20% der Handwerkerleistungen)
Gesamtkosten brutto: ca. 118.600 Euro

EIN DICKHÄUTER FÜR SCHMALES BUDGET

Architekten: PPAG Architects ZT GmbH, Wien

Projektleitung/Projektbeteiligte: Anna Popelka, Georg Poduschka, Sandra Janser, Corinna Toell, Klaus Moldan

Neue Wege in der Architektur sind im Zeitalter des »Ist-doch-alles-schon-da-gewesen« schwer zu beschreiten. Es erfordert besondere Kreativität und professionelle Ernsthaftigkeit, Türen zu bisher Undenkbarem aufzustoßen. Die Kreativzentrale von PPAG Architects in Wien jedoch entwarf für Bettina Stimeder ein Low-Budget-Haus im Burgenland, das seinesgleichen sucht. Für alles in allem nur 100.000 Euro entstand ein Heim der schönsten und außergewöhnlichsten Art mit 100 Quadratmetern Wohnfläche.

Natürlichkeit und Künstlichkeit

Auf zwei selbstverständlich bis auf Frosttiefe hinabreichenden Sockelmauern aus günstigen Betonsteinen ruht ein Vollholztragwerk, mit dessen asymmetrisch geneigtem Dach im Hausinneren beachtliche Raumhöhen realisiert werden konnten. Die im Inneren sichtbaren Holzoberflächen erhalten ihr Gegenbild in Gestalt der äußeren Hülle, die aus aufgesprühtem PU-Schaum und einer aufgerollten PU-Folie besteht. Durch eine Dampfsperre von der innen liegenden Schicht aus Verpackungssperrholz getrennt, konnte auf eine Hinterlüftung der Fassade verzichtet werden.
PU-Schaum und PU-Folie bilden zusammen die Dämmung und die Abdichtung der gesamten Außenhaut. Mit minimalen Aufbaustärken ließ sich eine Dämmwirkung erreichen, die die Vorgaben der geltenden Bauordnung voll erfüllt. Mit konventionellen Fassaden- und Dachkonstruktionen hätte sich, wie die ersten Kostenschätzungen gezeigt hatten, der vorgegebene Kostenrahmen in keinem Fall realisieren lassen. Aufgrund des naturnahen Umfelds fiel die Wahl auf einen bräunlich-grauen Farbton, der damit und in seiner Oberflächenstruktur auffallend an die Haut eines Elefanten erinnert. Ein interessanter Aspekt ist auch die je nach Lichteinfall veränderliche Oberflächenstruktur der Fassade. Außergewöhnliche zusätzliche

Spannung gewinnt die Situation noch durch die Einbettung des Baukörpers in einen großen Bestand uralter Apfelbäume.

Visuelle Weitläufigkeit mit dezidierten Kunstgriffen

Die horizontale Weitläufigkeit von 100 Quadratmetern auf leicht versetzten Ebenen paaren sich mit den hohen Decken zu einem Eindruck erstaunlicher Großzügigkeit, der manches dreimal so teure Haus blass aussehen lässt. Eine massiv ausgeführte Funktionszentrale mit Eingangsbereich, Bad und Toilette ist zentral ins Haus gestellt, südlich davon befindet sich der offene Wohn-, Ess- und Kochbereich, den einzig eine fest eingebaute Kochzeile strukturiert. Die nach Süden und Westen orientierte, über Eck laufende Panoramaverglasung lässt so viel Licht ins Haus, dass auf der Eingangsseite fast völlig auf Fenster verzichtet werden konnte. Der hohe Preis der Nurglasscheibe konnte durch den Verzicht auf hochwertige Materialien im Innenausbau kompensiert werden. Durch den als Schleuse gedachten Flur geht es über einige Treppenstufen in den aus zwei Zimmern bestehenden Schlafbereich. Die unterschiedlichen Niveaus machen das Innenraumerleben außergewöhnlich, ohne die Raumwirkung zu schmälern. Sichtbare Oberflächen und Türen bestehen größtenteils aus Verpackungssperrholz, die Türbeschläge und -schlösser sind bis zum Äußersten vereinfacht. Im Eingangsbereich schottet eine normalerweise in Kellerbereichen eingesetzte Stahltür den Wohnbereich von der eigentlichen Eingangstüre ab, die ihrerseits den Schiebekonstruktionen landwirtschaftlicher Gebäude nachempfunden ist. Nur die auffallende rote Farbe markiert signalartig eindeutig den Punkt, an dem sich das Architekturwesen zur Außenwelt öffnet.

Rechte Seite: Der deutlich markierte Eingang ist im wahrsten Sinne eine Übergangszone zwischen Natur und Haus: Die Fassade zieht sich ins Innere des Gebäudes hinein, der Boden ist eine leicht ansteigende Rampe aus rutschhemmendem Beton. Bei geöffneter Schiebe- und Zwischentür schaut man durch das Badfenster wieder aus dem Haus hinaus.

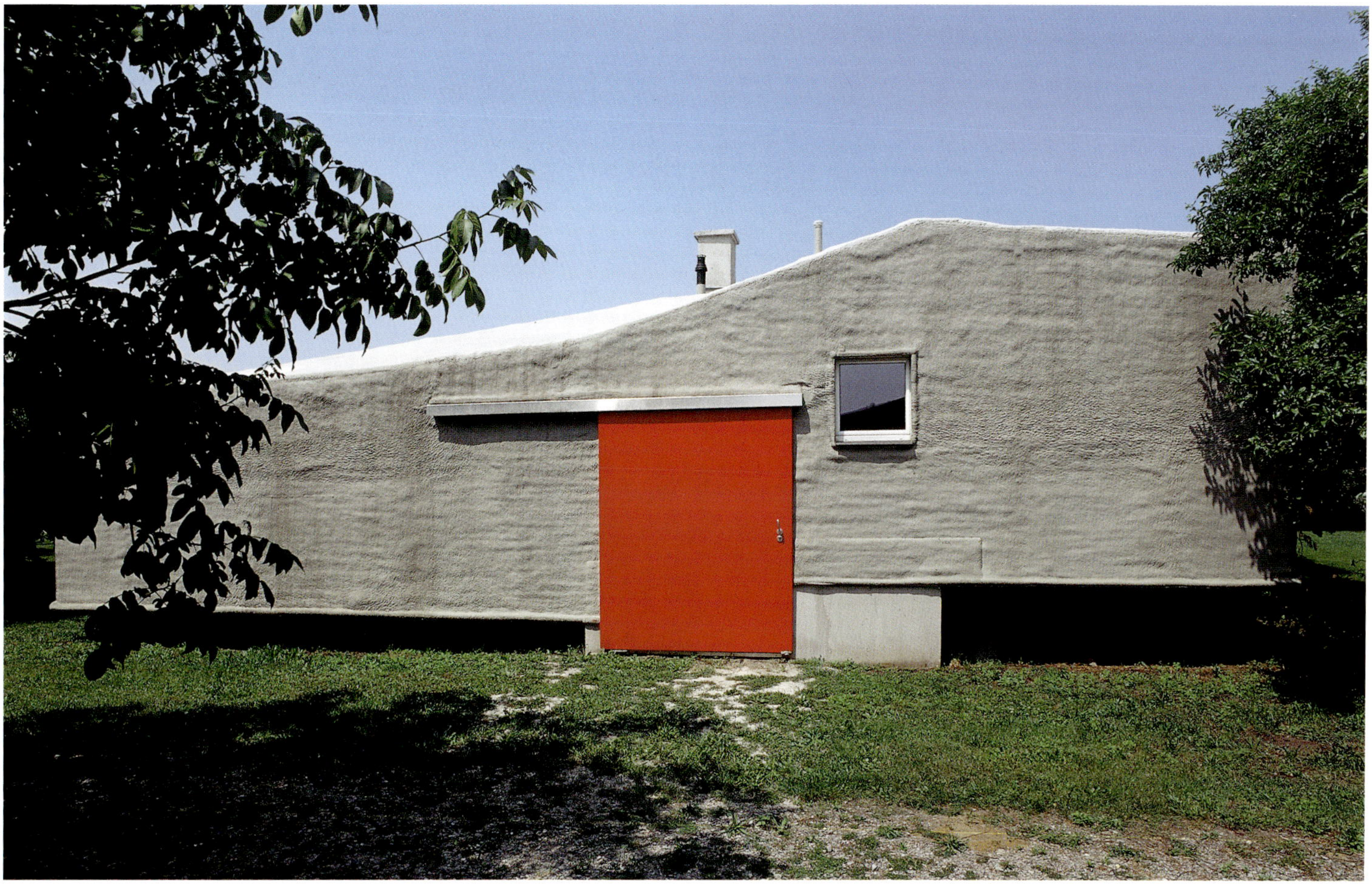

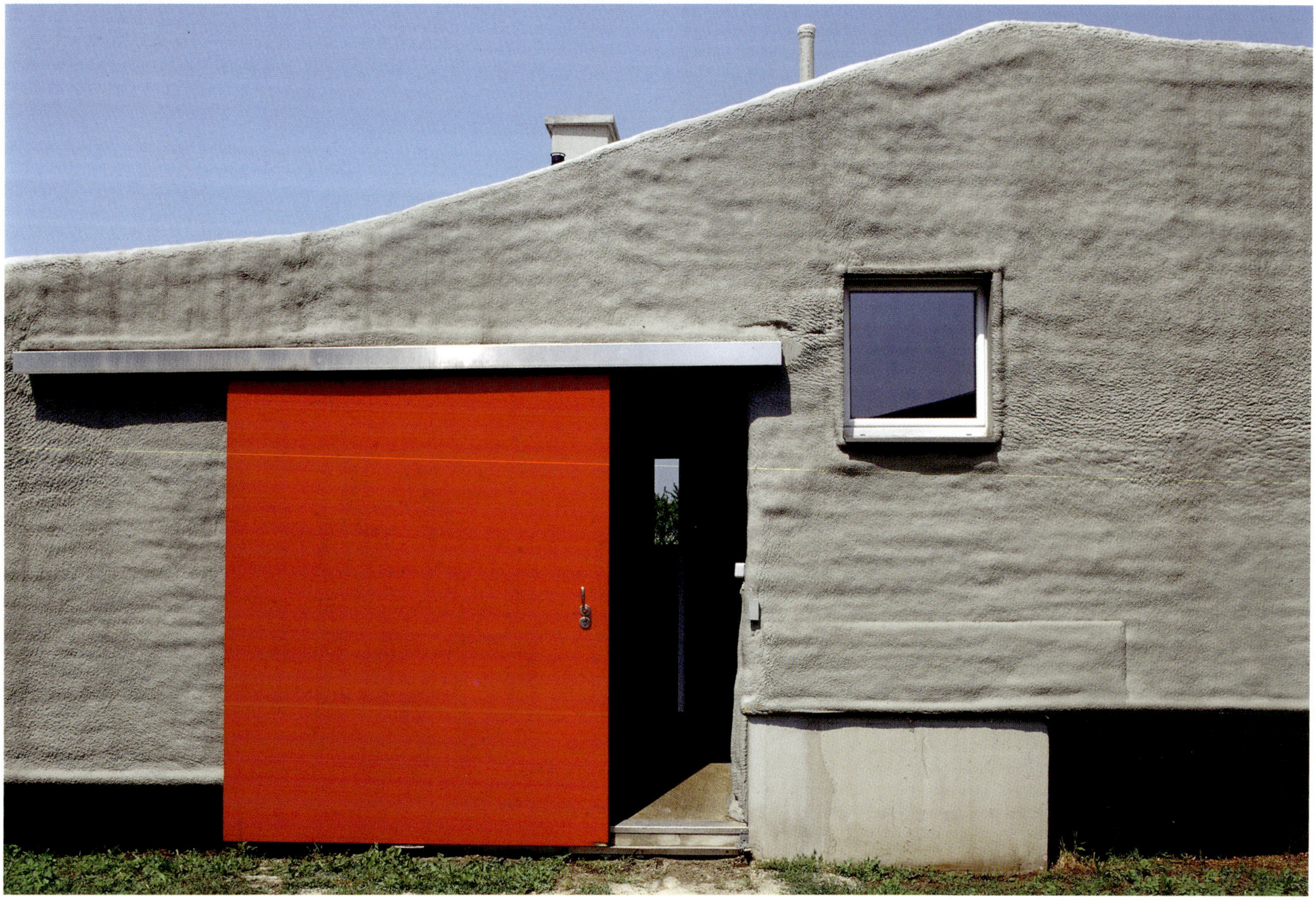

Links: Holz ist das dominierende Material im Inneren des Hauses. Die Deckenkonstruktion bleibt sichtbar, die frei liegenden Balken geben dem offenen Raum eine feingliedrige Struktur – ähnlich der auf der Unterseite eines Blattes.

Links unten: Blick von der Küche – dem einzigen Fixelement im Raum – zur Schiebetür, die in geöffnetem Zustand das Küchenregal schließt.

Rechte Seite oben: Sparsam gedacht: innerhalb der Konstruktionsebene der Wand finden Regale Platz.

Rechte Seite unten: Die an sich teure, große Glasfläche wird durch konsequenten Einsatz von Standardprodukten ermöglicht. Die Ausführung als Fixverglasung spart gegenüber Fenstern nochmals Kosten ein. Der rahmenlose Ausblick erweitert den Raum bis hin zum großen Obstgarten.

Nicht nur die Außenhaut, sondern auch das sorgfältig durchdachte Architekturkonzept und die im besten zeitgemäßen Sinn gemütlichen Innenräume erwecken Bezüge zu einem intelligenten Dickhäuter. In formaler Hinsicht lassen sich Merkmale des traditionellen burgenländischen Hauses wiederfinden, die aber ohne jeden Plagiatsverdacht in ein gänzlich zeitgemäßes Wohnhaus integriert sind. Es ist zu hoffen, dass solchermaßen geniale Spar-Architektur eine immer häufiger anzutreffende »Spezies« sein wird!

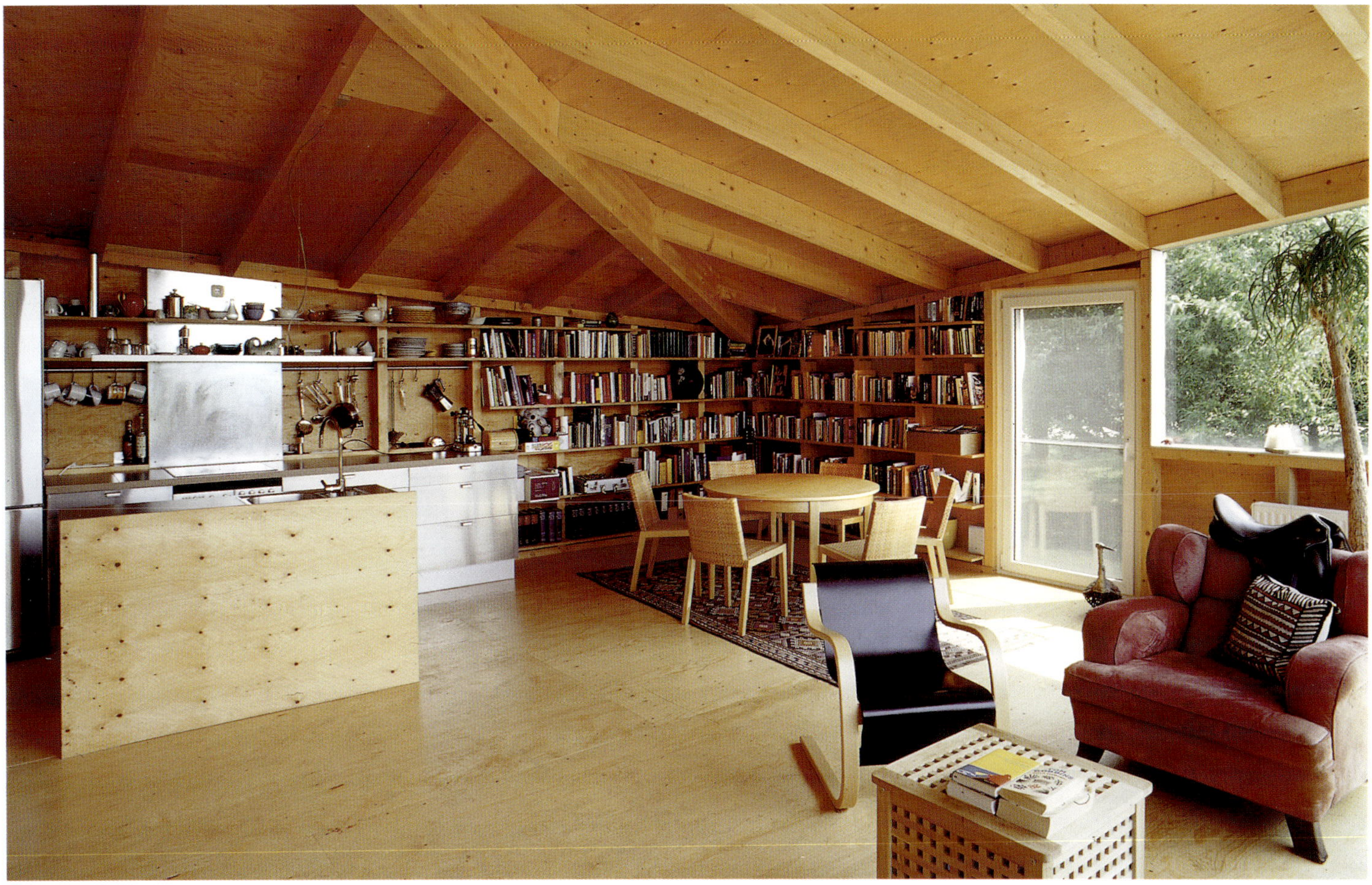

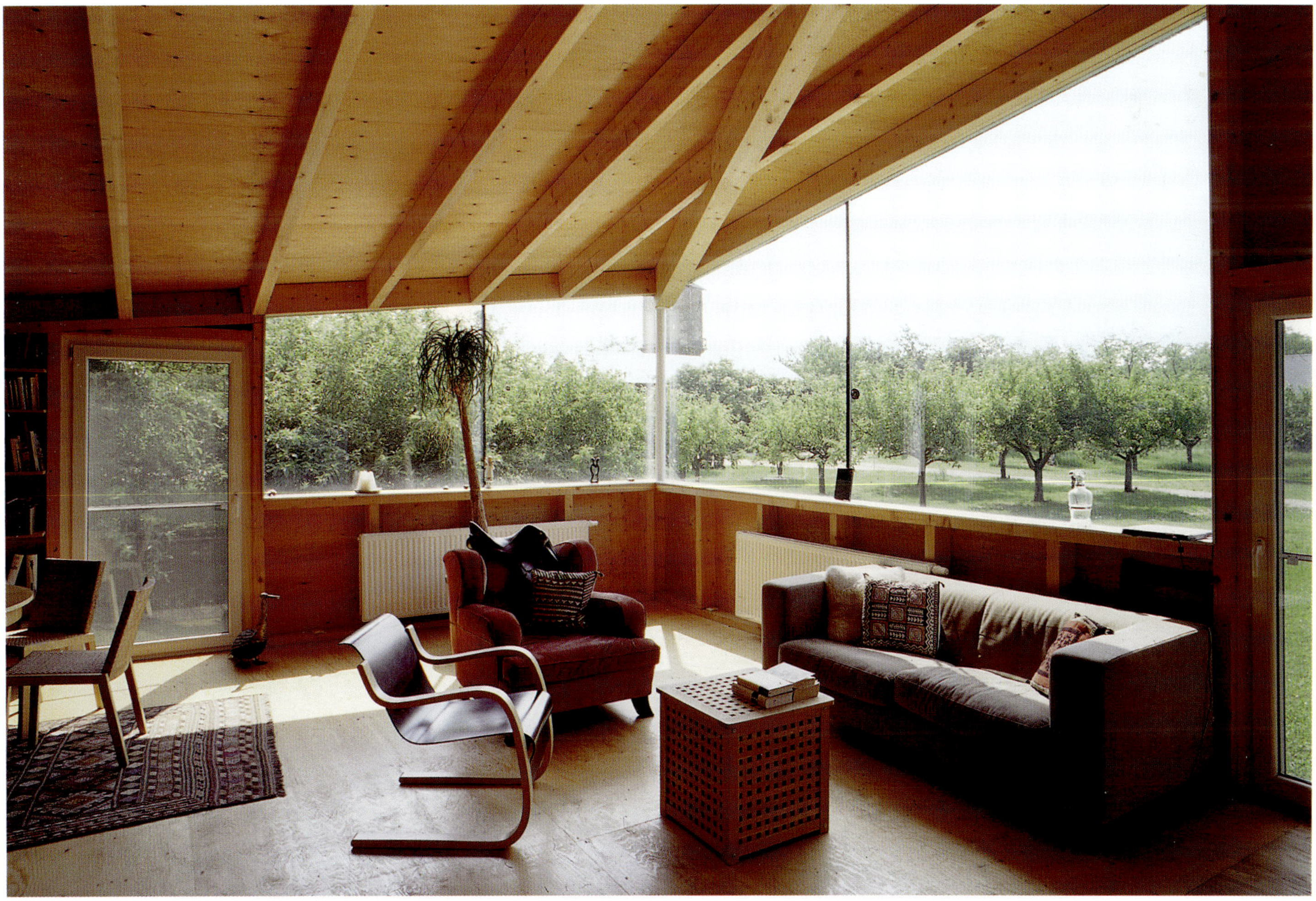

Links: Einfach gehalten: Standard-Badmöbel, simple Armaturen und günstige Baumarktfliesen addieren sich durch die an ästhetischen Kriterien orientierte Auswahl doch zu einem höchst ansprechenden Badezimmer.

Links unten: Die leicht versetzten Ebenen der Aufenthalts- und Schlafräume erzeugen visuelle Vielfalt und ermöglichen von jedem Zimmer differenzierte Ausblicke in den Garten und in die Landschaft.

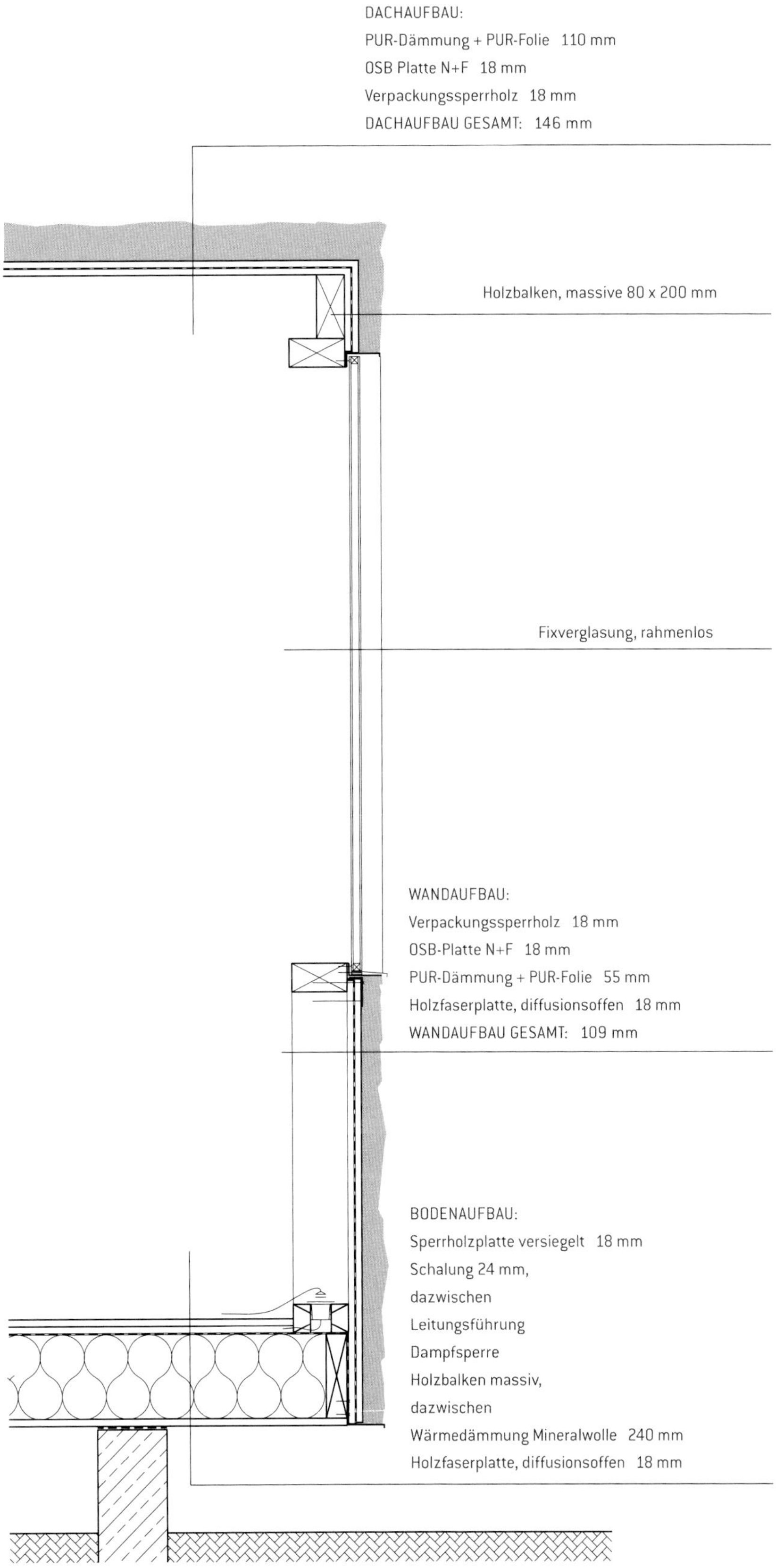

DACHAUFBAU:
PUR-Dämmung + PUR-Folie   110 mm
OSB Platte N+F   18 mm
Verpackungssperrholz   18 mm
DACHAUFBAU GESAMT: 146 mm

Holzbalken, massive 80 x 200 mm

Fixverglasung, rahmenlos

WANDAUFBAU:
Verpackungssperrholz   18 mm
OSB-Platte N+F   18 mm
PUR-Dämmung + PUR-Folie   55 mm
Holzfaserplatte, diffusionsoffen   18 mm
WANDAUFBAU GESAMT: 109 mm

BODENAUFBAU:
Sperrholzplatte versiegelt   18 mm
Schalung 24 mm,
dazwischen
Leitungsführung
Dampfsperre
Holzbalken massiv,
dazwischen
Wärmedämmung Mineralwolle   240 mm
Holzfaserplatte, diffusionsoffen   18 mm

Fassadenschnitt

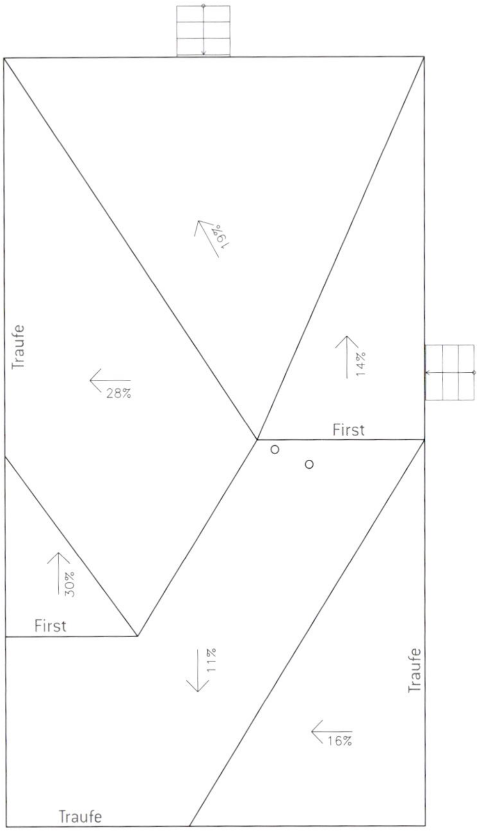

Dachaufsicht

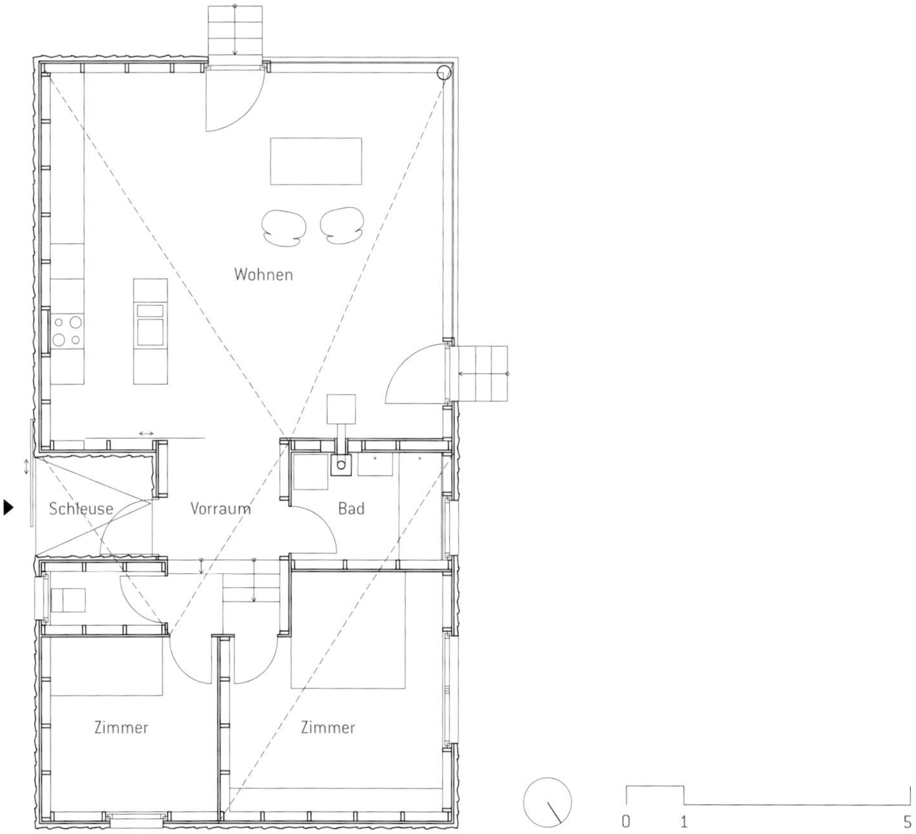

Grundriss

Traufe

28%

19%

14%

First

First

30%

11%

16%

Traufe

Traufe

Traufe

Wohnen

Schleuse

Vorraum

Bad

Zimmer

Zimmer

0   1   5

Rechts: Die rahmenlos ausgeführte Übereckverglasung holt die
Nachmittagssonne in die Räume.

Linke Seite: Ansicht des Hauses von Süden. Die kaum sichtbaren Grundmauern bewirken, dass das Gebäude fast über dem
Terrain zu schweben scheint.

WICHTIGE BAUDATEN

Standort: Burgenland/Österreich
Bauzeitraum: 2005 (3 Monate)
Grundstücksgröße: ca. 700 m²
Wohnfläche: ca. 100 m²
Umbauter Raum (BRI): ca. 300 m³
Kosten senkende Faktoren: ganzheitlich Kosten sparende Pla-
nung, Sockelmauerwerk aus Betonsteinen, Verwendung günstiger
Bauteile, Materialien und Techniken (z.B. äußere Hülle komplett
mit PU-Beschichtung und PU-Folie, günstige Holzwerkstoffe im
Innenausbau – z.B. Innensicht aus Verpackungssperrholz, Böden
aus geölten OSB-Platten –, einfachste Beschlagtechnik), Nutzung
vorhandener Bauteile (z.B. Verwendung von Konstruktionshölzern
für Regal-Einbauten)
Gesamtkosten brutto: ca. 100.000 Euro

ATELIERHAUS FÜR TRÄUME ALLER ART

Architekt: Andreas Sturmberger, Linz

Eine gemeinhin als Restgrundstück bezeichnete Hangparzelle in einem typischen Siedlungsgebiet bot für den Architekten Andreas Sturmberger die Gelegenheit, ein ebenso faszinierendes wie geradliniges Atelierhaus zu errichten. Augenblicklich wird es zwar als Büro genutzt, jedoch könnte hier auch ohne großen Aufwand eine loftartige Wohnnutzung untergebracht werden.

Loftarbeiten oder -wohnen auf höchstem Niveau

Das über 70 Quadratmeter große Erdgeschoss wäre bei einer Umwandlung zum Wohnloft dann der offene Wohn-, Ess- und Kochbereich, während der etwas später hinzugekommene Raum im Obergeschoss dem Schlafen vorbehalten bliebe.
Nicht genug damit, dass die Räume eine hohe Anpassungsfähigkeit auch an die Wohnansprüche eines Paares oder eines Singles aufweisen, das Gebäude besitzt auch die entsprechende, herausragende architektonische Qualität. Die parallel zur Straße orientierte Hauptfassade besteht aus einem langen, geschosshohen Glasband und einer Hülle aus voroxidiertem Kupferblech. Die Fassadenverblechung kam in einem zweiten Bauabschnitt zusammen mit dem aufgesetzten Obergeschoss hinzu.

Umfeld ausblenden – Umfeld einblenden

Neben der bemerkenswerten Architektur und dem konsequent verwirklichten, durchgängigen Raumerlebnis sind der Umgang mit dem Umfeld und die Beziehungen von Innen- und Außenraum der dritte wichtige Aspekt dieses Projekts. Die große Glasfront auf der Längsseite wird gleichsam durch ein langes, gekiestes Wasserbecken gespiegelt und verdoppelt. Das Wasser vermittelt zwischen der Fassade und einer Sichtbetonscheibe, die zusammen eine

Art architektonisches Triptychon formen. Die zur Verstärkung der Wirkung schräg gestellte Betonscheibe trennt den privaten vom öffentlichen Raum, blendet mit ihrer weitgehend hermetischen Struktur die Außenwelt aus und gibt doch an einer Stelle den Durchblick frei. Neben Ein- und Ausblicken wird so auch der Einfall von Sonnenstrahlen aus Südwesten ermöglicht, die das Erdgeschoss am späteren Nachmittag erreichen und bestens belichten. Zugang und Außentreppe, die zur Erschließung des Gebäudes aufgrund der vorhandenen Innentreppe übrigens nicht notwendig sind, zeigen sich ebenso wie die Grundstücksmauer in Sichtbeton. Somit handelt es sich um einen Materialdreiklang aus Kupfer, Glas und Sichtbeton, zwischen denen gleichsam das Element Wasser vermittelt. Die Glasfassade des Erdgeschosses ist eine Eigenkonstruktion und weist nur eine Öffnung auf, was wiederum in beträchtlichem Maße Kosten einspart.
Das aufgesetzte Obergeschoss wendet sich von der Straße ab und dem attraktiven Bereich des eingewachsenen Grundstücks zu. Der inzwischen dichte Grasbewuchs auf dem Flachdach variiert die Farbe des Kupfers und stellt beim Draufblick die Einheit mit dem grünen Umfeld her. Die massive Holzbauweise ist nicht nur ökologisch sinnvoll, sondern spart auch insofern Baukosten, als die Konstruktion selbst Teil der Wärmedämmung ist und daher relativ geringe Aufbaustärken benötigt werden.

Rechte Seite oben: Das kleine, zum Grünraum hin orientierte Obergeschoss.

Rechte Seite unten: Ansicht des Gebäudes mit dem Eingang und dem Dreiklang aus Mauer, Wasserbecken und Glasfassade.

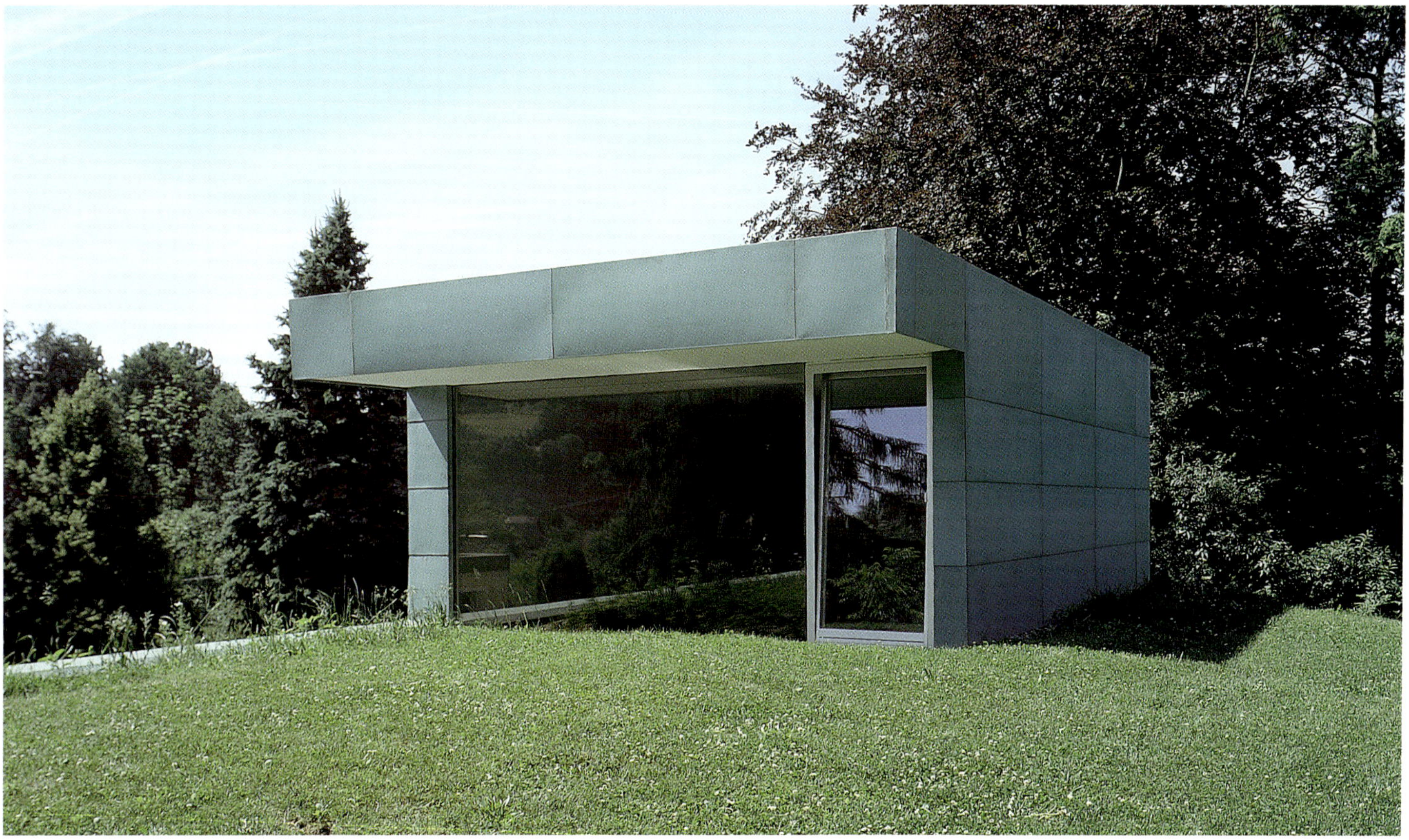

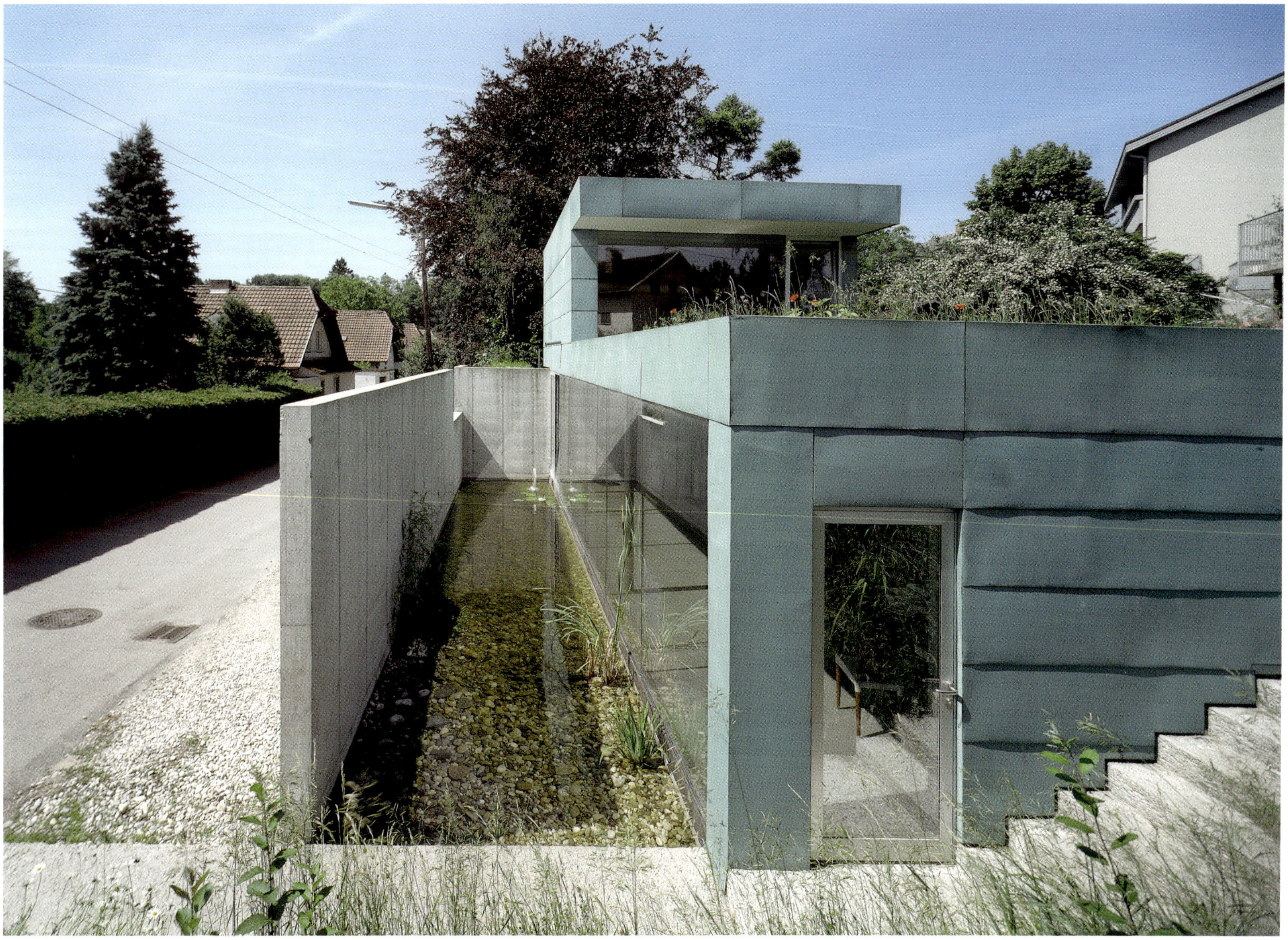

Das Innere des Hauses erzielt seine Wirkung durch den Kosten sparenden Verzicht auf Zwischenwände, aber auch durch die nahezu perfekte Verbindung mit dem Außenraum, die teils über große Glasflächen, teils über gezielt gesetzte und gerichtete Ausblicke transportiert wird. Kontemplativ und inspirierend zugleich sind die Nähe des kiesgefüllten Wasserbeckens auf der unteren und die des Dachgartens auf der oberen Etage.

Das landläufige Verständnis von Billigarchitektur wird durch dieses Atelierhaus, das sich preislich auch aktuell im untersten Kostenbereich bewegt, quasi völlig unterhöhlt. Hier entstand ein mustergültig geplantes Haus mit wunderschönen, loftartigen Innenräumen, einer überlegt klaren Fassadengestaltung und einem subtilen Spiel mit unterschiedlichen Materialien und Lineaturen.

Oben und rechte Seite: Im Erdgeschoss: Der Raum bezieht seine ausgesprochen großzügige Wirkung in erster Linie aus dem weitgehenden Verzicht auf trennende Barrieren sowie dem fruchtbaren Zusammenspiel von Innen und Außen.

Grundriss Erdgeschoss

Obergeschoss

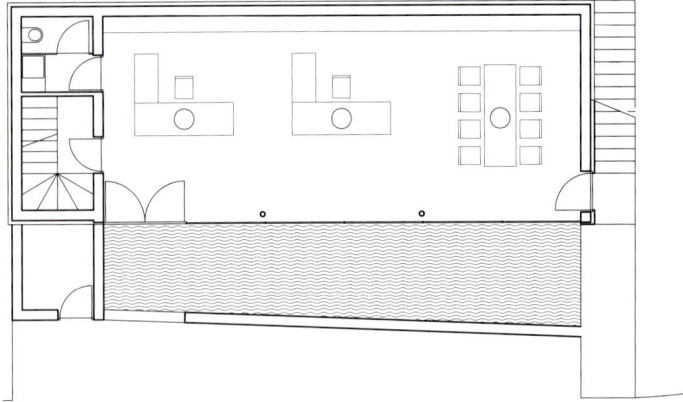
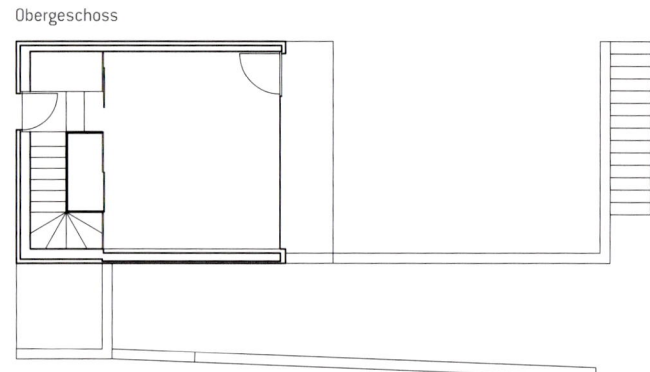

An einer Stelle gibt die Mauer den direkten Blick auf die Fassade frei.

Unten rechts: Die beiden unterschiedlich orientierten Wohnebenen in spannungsvoller Zwiesprache.

Unten: Inszenierter Übergang vom öffentlichen zum privaten
Raum. Rechts bei der Treppe befindet sich der Eingang, links das
Wasserbecken.

DER TRANSPORTABLE WOHN-LOFT

Architekt: Johannes Kaufmann Architektur, Dornbirn

In Zeiten wachsender Mobilität erscheint es nur eine logische Konsequenz, auch Wohnhäuser zu planen, die man bei Veränderung der Lebensumstände beziehungsweise des Arbeitsorts praktisch auf den Rücken schnallen und mitnehmen kann. Der Vorarlberger Architekt Johannes Kaufmann bietet mit seiner SU-SI genannten Version des Themas eine ebenso bodenständige wie architektonisch anspruchsvolle Variante zu einem erstaunlich niedrigen Preis.

Das Haus auf Zeit

Der beruflich in Wien engagierte und dort lebende Bauherr Georg Hilbe fühlte sich durch das Hauskonzept spontan überzeugt. Auf dem Grundstück der Familie neben einem wunderschönen alten Bauernhof stand ein Bauplatz zur Verfügung, der für ein Ferienhaus wie geschaffen war. Dort ging seine SU-SI nach weitestgehender Vorfertigung in der Werkstatt als komplette Wohneinheit nieder. In nur vier Wochen wurden alle restlichen Arbeiten bis zur Bezugsfertigkeit erledigt. Und mit das Beste: Bei einer beruflichen Veränderung oder wenn sein Eigentümer Lust auf ein Feriendomizil an anderer Stelle hat, ist das Gebäude in kürzester Zeit wieder reisefertig! So spart SU-SI auch auf lange Sicht nochmals beträchtlich Aufwand, Zeit und Finanzmittel ein.

Zwischen offen und geschlossen

Die Konstruktion von Außenwänden, Decke und Boden des Hauses besteht wie alle Modelle dieses Haustyps aus tragenden, in Fichte gefertigten Leimbindern. Nach Süden öffnet sich eine breite Glasfassade der Sonne, im Übrigen gibt sich SU-SI eher zugeknöpft, was der Dämmung gegen Kälte wie auch Hitze sehr zugute kommt. Drei außen montierte, elektrisch gesteuerte Raffstores mit Aluminium-lamellen schützen vor zu starker Sonneneinstrahlung, im Winter sammelt SU-SI dagegen fleißig wärmende Sonnenstrahlen. Auf der Gartenseite öffnet sich eine einzige, aber sehr große Schiebetüre zur erhöht gelegenen Terrasse und zum Garten mit der angrenzenden Waldung. Die übrigen Partien der weitgehend transparenten Hauptfassade können nicht geöffnet werden. Das verringert die Baukosten und hat zudem den Vorteil, dass zwischen den konstruktiven Elementen Stauraum in Form von Leimholz-Regalbrettern geschaffen werden konnte. Eine feine, aber deutlich ablesbare Abgrenzung zu den Festverglasungen stellt die deckend weiße Lackierung des Fenstertürrahmens her. Mit Bedacht gesetzte Glasbänder akzentuieren die ansonsten geschlossenen, mit silbrig-grauem Lärchenholz verschalten Bereiche der Fassade.

Hohe Wohn- und Materialqualität bei geringen Kosten

Mit einem Längen-Breiten-Verhältnis von 12,60 x 3,5 Metern, einem Verhältnis also von fast 4:1, entstand ein lang gestreckter Wohn-Loft mit sogartiger Wirkung – im Grunde ein Einraumkonzept, das an seinen beiden Enden um ein kompaktes Schlafzimmer und eine Sanitärzelle ergänzt ist. Dadurch ist im Wohn-, Ess- und Kochbereich mit über 30 Quadratmetern reichlich Platz zur Verfügung. Zur optischen Untergliederung dient eine halbhohe Trennscheibe zwischen Essplatz und Küchenzeile.

Rechte Seite: Die Gartenansicht des transportablen Wohn-Lofts mit geöffneten und geschlossenen Aluminium-Lamellen. Links die erhöhte, ebenerdig zu erreichende Terrasse, die mit ihren 22 Quadratmetern den Wohnraum erweitert.

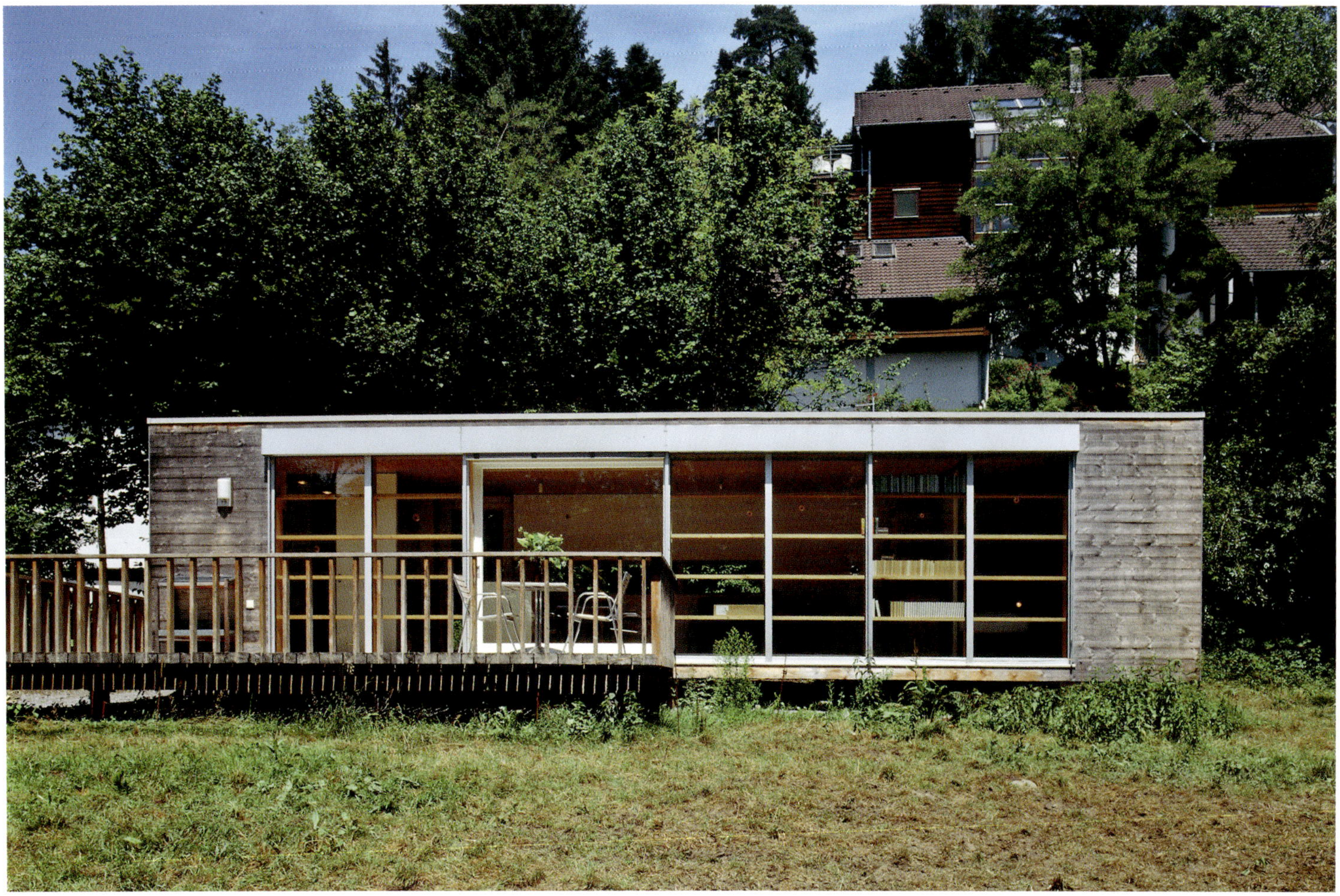

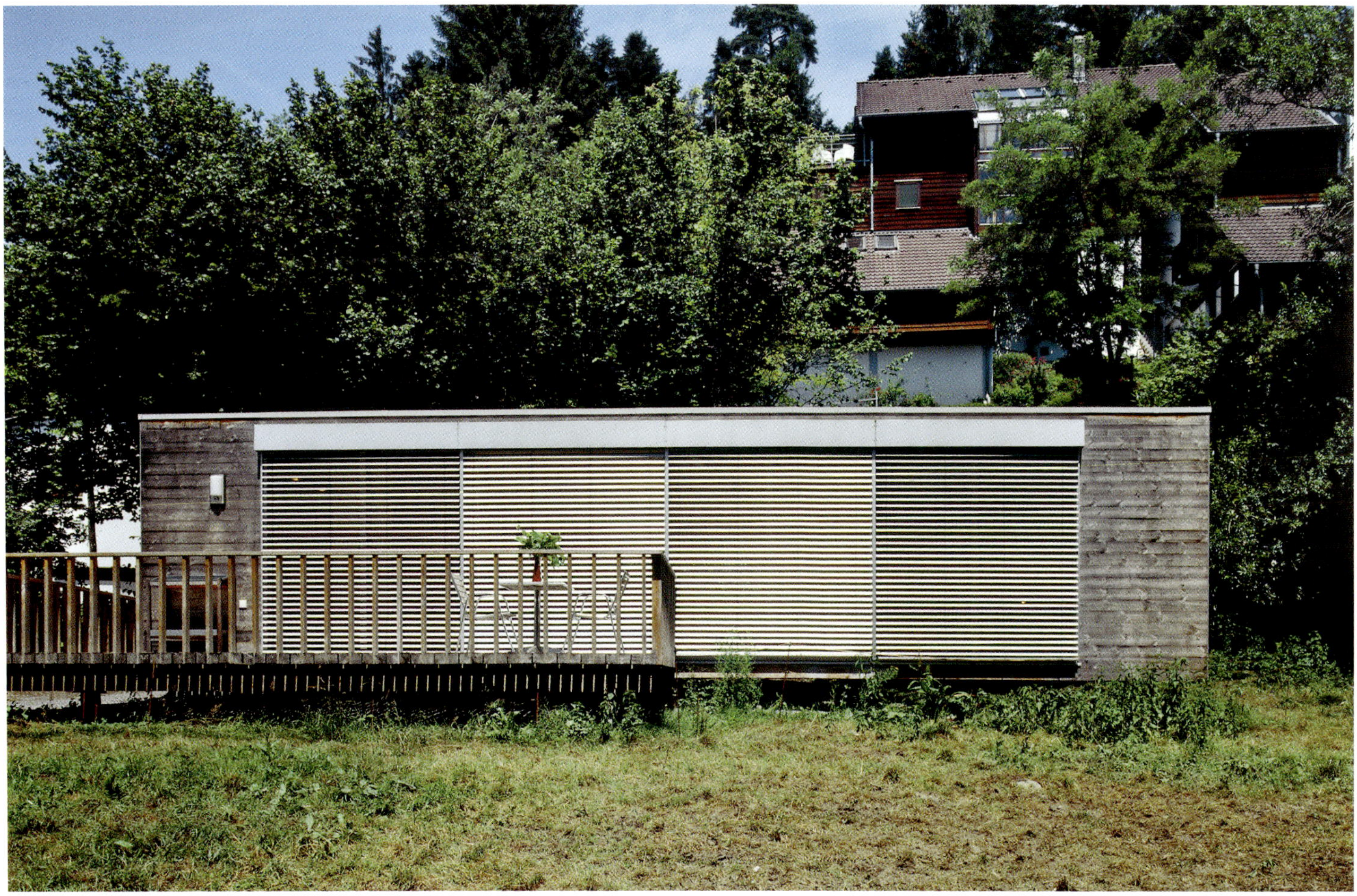

Die Tragkonstruktion einschließlich der Außenwände, Bodenplatte und Decke besteht – höchst erstaunlich für ein Low-Budget-Projekt – ebenso aus Massivholz wie die Fassade. Dreischichtplatten aus Fichte bilden die Deckenuntersicht, der Boden ist mit Ausnahme der Sanitärzelle sogar mit Eiche-Stabparkett belegt. Dies ließ sich nur durch den Einsatz von vergleichsweise günstigem Industrieparkett realisieren. Weiß gestrichene Gipsfaserplatten an den Wänden sorgen dafür, dass es nicht übergemütlich wird und das reichlich einfallende Tageslicht zusätzlich reflektiert wird.

In naturnaher Umgebung gelegen, stellt das Gebäude mit seiner Holzkonstruktion und Verschalung aus Lärchenholz eine perfekte Symbiose mit der Umgebung her. Auch wenn man mit ihr jederzeit problemlos umziehen könnte, möchte man sich »die SU-SI« eigentlich an gar keinem anderen Ort mehr vorstellen. Eine wunderbare Mélange aus konsequent moderner Architekturgestalt und bodenständiger, sehr hochwertiger Materialität bei höchstmöglicher Mobilität.

Oben: Blick in den Garten durch die Leimholz-Regalbretter, die innerhalb der Konstruktionsebene einen nützlichen Stauraum schaffen.

Rechte Seite oben: Blick durch den Raum mit Sitzplatz und Küchenzeile. Links vorne der Ausgang auf die Terrasse, links hinten der Zugang zum Sanitärbereich.

Rechte Seite unten: Blick durch den Wohnbereich, der mit ebenso strapazierfähigem wie günstigem Eichen-Stabparkett belegt ist.

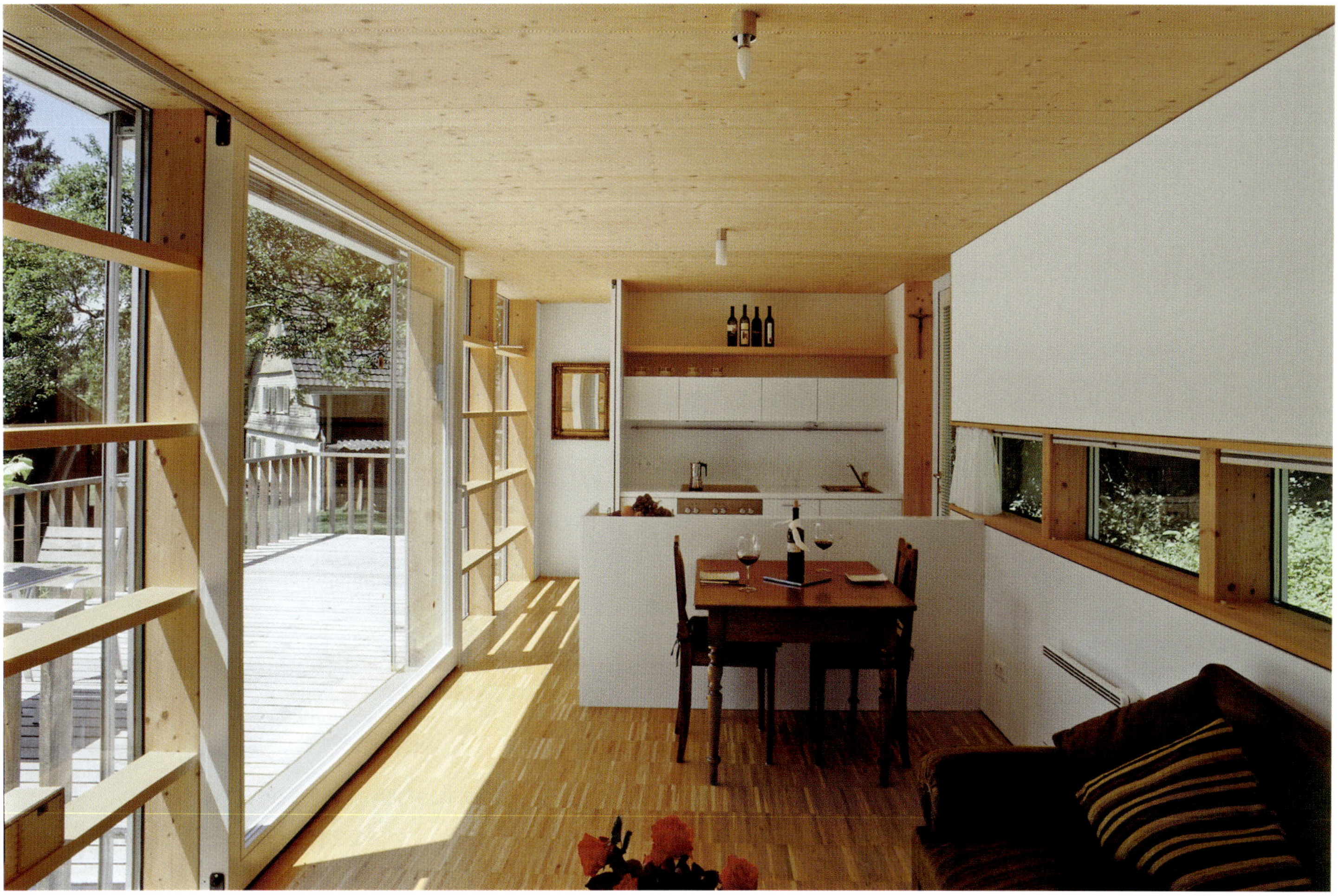

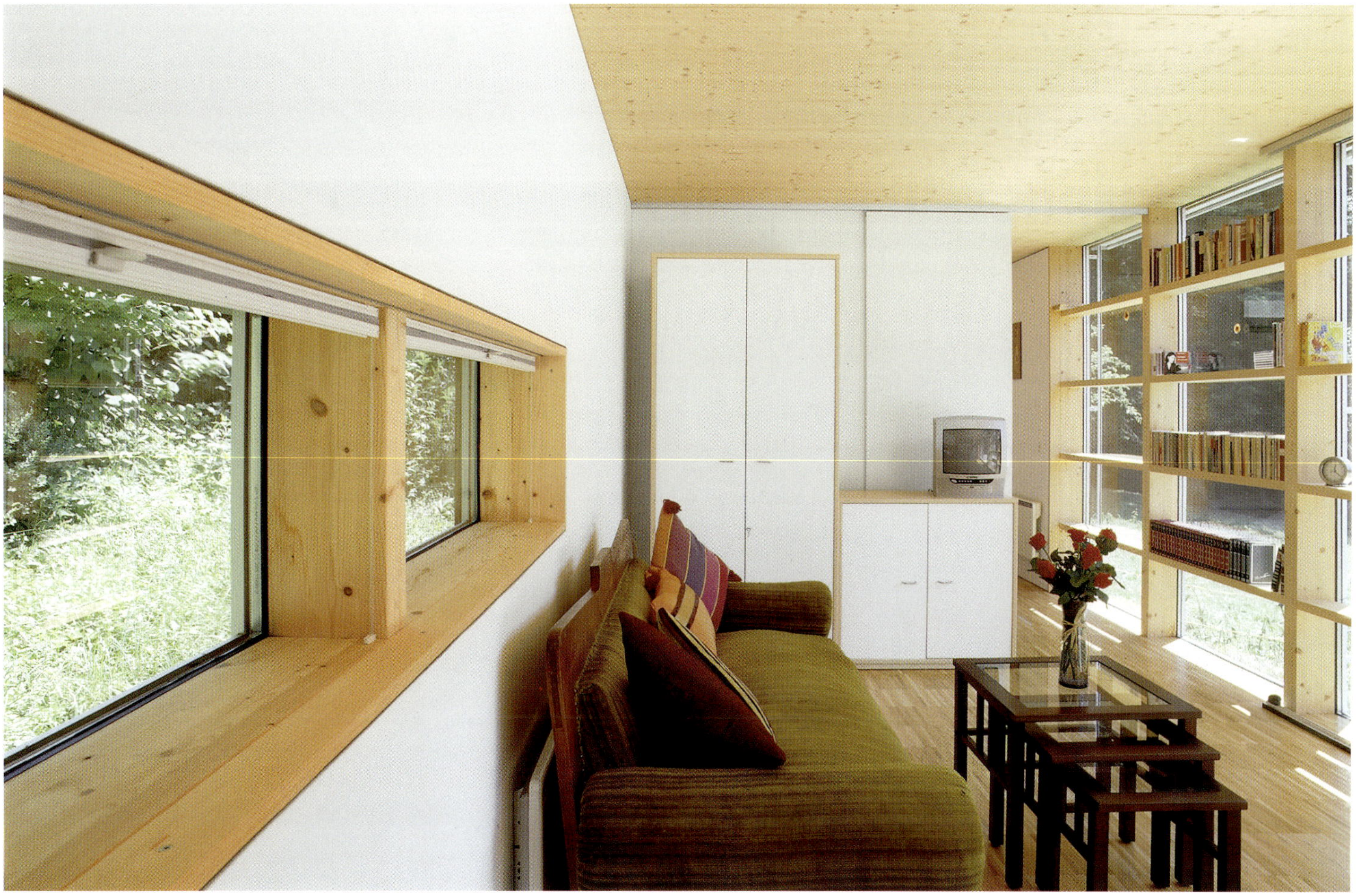

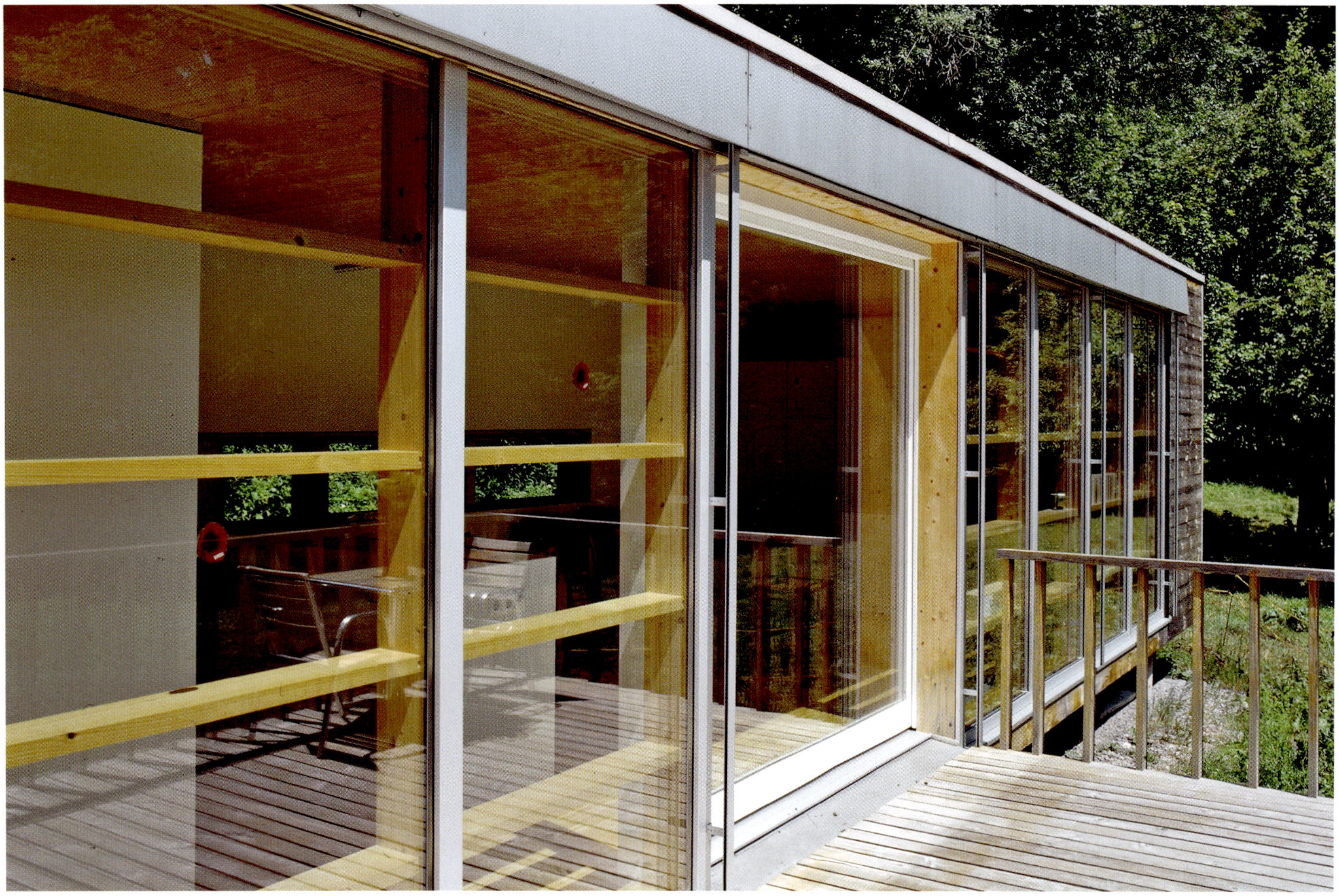

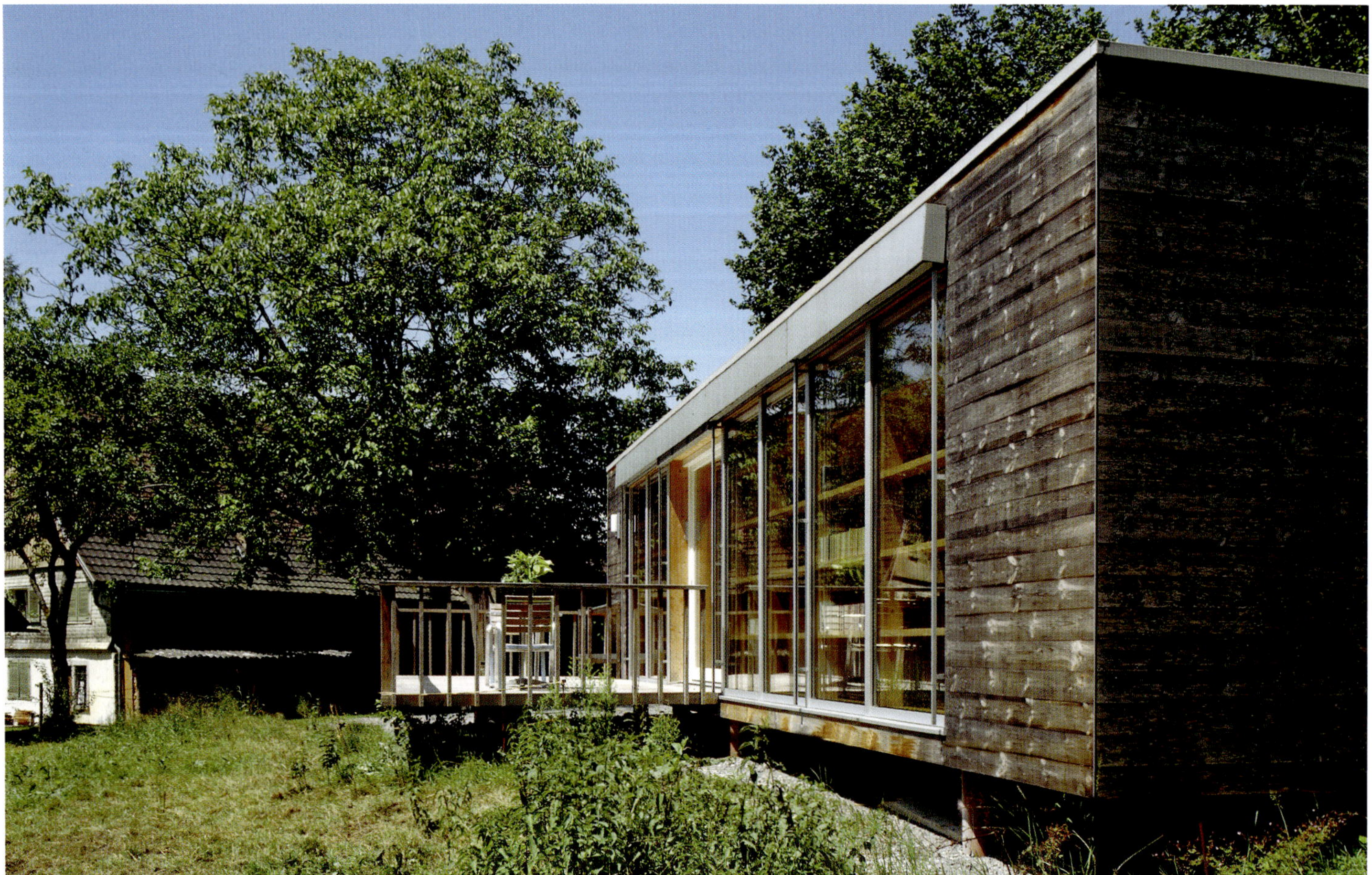

Linke Seite oben: Blick von der Terrasse auf die Glasfront mit der großformatigen Schiebetüre.

Linke Seite unten: Ansicht des Baukörpers in seinem Umfeld. Im Hintergrund links ein alter Bauernhof.

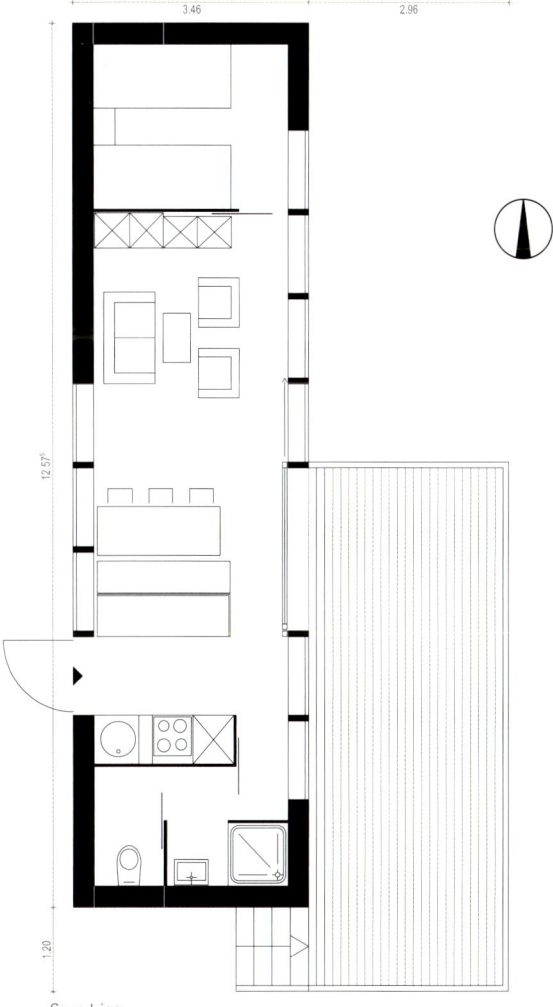

Grundriss

ZEITGEMÄSSER BUNGALOW FÜR ZWEI

Architekten: seeger-ullmann architekten, München

Ein großes Einfamilienhaus mit reichlich Wohnraum ist komfortabel und meist erforderlich, wenn mehrere Kinder zu Hause leben. Wenn sie dann flügge werden und das elterliche Heim verlassen, ist der Raumbedarf weit geringer als vorher. Mit fortschreitendem Alter kommt häufig hinzu, dass die Instandhaltung eines großen Gebäudes und das Treppensteigen zur Belastung werden. Auch für die Eheleute Ullmann stellte sich irgendwann die Frage, ob sie an ihr bestehendes Haus einen Außenaufzug anbauen lassen, in eine Mietwohnung oder gar ins Seniorenheim umziehen sollten. Mit Hilfe des Sohnes, der Architekt ist, kam man nach reiflicher Überlegung aber zu einem völlig anderen Ergebnis: Es sollte ein zeitgemäßer Flachdach-Bungalow im eigenen Garten entstehen, der aufgrund der geringeren Wohnfläche deutlich weniger arbeitsintensiv sein würde als das alte Einfamilienhaus und zudem keinerlei Barrieren wie Treppen oder Ähnliches aufweisen würde.

Höchster Wohnkomfort für wenig Geld

Gemeinsam mit Bettina Seeger sorgte Matthias Ullmann dafür, dass dieses Konzept auch formal und konstruktiv stimmig umgesetzt wurde. Mehr als nur eine Dreingabe war der extrem günstige Kostenrahmen von unter 125.000 Euro, für den man immerhin 91 Quadratmeter hervorragend nutzbare Wohnfläche erhielt – und das Ganze inmitten eines großen Gartens mit eingewachsenem Baumbestand! Da es sich um die eigene Parzelle handelte, fielen auch keinerlei Kosten für den Erwerb des Grundstücks an. Und selbst die Betriebskosten betragen aufgrund des geringen Rauminhalts und der hochgedämmten Ausführung der Gebäudehülle nur einen Bruchteil des vormaligen Werts. Das begrünte Flachdach bindet das Haus beim Blick von oben in den Garten ein, kompensiert zum Teil die mit dem Bau verbundene Flächenversiegelung und trägt nicht zuletzt auch zur Klimatisierung des Hausinneren bei.

Architektur en détail

Der Holzständerbau mit den Außenmaßen von 11,50 x 9,85 Metern ist keineswegs eine einfallslose Kiste, sondern wird durch ebenso einfache wie wirkungsvolle Maßnahmen spannungsvoll gestaltet. So korrespondiert die Südseite mit ihrer zurückspringenden Fassade und überdeckten Terrasse mit dem auskragenden Vordach auf der Nordseite. Die geschützt wirkenden, überdeckten Aufenthaltsbereiche sind im Bereich der Fassaden und Dachuntersichten mit geölter Lärche verschalt, während die exponierten Fassadenbereiche einen Schirm aus Schieferplatten erhielten. Hier wurde erstmals in Deutschland eine Verlegetechnik mit kreuzförmigem Fugenbild angewandt. Solchermaßen in würdevolles Schwarz gehüllt, besitzt der Bau eine ausgesprochen hochwertige Anmutung, die man für diesen Preis kaum erwarten würde.

Rechte Seite oben: Der ortstypische, in einer völlig neuen Verlegeart montierte Schiefer konstituiert einen schwarzen Kubus, der durch Glasflächen wirkungsvoll strukturiert wird.

Rechte Seite unten: Rücksprünge gliedern die Fassade und lassen geschützte Außenbereiche in »warmer« Lärchenholzverkleidung entstehen.

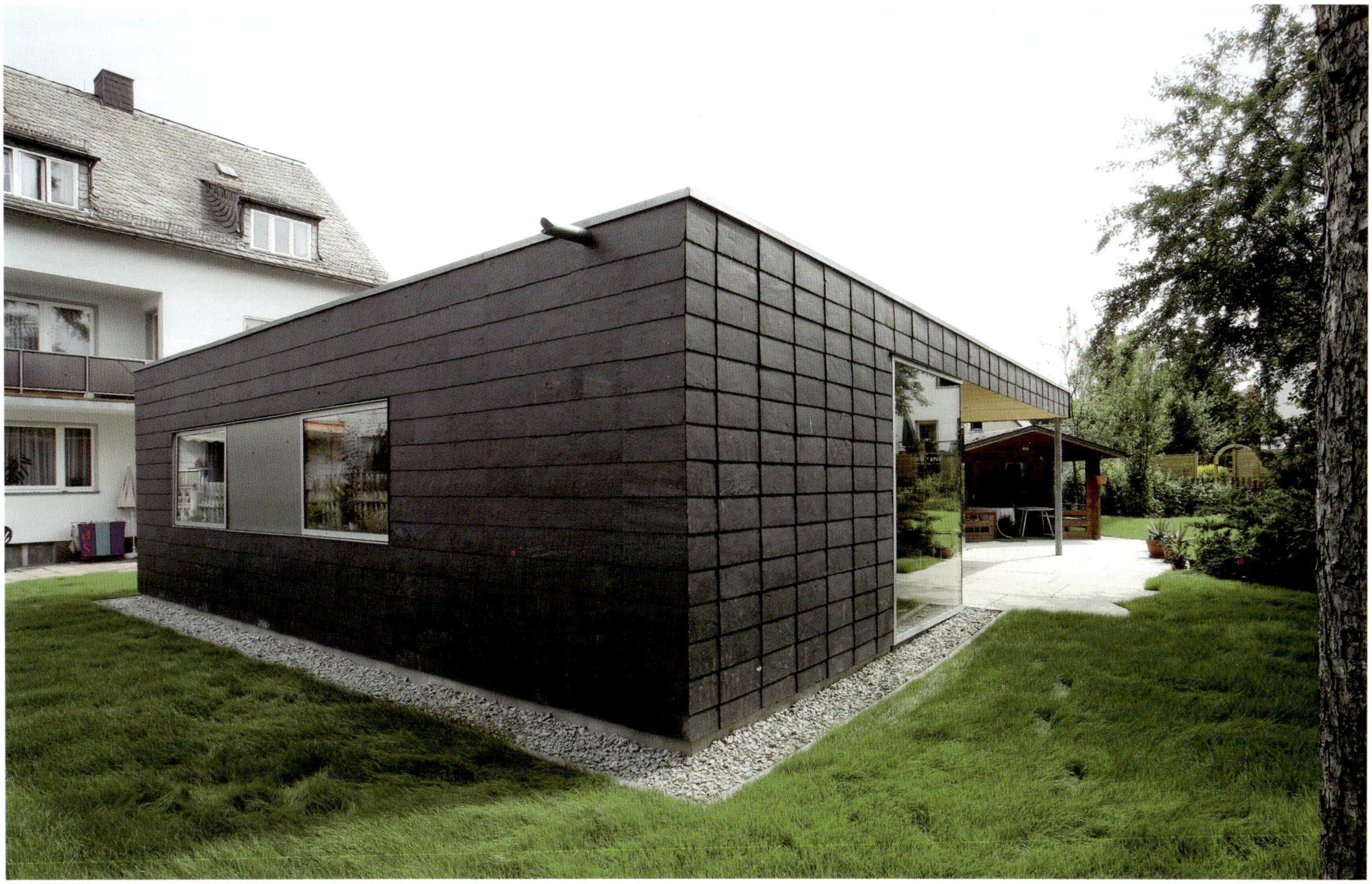

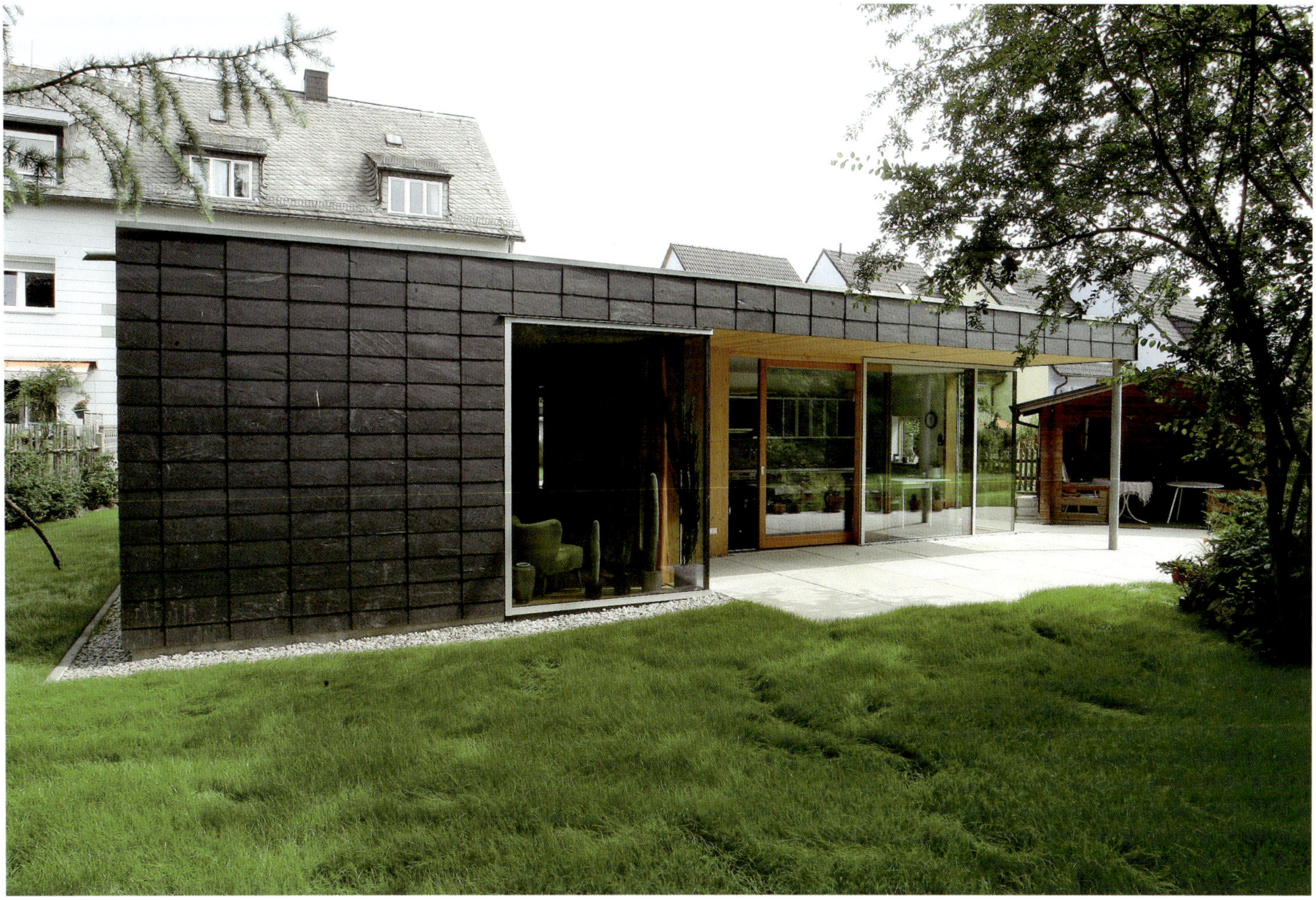

Durchgängigkeit als Leitfaden der Architektur

Die insbesondere an der Südseite vorhandenen großformatigen Glasschiebetüren, die schwellenlos eingebaut wurden, stellen einen direkten Bezug zwischen Innenraum und Garten her. Die Raumplanung war darauf ausgerichtet, nicht nur Niveaudifferenzen, sondern auch unnötige Zwischenwände zu vermeiden, bewahrt aber dabei die gewohnte Aufteilung der Funktionszonen mit separaten Räumen fürs Schlafen, Wohnen und Essen/Kochen. Das im Äußeren angewandte Materialkonzept setzt sich in Gestalt der Schieferböden auch im Inneren fort.

Dieses Haus für ein älteres Ehepaar ist dermaßen aktuell, dass es auch eine wunderbare Vorlage für ein junges Paar oder sogar eine kleine Familie abgäbe. Angesichts der eingesetzten, teils sehr hochwertigen Materialien ließ sich dieser außergewöhnliche Bungalow zu einem bemerkenswert niedrigen Preis realisieren.

Oben: Rechts der überdeckte Eingangsbereich mit Ruhebank im Kontrast zur flächenbündigen Schiefer-Fassade.

Rechte Seite oben links: Große Granitplatten und Kiesbeete am Haus prägen die barrierefreien Außenanlagen.

Rechte Seite oben rechts: Raumhohe Dreifachverglasungen lassen viel Licht ins Haus – die Innenräume wirken so noch großzügiger.

Rechte Seite unten: Die Griffe der Klappfenster sitzen unten und können daher auch von Rollstuhlfahrern bequem bedient werden.

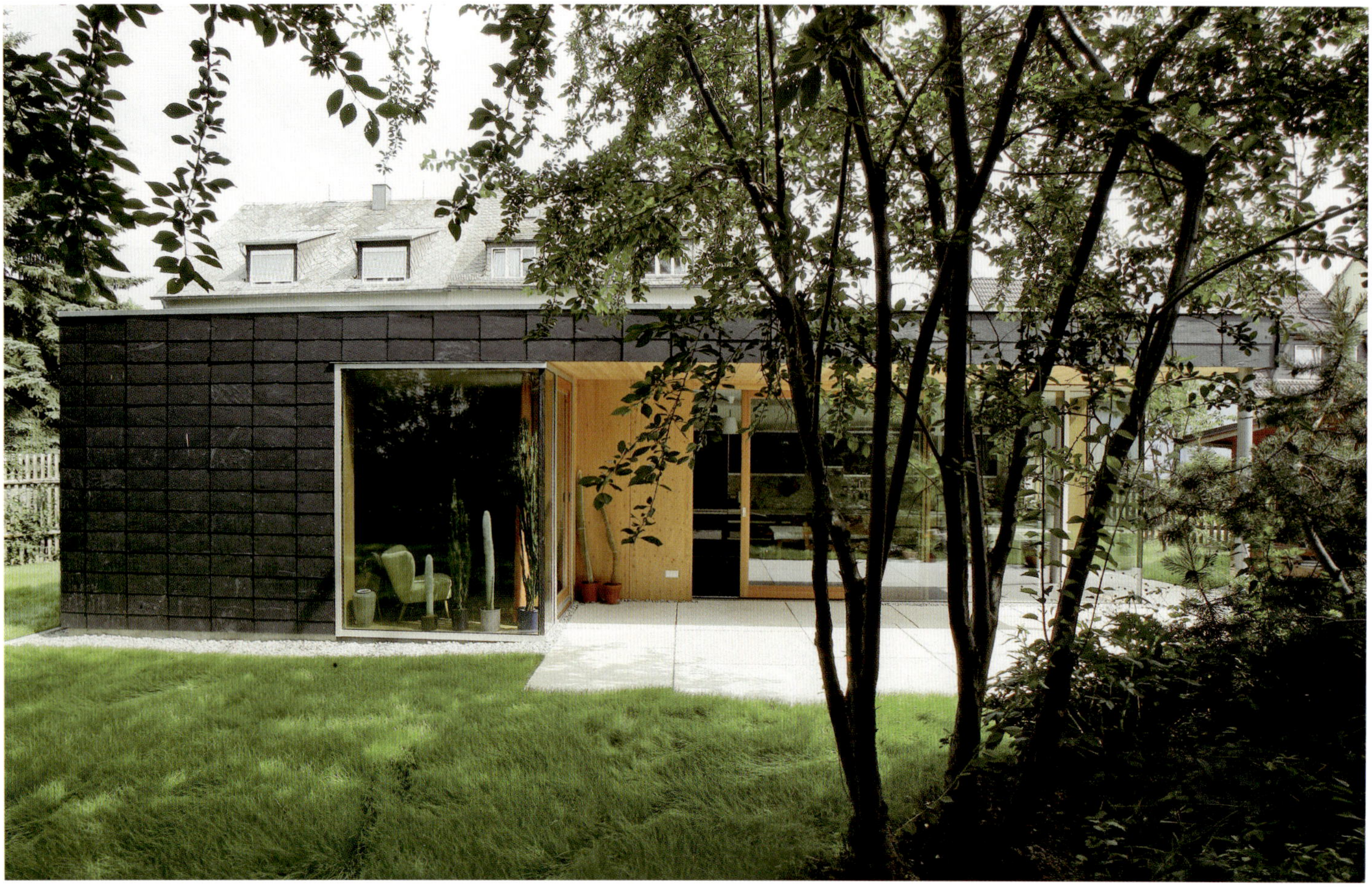

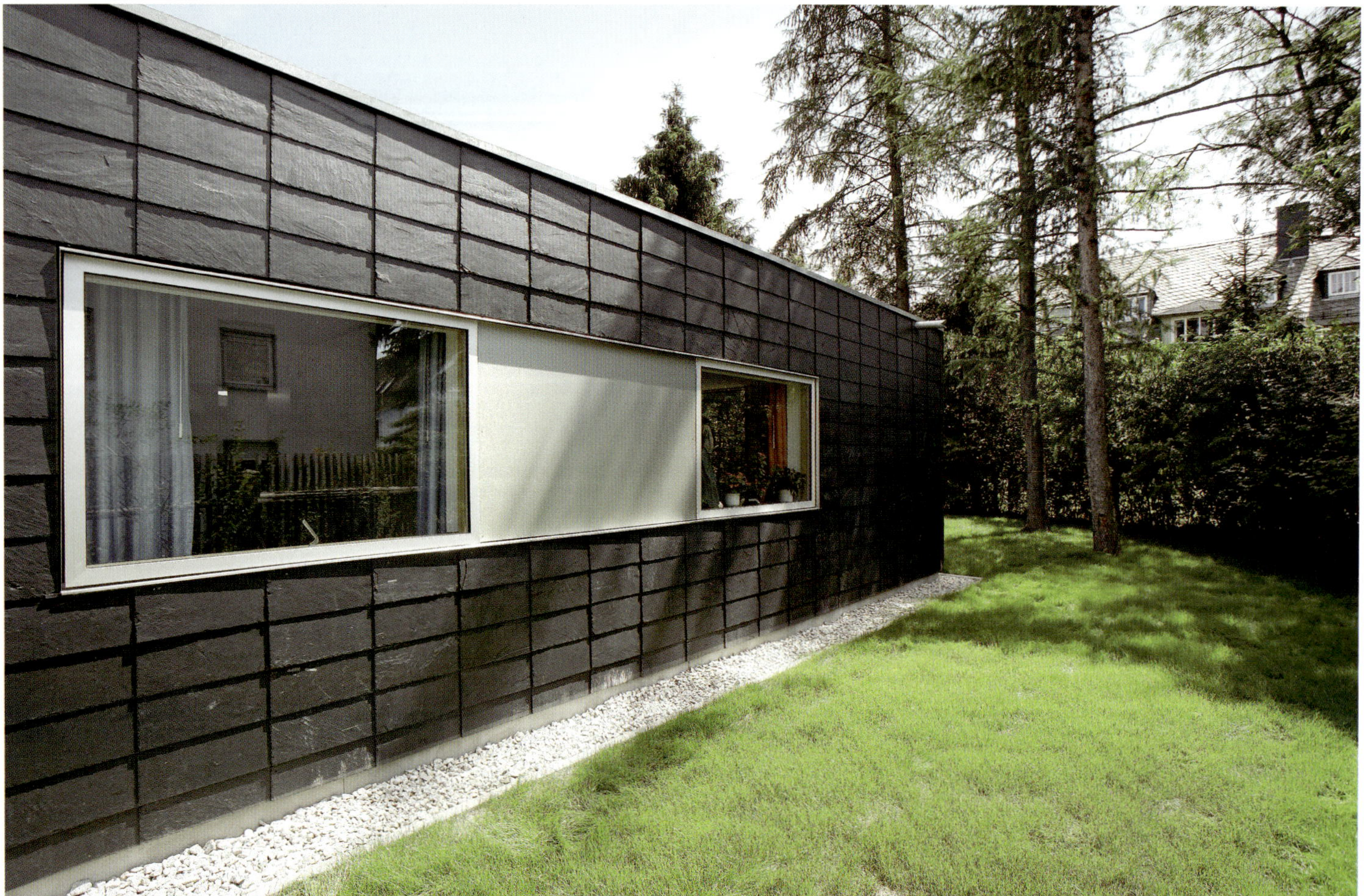

WICHTIGE BAUDATEN

Standort: Hof/Oberfranken
Bauzeitraum: 2006–2007 (6 Monate)
Grundstücksgröße: ca. 677 m²
Wohnfläche: ca. 91 m²
Umbauter Raum (BRI): ca. 343 m³
Heizwärmebedarf: ca. 43,7 kWh/m²a
Kosten senkende Faktoren: ganzheitlich Kosten sparende Planung, sparsame Konstruktionsweise beim Tragwerk, Flachdach begrünt, eingeschossiges Konzept (weniger Erschließungsfläche, keine Treppen), hoher Vorfertigungsgrad (Dach, Wände), überwiegend Fixverglasungen
Gesamtkosten brutto: ca. 123.000 Euro

Linke Seite oben: Die Terrasse wird im Sommer zum erweiterten Wohnraum.

Linke Seite unten: Die Fenster sind auf dieser Fassadenseite mittels einer Aluminium-Platte zu einem einheitlichen Band zusammengefügt.

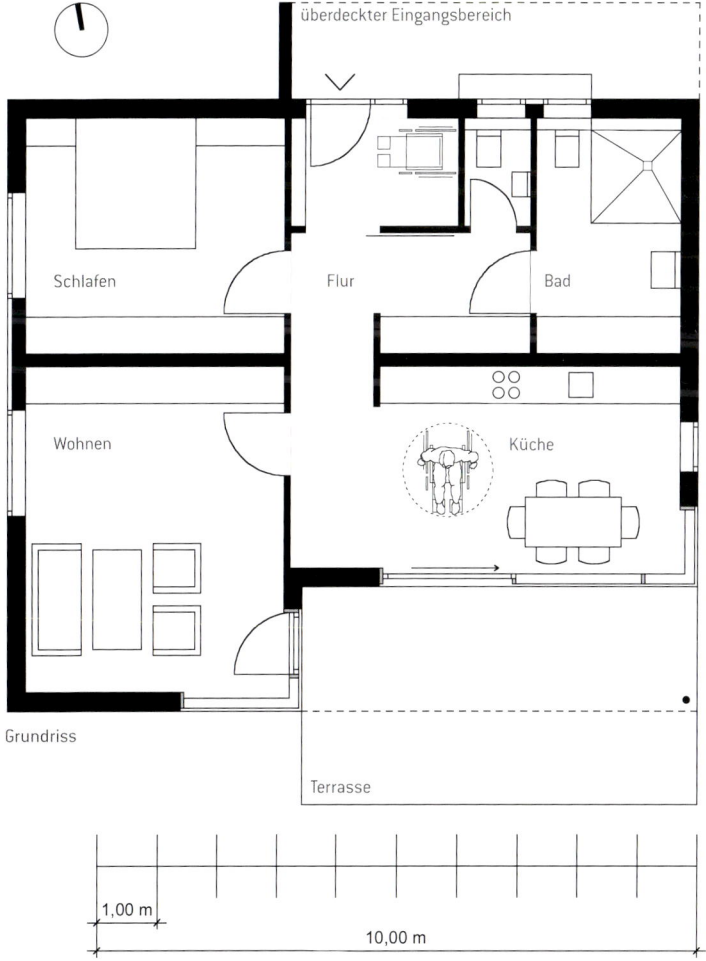

überdeckter Eingangsbereich

Schlafen

Flur

Bad

Wohnen

Küche

Grundriss

Terrasse

1,00 m

10,00 m

FERIENHAUS MIT AUSZEICHNUNG

Architekten: Steinblock Architekten, Magdeburg, Rau Steinblock Tietze Tietze
Projektmitarbeiter: Ulrike Tietze, Alexander Tietze

Gestaltet in den Farben Schwarz-Orange-Rot – so sticht ein kleines Satteldachhaus zwischen vielen märkischen Kiefern und Birken hervor. Das 105 Quadratmeter große Feriendomizil genießt die seltene Ehre, unter Hunderten von Einreichungen mit dem renommierten Deutschen Holzbaupreis ausgezeichnet worden zu sein. Ausschlaggebend dafür war nicht zuletzt die gelungene Verschmelzung typischer traditioneller und moderner Kennzeichen. Schon die Kubatur orientiert sich an der alten Scheune, die auf dem Nachbargrundstück steht. Die dunklen Bretterpartien aus rauen, unbesäumten Schwarten mit ihren überwiegend kleinteiligen Öffnungen treten in spannungsvollen Kontrast zum lebhaften Rot der glatten, exakten Holzschiebeläden und den großen Glasflächen im Erdgeschoss. Die hergebrachte Grundform des Satteldachs erhielt eine Deckung aus industriell hergestelltem Titanzinkblech. Die Aufrichtung des gesamten Holzständerbaus inklusive der Außen- und Innenverschalung sowie der Verlegung der Böden übernahm der örtliche Zimmermann, der im Gesamtpaket einen günstigen Preis anbieten konnte. Zudem war er bereit und auch in der Lage, günstiges Baumaterial zu besorgen – so etwa Holz aus einem nahe gelegenen Wald.

Entspannung garantiert

Von den insgesamt 12 Mitgliedern einer großen Familie alternierend oder zusammen genutzt, bietet das Haus alles, was das ganze Jahr über zum stimmungsvollen Wohnen und Entspannen erforderlich ist. Die wunderschöne Lage inmitten der Natur wird zum Erlebnis gemacht, indem der Baukörper im Erdgeschoss über das südwestliche Eck großflächig verglast wurde und so vom Ess- und Kochbereich ein weiter Ausblick nach draußen bis zur nahen Spreewiese möglich ist. Eine sich westlich in den Garten hinein anschließende Terrasse bietet allen großen und kleinen Familienmitgliedern genug Platz für schöne Tage.

Im Übrigen ist das Erdgeschoss weitgehend offen gehalten, was dem Raumeindruck und der Durchgängigkeit gut tut und ganz nebenbei auch beträchtlich Kosten einzusparen hilft. Die Eingangs- und Sanitärbox sowie der Treppenblock zum Obergeschoss stellen die einzigen Einbauten dar, filigrane Stahlstützen übernehmen tragende Funktion.

Da die obere Ebene gleichsam als Schlafetage konzipiert ist, sind hier vier identisch große, in ihren Abmessungen genau auf das Konstruktionsraster abgestimmte Zimmer sowie ein Bad entstanden. Jeder Schlafraum besitzt ein ausreichend großes Fenster nach Osten oder Westen. Die optimale Nutzung und Führung des Tageslichts war im gesamten Haus ebenso wichtig wie die wirkungsvolle Belüftung des Hauses.

Das Kosten sparende Heizprinzip

Wenn es die Sonne nicht mehr alleine schafft, steht ein leistungsstarker Heizkamin zur Verfügung, der Bestandteil des zentralen Multifunktionsblocks ist und die Beheizung des Hauses übernimmt. Dies funktioniert deshalb so gut, weil die Wärmequelle in der Mitte des Erdgeschosses platziert ist und das Haus eine offene Struktur besitzt. So kann die Wärme ungehindert nach oben steigen. Der Treppenraum fungiert dabei als eine Art Kamin. Die Temperaturregulierung in den Schlafzimmern erfolgt ebenso einfach wie wirkungsvoll über das Öffnen und Schließen der Türen.

Rechte Seite oben und unten: Licht- und Schattenspiele auf den schwarzen Schwartenbrettern der Fassade. Das Ferienhaus zeichnet sich auf seiner Süd- und Westseite im Erdgeschoss durch große Fensterflächen aus, die einen direkten Zusammenhang zwischen Haus, Garten und Landschaft schaffen. Die der Natur angenäherte Terrasse mit Spreeblick vermittelt – auch durch das abgesetzte Niveau – zwischen drinnen und draußen und wird gleichsam als weiterer Wohnraum genutzt.

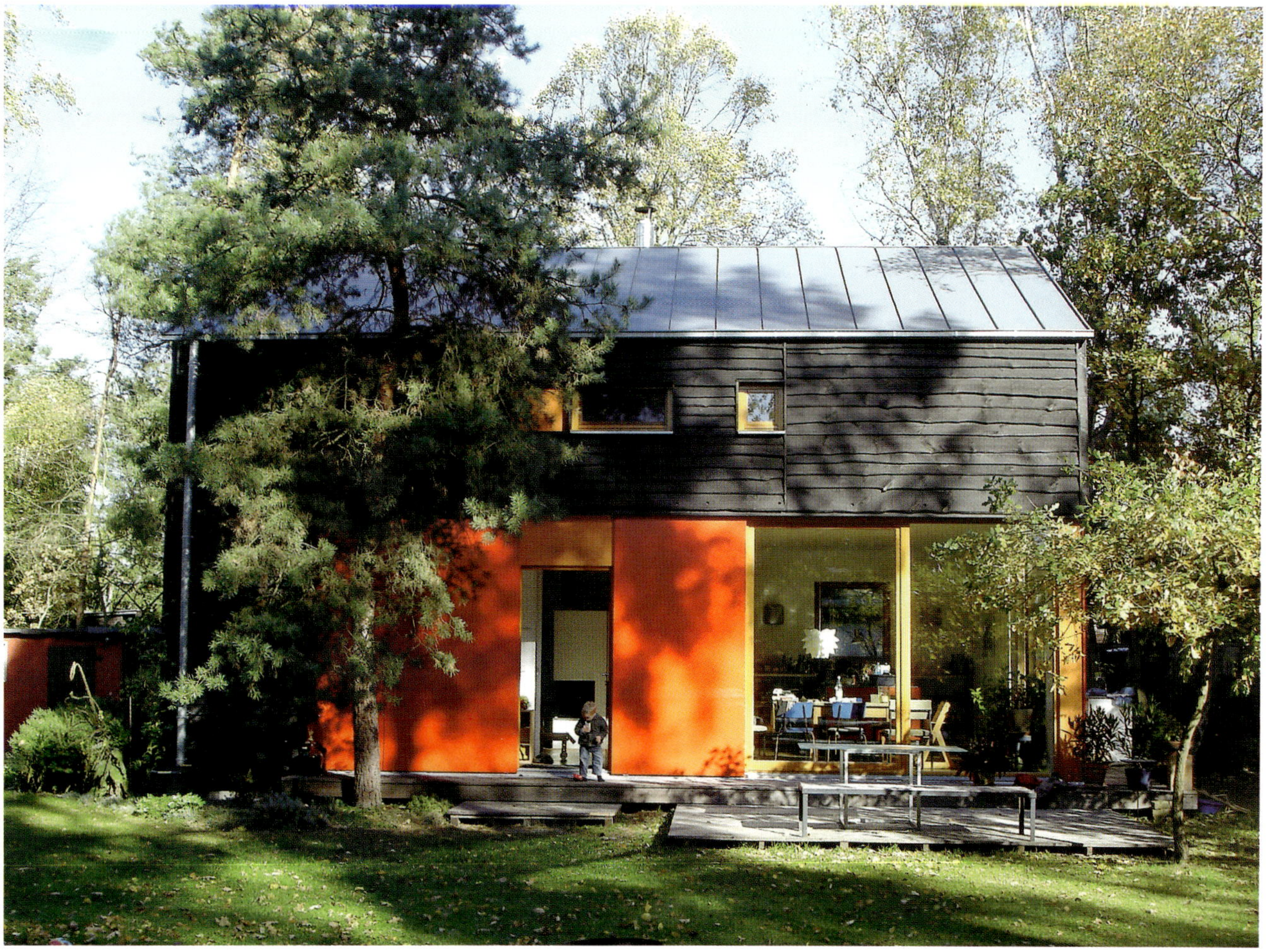

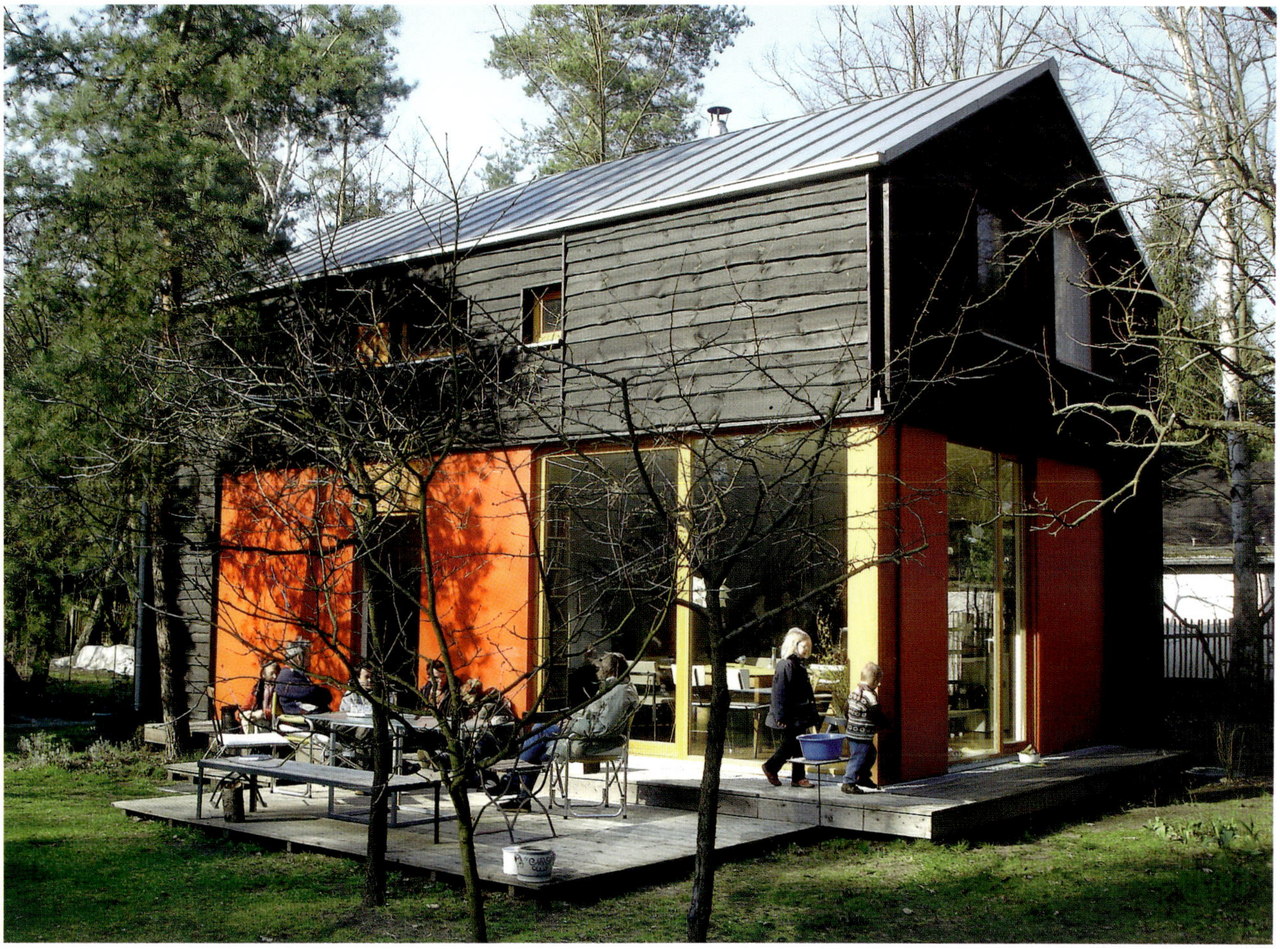

Blick vom Wohnbereich zum Essplatz mit Aussicht in den Garten
und in den Spreewald.

Oben: Die stimmungsvolle Wohnecke wird durch den Ofen
wirkungsvoll abgegrenzt.

Oben rechts: Blick von der Küche durch das Erdgeschoss auf
den Multifunktionsblock mit der Treppe, dem Holzlager und dem
Heizkamin. Im Hintergrund der Wohnbereich.

Der Multifunktionsblock ist das einzige (aus Kalksandstein) gemau-
erte Bauteil im Haus. Er beherbergt Haustechnik, Kamin, Treppe,
Holzlager und Abstellraum. Ein zweiter Treppenabschnitt in Stahlkonstruktion belässt dem Block seine visuelle Eigenständigkeit.

Das insgesamt gar nicht so kleine Haus überzeugt durch seine
ebenso eindeutige wie bescheidene äußere Erscheinung und die
wirkungsvollen Sparideen bei gleichzeitig höchster Qualität der
Innenraumgestaltung. Für sehr wenig Geld errichtet, besitzt das
Gebäude im Grunde nur Vorzüge, von Verzicht auf Qualität kann
hier nicht die Rede sein.

Wohnen

Essen/Küche

Toilette   Windfang/Gard.

Grundriss Erdgeschoss

Schlafen 4   Schlafen 1

Galerie

Schlafen 3   Bad   Schlafen 2

Obergeschoss

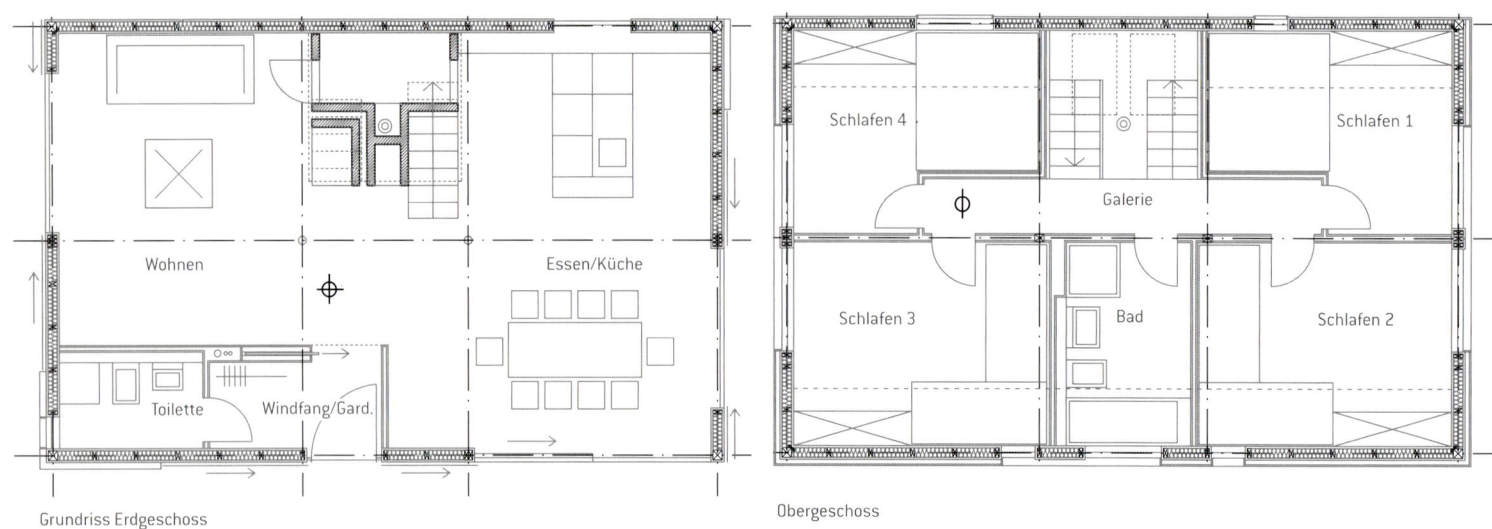

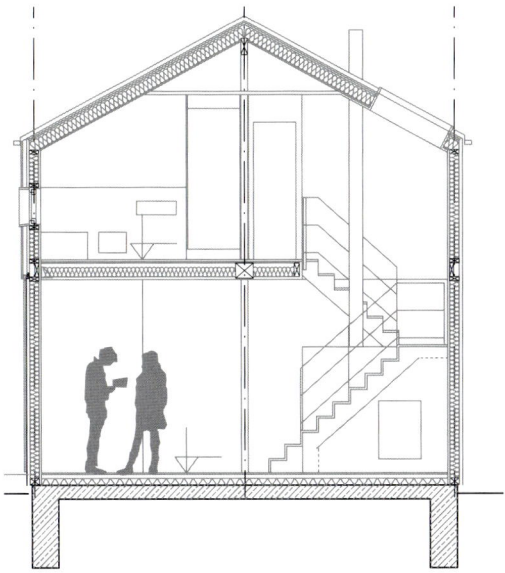

Schnitt

Rechts: Ansicht von Norden.

Linke Seite: Ansicht von Südwesten.

EINE KISTE MIT STIL

Architekten: MAGK architektur aichholzer klein, Wien
Projektleitung: Karin Mader

Für ein Paar oder eine kleine Familie mit Kind gedacht, entwickelten Martin Aichholzer und Günter Klein von MAGK architektur ein Low-Budget-Hauskonzept am planerischen Limit. Es entstand ein zweigeschossiges Wohnhaus mit allen Kennzeichen eines vollwertigen Einfamilienhauses, das keine Wünsche offen lässt und sich dennoch mit erstaunlich geringen Gesamtkosten begnügt.

Kompakter Sparkubus

Die Planung entstand als Doppellösung für ein Geschwisterpaar, die fast identische Häuser erhielten. Durch die dadurch doppelt zu fertigenden Bauteile und die direkte Nähe der Baustellen konnten unter anderem Kostenvorteile bei der Herstellung und bei der Montage realisiert werden – insofern auch ein nachahmenswertes Modell für das Thema »Gemeinsam bauen!« In Holzrahmenbauweise konstruiert, wurden die Wandelemente großteils in der Werkstatt vorgefertigt und vorelementiert, das heißt, dass sie auch bereits mit Installationsleitungen versehen wurden. Weiterhin entscheidend für das Gelingen des Low- Budget-Konzepts war die Beschränkung auf die notwendigsten Innenwände und Installationsleitungen. Ein kleiner Luxus besteht allerdings in dem großen, wellnessartigen Badezimmer im Obergeschoss, das eigentlich so gar nicht zum Sparkonzept passen will, jedoch zeigt, was bei guter Planung auch im Low-Budget-Bereich noch möglich ist!

Raumwunder mit Loft-Atmosphäre

Dass die Raumatmosphäre trotz der geringen Grundfläche nicht auf der Strecke bleibt, verdankt sich der schmal-länglichen Kubatur und dem offenen Grundrisskonzept mit wenigen Sichtbarrieren bei perfekter Ausnutzung der verfügbaren Fläche. Das heißt hier eben gerade nicht, dass Raum an Raum gereiht wird, sondern dass untergeordnete Funktionen wie WCs, Vorratsraum und begehbarer Kleiderschrank klein gehalten und gemeinsam mit der Treppe großenteils konzentriert längs der Eingangsseite untergebracht sind. So verbleibt etwa für den Wohn-, Ess- und Kochraum im Erdgeschoss eine visuell wirksame Gesamtlänge von nahezu 10 Metern bei einer Breite von fast 4 Metern und ein damit schon loftartiges Wohngefühl! Das galerieartige Obergeschoss mit dem Schlaf- und dem Arbeitsbereich ist im Grunde Teil des Raumzusammenhangs, die sich zwischen den Geschossen ergebenden weiten Blickbezüge wischen jede Andeutung von Enge weg.

Heizung light: Bau- und Betriebskosten minimiert

Wie beim Bau begnügen sich die Spar-Häuser auch beim Unterhalt mit geringen Kosten: Die Heizkosten liegen mit weniger als 50 kWh/m²a deutlich unter dem heute für Neubauten geforderten Verbrauchsstandard. Die im Verhältnis zur Wohnfläche geringen Außenwandflächen und die hervorragend gedämmte, dicht ausgeführte Gebäudehülle des kompakten Hauses halten die Wärmeverluste niedrig. Die zur Terrassen- und Gartenseite orientierten großen Fensterflächen ermöglichen eine »kostenlose« Erwärmung der Räume mittels der Kraft der Sonnenstrahlen. Mit diesem Energiekonzept war es nicht zuletzt möglich, bei der Heizanlage zu sparen und so wiederum die Baukosten zu senken.

Rechte Seite: Die puristisch geschlossene, nur durch die Haustüre durchbrochene Eingangsseite dient der visuellen und akustischen Abgrenzung zum öffentlichen Bereich. Außenanlagen und Bepflanzung mit Bachkieseln, Natursteinpflaster, Holzstegen, Blütenstauden und kletterndem Wilden Wein sorgen gleichzeitig für eine spannungsvolle, höchst einladende Gestaltung dieses Bereichs.

Links beide und oben: Offene Raumkonzepte, das Einfangen des Außenraums durch gezielt gesetzte Öffnungen und das Einbeziehen des gesamten zweigeschossigen Volumens vermitteln trotz beschränkter Fläche ein sehr großzügiges Raumgefühl.

Rechte Seite: Der offen gestaltete Wohn-, Ess- und Kochbereich im Erdgeschoss unterstützt den Eindruck des fast schon loftartigen Wohnens.

Trotz des vorgegebenen sehr kleinen Budgets war es möglich, an den großen Fensterflächen auf der Südwestseite außen liegende Jalousetten zu installieren, die auch im Sommer für ein ausgewogenes Raumklima sorgen.

Bei einer erstaunlich hohen architektonischen Qualität entstand hier ein Hauskonzept, dessen Großzügigkeit angesichts der begrenzten, auf zwei Geschosse verteilten Wohnfläche besonders überrascht. Die Einhaltung des engen Kostenrahmens verdankt sich vor allem einer sehr genauen Planung und einer hohen Disziplin auf Seiten der Projektbeteiligten in allen Planungs- und Ausführungsphasen.

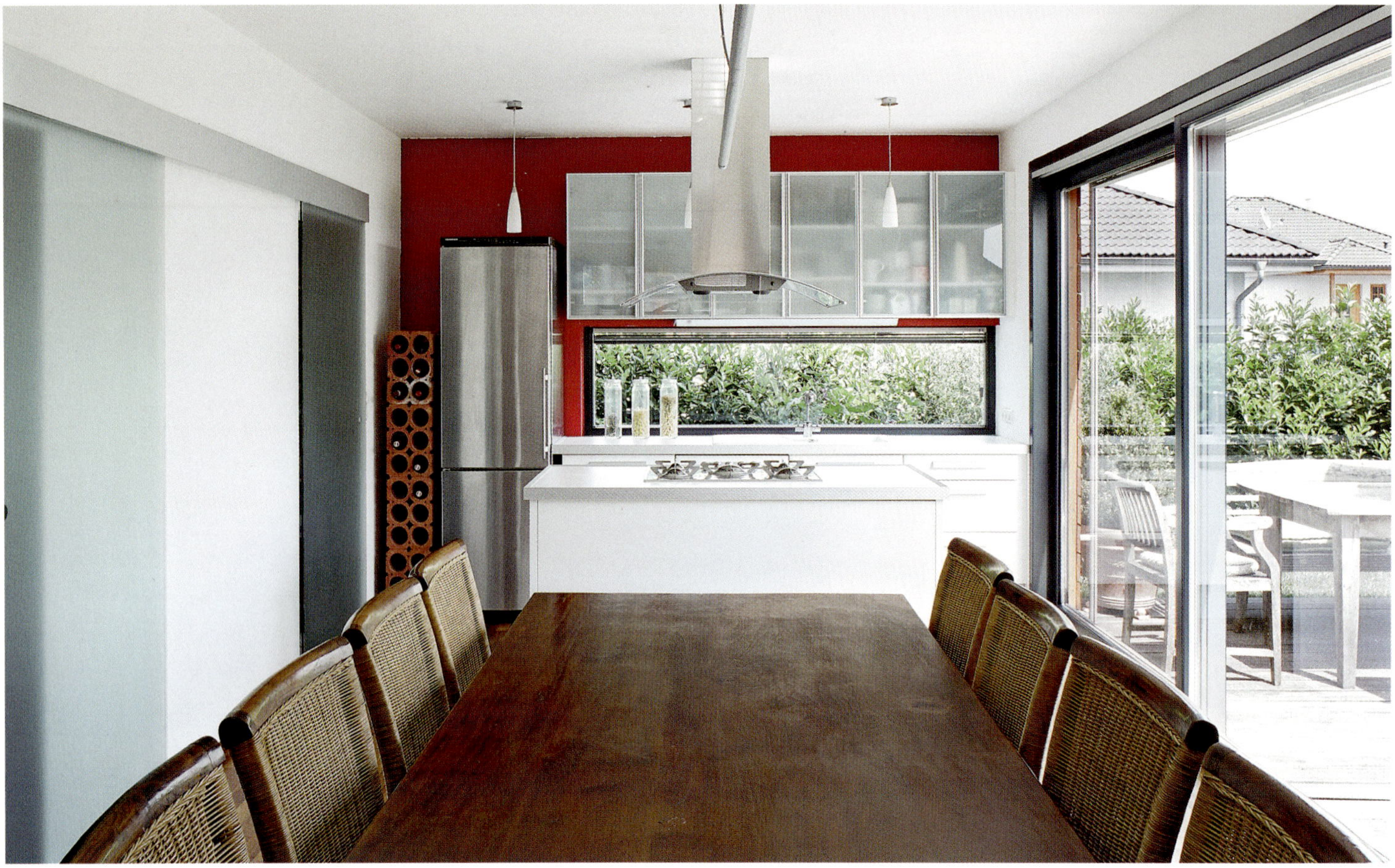

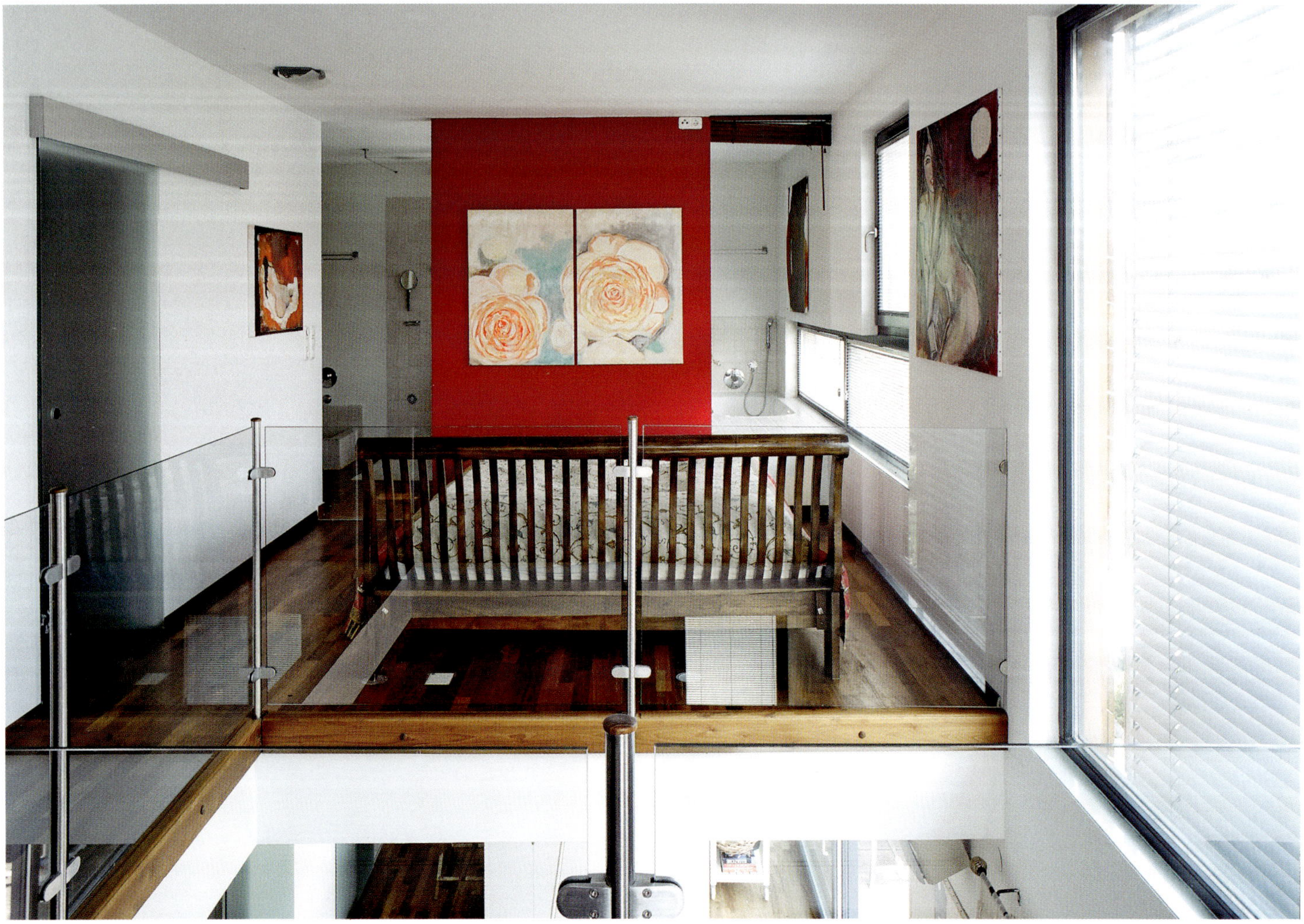

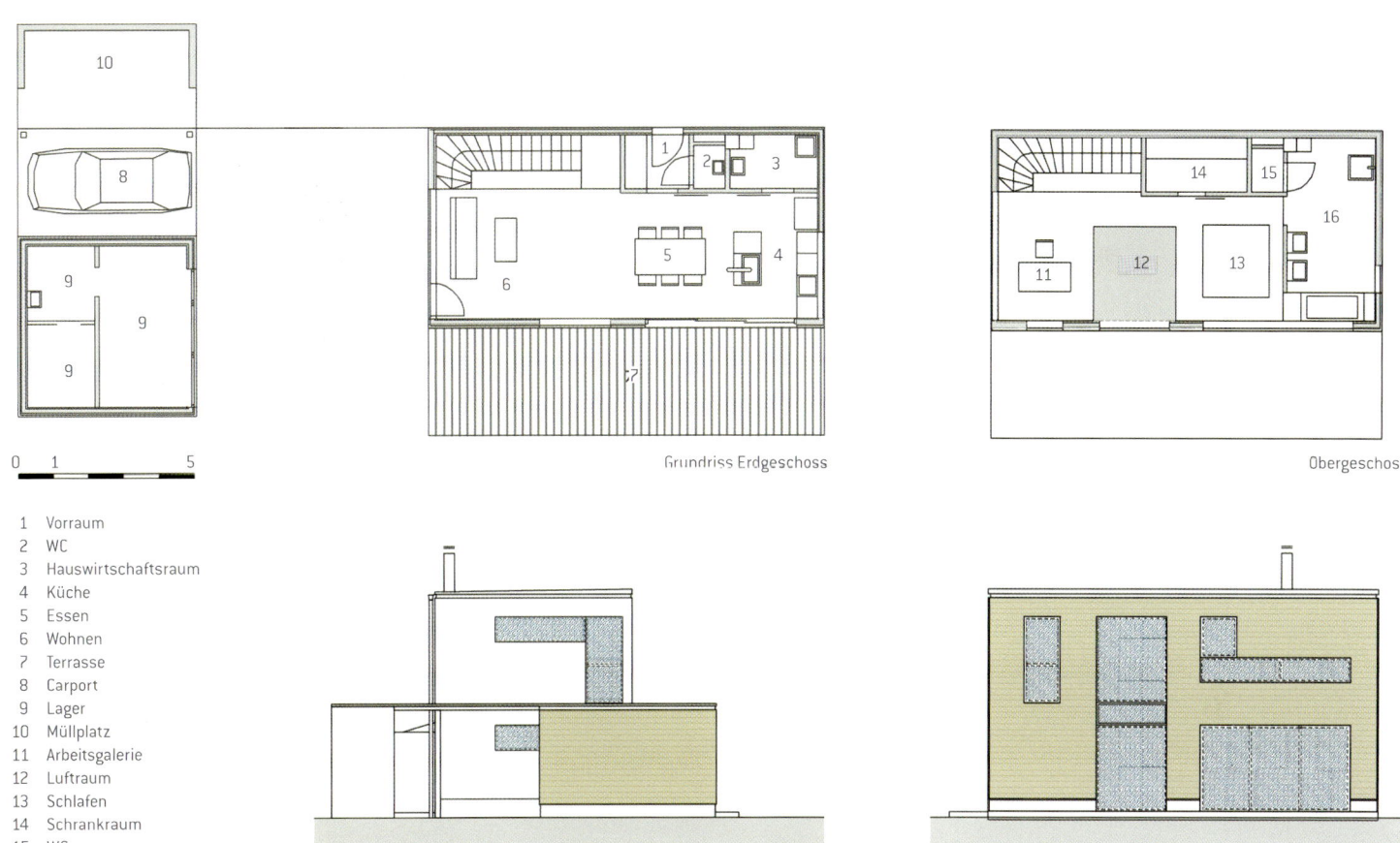

Grundriss Erdgeschoss

Obergeschoss

1 Vorraum
2 WC
3 Hauswirtschaftsraum
4 Küche
5 Essen
6 Wohnen
7 Terrasse
8 Carport
9 Lager
10 Müllplatz
11 Arbeitsgalerie
12 Luftraum
13 Schlafen
14 Schrankraum
15 WC
16 Bad

Ansicht Nordost

Ansicht Südwest

Linke Seite oben: Die Küche fungiert als Fixpunkt und ermöglicht die direkte Einbeziehung des Außenraums mit der unmittelbar anschließenden Terrasse.

Linke Seite unten: Der Gang im Obergeschoss bietet genügend Platz für die eigene Bildergalerie. Die gläsernen Brüstungsfüllungen lassen den Raum unverstellt wirken – das Raumvolumen ist so bestmöglich erlebbar.

Rechts: Frontalansicht des ebenso natürlich wie detailgenau gestalteten Eingangsbereichs.

Linke Seite: Die »warme«, holzverschalte Gartenansicht des Hauses mit der Sonnenterrasse.

WICHTIGE BAUDATEN

Standort: Niederösterreich
Bauzeitraum: 2002 (7 Monate)
Grundstücksfläche: ca. 554 m²
Wohnfläche: ca. 97 m² (zuzüglich ca. 53 m² Terrassen)
Umbauter Raum (BRI): ca. 325 m³
Heizwärmebedarf: ca. 49 kWh/m²a
Kosten senkende Faktoren: ganzheitlich Kosten sparende Planung, genaue Steuerung und Kontrolle der Bauabläufe, kompakte Gestaltung des Baukörpers und des Grundrisses, Verzicht auf überflüssige Bauteile (z.B. wenige Innenwände, möglichst wenige Elektroleitungen und -anschlüsse), Verwendung günstiger Konstruktionsweisen, Materialien und Techniken (z.B. Flachdach mit Bitumenbahnabdichtung), einheitliche Bauteile (z.B. identische Fensterformate), hoher Vorfertigungsgrad, Eigenleistungsanteil (ca. 15% der Handwerkerleistungen)
Gesamtkosten brutto: ca. 120.000 Euro (ab OK Bodenplatte)

EIN NATUR-RAUM-HAUS FÜR ZWEI

Architekt: Torsten Stelling, Gnarrenburg

Ein Grundstück mit viel Fläche, in direkter Naturnähe am Rande des Teufelsmoors gelegen – für manch einen der Traumort zum Wohnen und Arbeiten. So auch für Åsa Jakobsson und Torsten Stelling, die sich in dieser idyllischen Ecke Niedersachsens eine Bleibe für alle Tage schufen. Da der Bauherr auch sein eigener Architekt sein konnte, war ihm vor dem geistigen Auge schon beim Erwerb des Grundstücks klar, welche Art von Haus hier entstehen sollte.

Lichte Räume mit Höhenerlebnis

Um die Naturnähe bestmöglich zu nutzen, musste das Haus sich auf mehreren Seiten nach außen öffnen und den Blick auf die Landschaft weitgehend unverstellt lassen. Die hohe Transparenz der sonnenzugewandten Fassadenseiten ermöglichte es gleichzeitig, natürliches Licht in Fülle hereinzuholen, das aufgrund der weitestgehend offen gestalteten Innenarchitektur weite Teile des Hauses mit erhellt. Selbst das in der Ostecke untergebrachte Büro zeigt sich nicht hermetisch abgeschirmt, sondern gliedert sich sehr kommunikativ dem übrigen Raumzusammenhang an. Abgesehen von vier unbedingt notwendigen Innentüren für den Windfang, das Bad, den Hauswirtschaftsraum und den Schlafbereich im Obergeschoss und den unvermeidlichen Innenwänden bleibt der offene Eindruck erhalten, was sich bei einem Zwei-Personen-Haushalt ja auch sehr anbietet. Insbesondere von der Galerie unterm Dach, die zum Entspannen oder auch zum Lesen genutzt wird, ergeben sich viele spannende Blickbeziehungen durch das Gebäude und nach unten in den Wohn-, Ess- und Kochbereich. Über diesem funktionalen Lebensmittelpunkt entstand durch den über zwei Geschosse hohen, bis zum Dachfirst reichenden Luftraum ein Ambiente, das wahrhaftig manchen Loft in den Schatten stellt. Die ohne Setzstufen ausgeführte Treppe bewahrt die visuelle Durchgängigkeit.

Die Offenheit des Wohnambientes bedingt also den weitestmöglichen Verzicht auf Sichtbarrieren und trägt so ihrerseits zur Senkung der Baukosten bei.

Beste Bautraditionen neu interpretiert

Anstatt traditionelle Motive regionaler Bautradition nachzuahmen, wie dies so oft geschieht, sind sie hier bewusst aufgegriffen und in eine kreativ zeitgemäße Architektursprache übersetzt worden. Das zweischalig ausgeführte, dunkelrote Backstein-Sichtmauerwerk ist mit dem Grau der Holzfensterprofile kombiniert, die hergebrachten Ton-Dachpfannen kontrastieren mit der südwestseitigen Giebelüberdachung aus Titanzinkblech. Die lang gestreckte Gebäudeanlage unter einem First mit steil geneigtem Satteldach, wie sie von landwirtschaftlichen Gebäuden der Region bekannt ist, erfährt hier eine fruchtbare Neuinterpretation.
Wie in früherer Zeit ebenfalls oft praktiziert, blieben die Innenwände unverputzt und wurden von den Bauherren nur gestrichen. Dies erforderte eine genaue Ausführung der Bauarbeiten, sparte aber insgesamt beträchtlich Kosten ein.

Rechte Seite: Mitten in der Natur: der großflächig verglaste Südgiebel mit überdachter Holzterrasse.

Oben: Blick über den Wohn- zum Essbereich. Die Dachschrägen wurden aus akustischen Gründen mit gelochten Gipskarton-Platten versehen. So kann Åsa Jakobsson, die Berufs-Violonistin ist, zu Hause bei guten Bedingungen üben.

Rechts oben und unten: Ausblicke von der Galerieebene auf den Wohnbereich mit Kaminofen, auf den Essplatz und in den Garten. Die Grundlage bildet ein preisgünstiges und hochwertiges Hochkant-Lamellen-Parkett (Modell Kempas von Object Parkett). Bei der Leuchte über dem Esstisch handelt es sich um das Modell »Enigma« von Louis Poulsen.

Linke Seite: Blick vom Wohnraum zum Galeriegeschoss. Die gerade, schnörkellose Treppe gliedert den Raum und lässt ihn optisch in die Höhe wachsen. Bei dem Wohnzimmerschrank und dem Bücherregal handelt es sich um sondergefertigte Eigenentwürfe von Torsten Stelling.

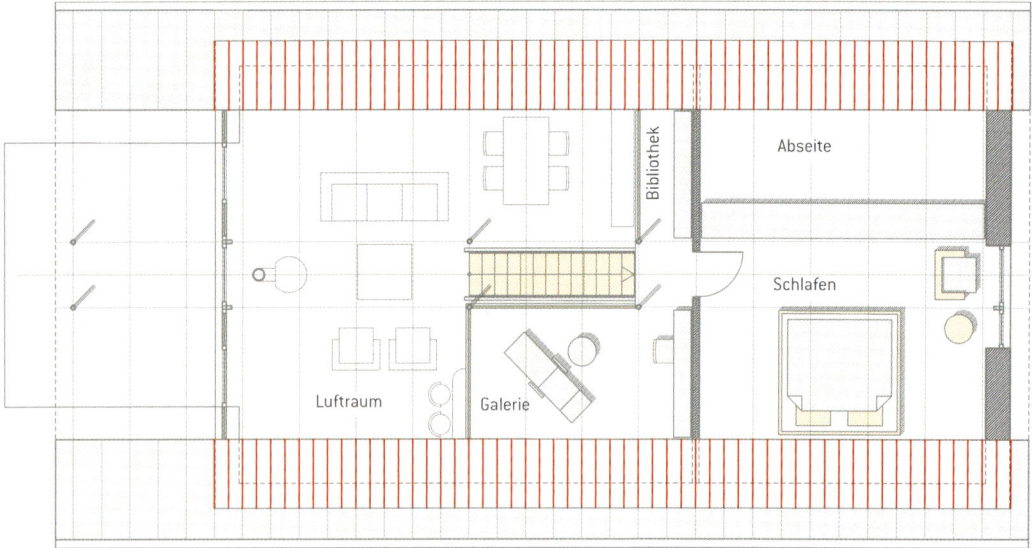

Dachgeschoss

Bibliothek

Abseite

Schlafen

Luftraum

Galerie

Terrasse

Essen

Bad

Hauswirtschafts-
raum

überdachter
Freisitz

Wohnen

Küche

Windfang/
Garderobe

Arbeiten

Grundriss Erdgeschoss

Architekt: Torsten Stelling, Gnarrenburg

Oben: Das Pflaster und die stählernen Fußroste scheinen bei dieser Ansicht der schlicht symmetrischen Eingangssituation fast aus der Fassade herausgeklappt zu sein. Die Fassadenverblender greifen einen ursprünglich schon Ende des 19. Jahrhunderts gefertigten Klinker auf (Modell Bürgerhaussortierung/neu produziert von Fa. Elbklinker Horwege).

Oben rechts: Gleichsam wie ein Sattel liegt die mit Tonpfannen eingedeckte Fläche auf dem großen Dach.

Leben im Freien als Architekturkonzept

Ein wichtiger Bestandteil des planerischen Konzepts war es, nicht nur in der Innen-Außen-Beziehung, sondern auch beim Aufenthalt im Freien die Natur so nahe wie möglich heranzuholen – gleichsam wie mit einem starken Teleobjektiv. So meint man, beim Frühstücken oder Mittagessen auf der südwestlichen, durch das Vordach geschützten Terrasse mitten unter Bäumen zu sitzen. Bewusst hat man darauf verzichtet, den Garten intensiv zu überplanen und zu gestalten. Vielmehr sollte die angrenzende Landschaft mit der typischen Vegetation wie Birken, Ebereschen und Mooreichen die eigentliche Hauptrolle spielen. Eine zweite Terrasse im Bereich der Nordwestfassade ist dem Koch- und Essbereich zugeordnet und dient vornehmlich dem Aufenthalt am späteren Nachmittag und am Abend.

Eingebunden in die Landschaft entstand ein Haus für Zwei mit höchstem Wohnwert und mit einer Größenwirkung, die für ein Haus dieser Wohnfläche höchst bemerkenswert ist. Die bedachtsam gewählte Lage ermöglicht die optimale Umsetzung des architektonischen Konzepts – und dies zu Kosten, die angesichts der erreichten Architektur- und Materialqualität umso höher einzuschätzen sind.

WICHTIGE BAUDATEN

Standort: Gravenburg/Niedersachsen
Bauzeitraum: 2003–2004 (6 Monate)
Grundstücksgröße: ca. 7535 m²
Wohnfläche: ca. 120 m² (zuzüglich ca. 20 m² Terrassen)
Umbauter Raum (BRI): ca. 528 m³
Heizwärmebedarf: ca. 60 kWh/m²a
Kosten senkende Faktoren: ganzheitlich Kosten sparende Planung, kompakte Gestaltung des Baukörpers und des Grundrisses, Beschränkung auf die notwendigsten Bauteile (z.B. Innenwände, Innentüren), genaue Steuerung und Kontrolle der Bauabläufe, konzentrierte Anordnung der Haustechnik und Installation, einheitliche Bauteile (z.B. Fassadenöffnungen), weitestmöglicher Einsatz von (günstigen) Festverglasungen, Verwendung preiswerter Produkte beim Innenausbau (z.B. Industrieparkett), Eigenleistung (ca. 30% der Handwerkerleistungen)
Gesamtkosten brutto: ca. 112.000 Euro

RAUMKUNSTWERK MITTEN IM ORT

Architekt: Gerhard Blasisker, Innsbruck

Eine Erweiterung im innerörtlichen Bereich, die sich von der vorhandenen Bebauung deutlich abhebt und den vormals leeren Platzraum ungeachtet der eher geringen Wohnkubatur mit komplett überzeugendem architektonischem Inhalt füllt. Und dies zu Kosten, für die man Häuser vergleichbarer Qualität in der Regel gerade einmal anschauen dürfte. Wo gibt es das? In einem kleinen Ort in Tirol, das ja bisher nicht immer als Österreichs Vorzeige-Bauland galt.

Loftraum in Vollendung

Das mächtige Volumen des Bestandsgebäudes – ein Gewerbebetrieb – erforderte ein selbstbewusst auftretendes Gegenüber mit überlegt eindeutiger Formensprache. Beim Ansehen des entstandenen Wohnhauses wird schnell klar, dass dieses Vorhaben in vollem Umfang gelungen ist.

Obgleich deutlich niedriger und kleiner als der Baukörper, an den es sich lehnt, gerät das Wohnhaus in der Wirkung keineswegs ins Hintertreffen. Mit seiner lang gestreckten Südseite zum Platzraum orientiert, ist das Haus durch eine vertikale Dreiteilung geprägt. Das für bis zu vier Fahrzeuge Platz bietende Erdgeschoss existiert im Grunde nur als Luftraum, der einzig von tragenden Stahlstützen und einer Freitreppe aus Beton durchbrochen wird. Der völlig roh und unbehandelt gebliebenen Fertigstiege ist zur Straße hin ein waagerechter Bretterschirm vorgeblendet, der bis zum Obergeschoss ihrer Form folgt, um dann waagerecht weiterzulaufen. Über einen vorgeschalteten Zugangs-Balkon gelangt man in das Hauptwohngeschoss mit seiner größtenteils loftartigen Struktur, die von drei boxenartigen Raum-Einschüben U-förmig strukturiert wird. Zum Ersten ist dies ein dem Eingang zugeordnetes Garderobenmöbel, das direkt in einen kubischen Kachelofen mit offener Feuerstelle übergeht. 1,80 Meter hoch, schirmt diese erste Box den

Wohn-, Ess- und Kochraum nach außen ab und spendet ihm gleichzeitig Wärme. Das zweite Einbauelement ist die westseits platzierte Kochzone, nördlich trennt ein langer Schrank den Hauptraum vom privaten Schlafgemach mit dem Badezimmer. Da die Einbauelemente als Solitäre platziert sind, bleibt viel Freiraum und vor allem Luftraum übrig, der das Erlebnis der Weite um das der Höhe ergänzt. Die gelungene Idee, einen großen Schrank in die Südfassade zu integrieren, schafft zusätzliche Aufbewahrungsmöglichkeiten und erhält so den für dieses Architektur-Werk charakteristischen Freiraum.

Die Anbindung des Hauptraums an das Dachgeschoss mit der Terrasse erfolgt mittels kreisrunder Öffnungen, die die Kochzone belichten, belüften und zudem als senkrechte Durchreiche dienen – ein außergewöhnliches und dabei hoch funktionales Architekturelement!

Eine Platz sparend gewendelte Treppe im Eck zwischen Bad und WC führt zum Dach, wo sich neben einem nützlichen kleinen Lagerraum ein weiterer Wohnraum sowie die große, lärchenholzgedeckte Terrasse befinden.

Rechte Seite oben: Gesamtansicht mit Blick nach Nordwesten. Hier wird deutlich, wie sich das Gebäude an sein größeres Gegenüber »lehnt«.

Rechte Seite unten: Blick nach Nordosten. Rechts die aus purem Beton bestehende Außenstiege. Das vertikal gespannte Stoffsegel verhindert unerwünschte Einblicke.

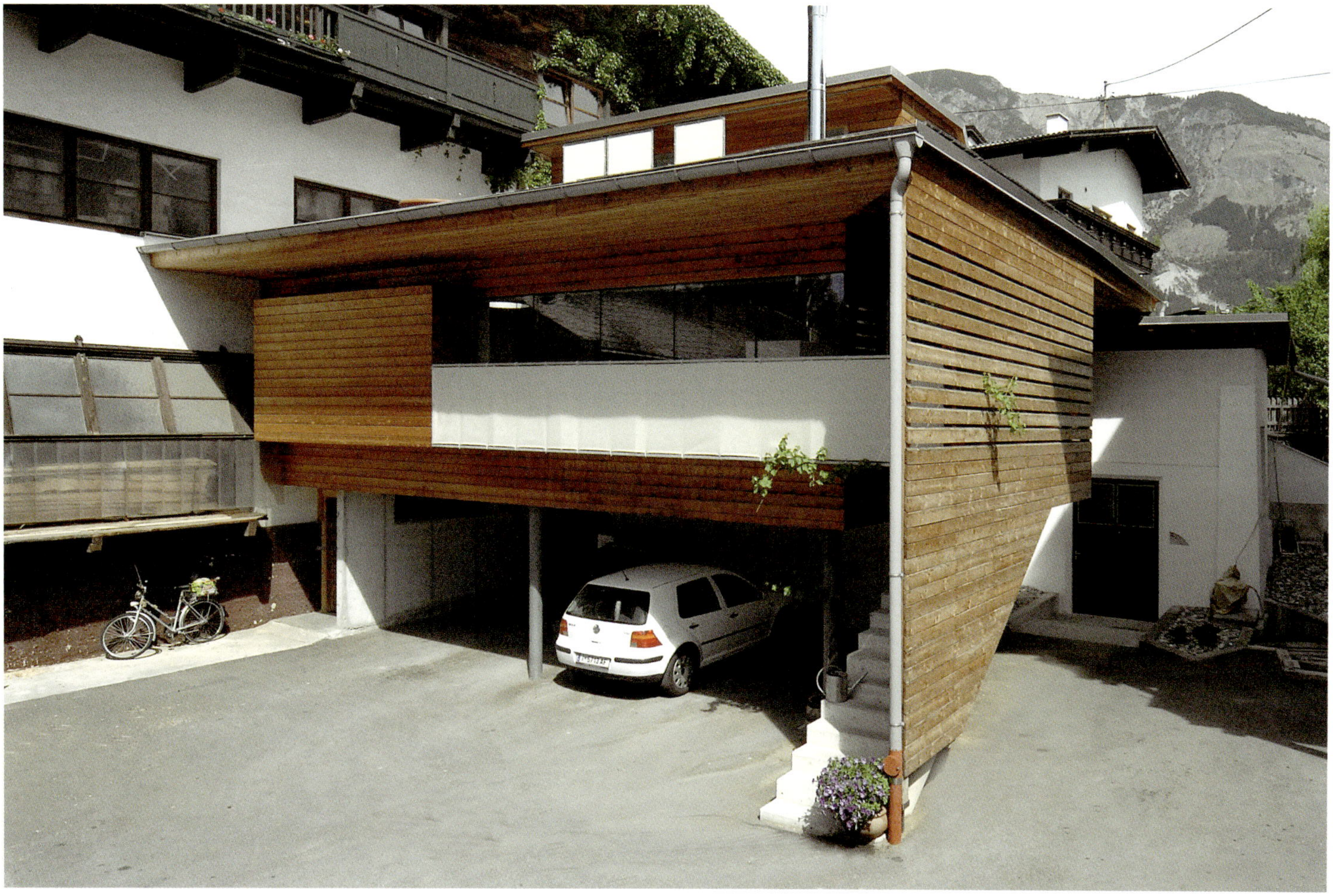

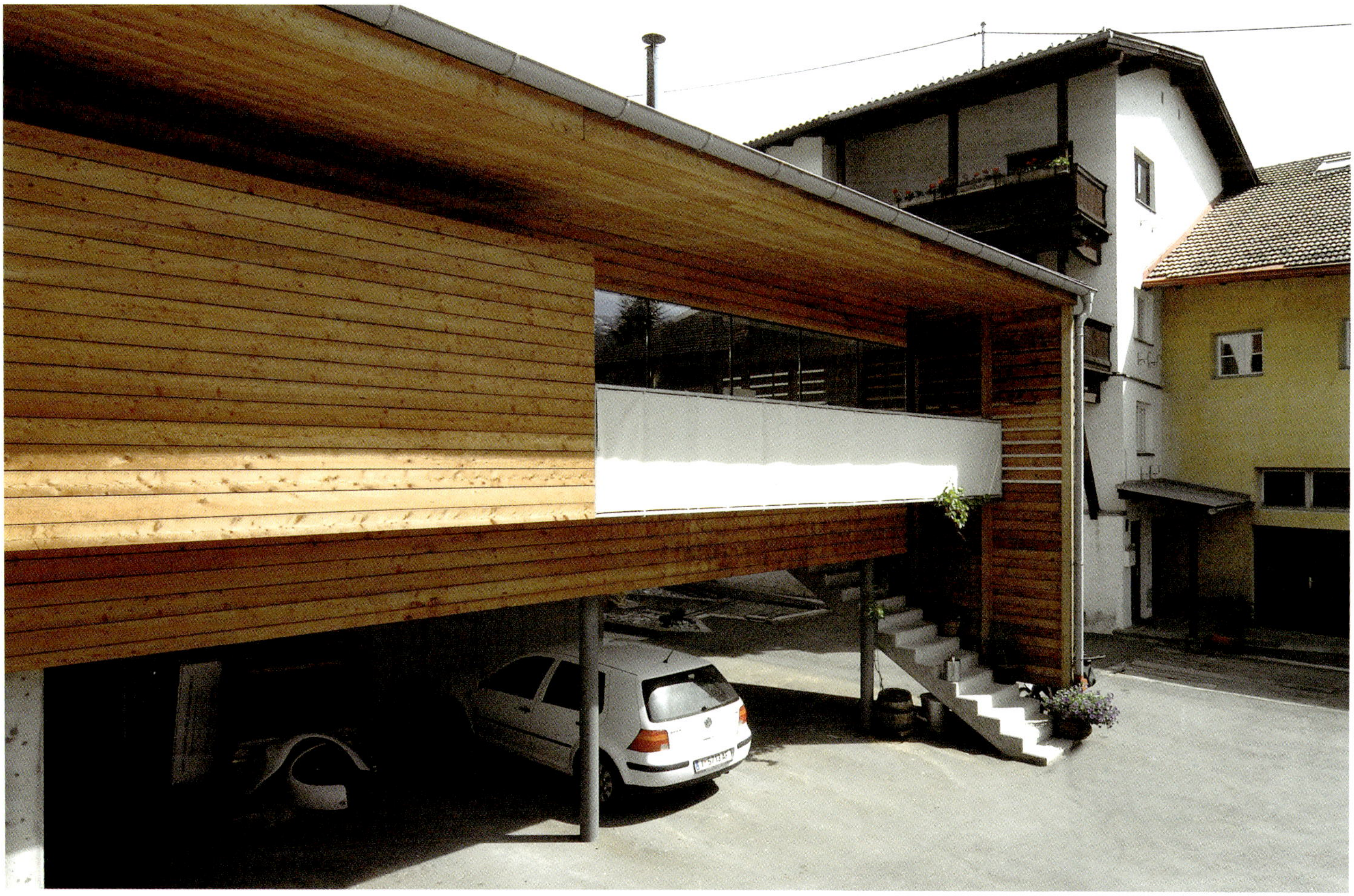

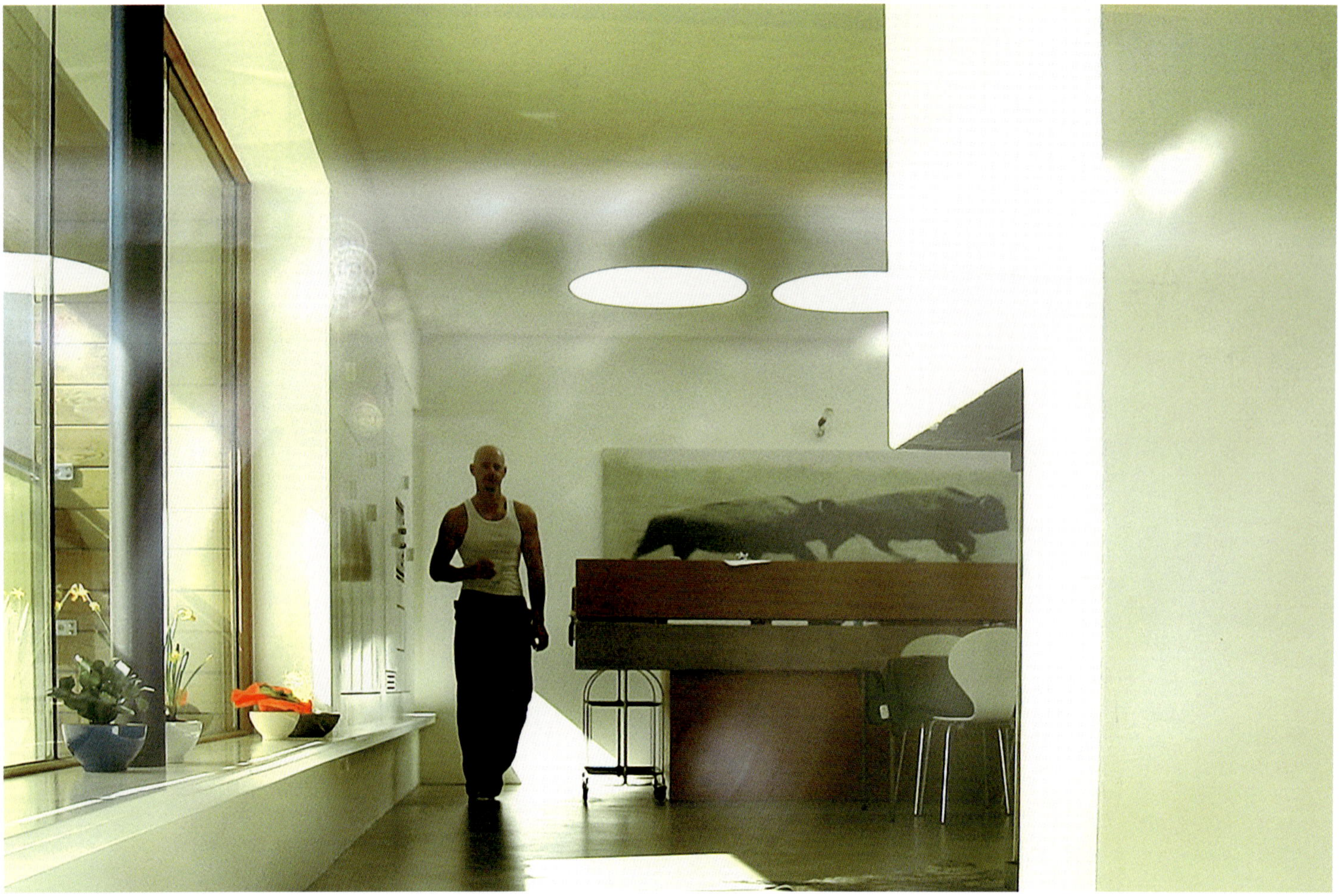

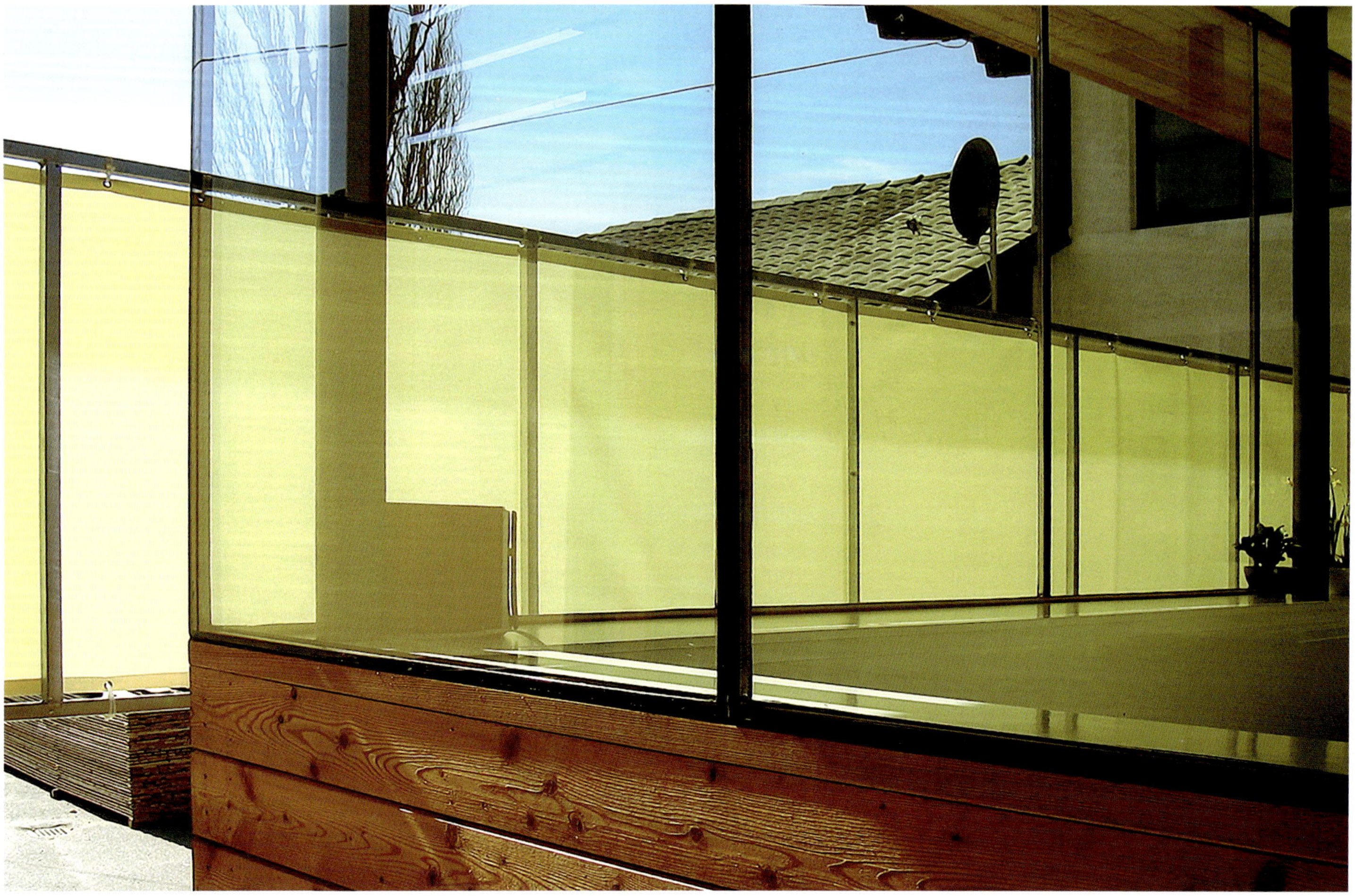

Oben: Das Bad ist durch farbige Glasmosaik-Fliesen geprägt. Der günstige und doch ästhetisch ansprechende Industrie-Waschtisch wird durch eine Mosaik-Bordüre wirkungsvoll aufgewertet. Auf eine teure Duschwanne ist verzichtet worden, die Fliesen leiten das Wasser stattdessen direkt zu einem bodenbündig eingebauten Abfluss. Dies verleiht dem Bad gleichzeitig auch größeren Bewegungsraum und visuelle Großzügigkeit.

Linke Seite oben: Blick in den großen Wohnraum in Richtung Küche. In der Decke sind die kreisrunden Belichtungs- und Durchreichöffnungen zu sehen. Im Hintergrund der fassadenintegrierte Wandschrank. Ganz rechts vorne der Kachelofen mit offener Feuerstelle.

Linke Seite unten: Fassadendetail mit südseitiger Stoffbespannung.

Funktionalität und Sparsamkeit

Tragende Teile des Gebäudes bestehen aus Sichtbeton, der keiner weiteren Oberflächenbehandlung bedarf, somit Kosten senkt und zudem durch die großen Glasflächen im Süden eingestrahlte Sonnenwärme sehr gut speichert. Die Küchenplatte wurde gleich mit betoniert. Die Fassade ist eine Holz-Leichtbaukonstruktion in Pfosten-Riegel-Bauweise, die sich bestens für die Ausführung in Eigenleistung eignete.
Die Böden bestehen überwiegend aus nachbehandeltem Estrich, einem extrem strapazierfähigen Belag mit geringstem Pflege- oder Erneuerungsaufwand.
Mit kühner Geste enthebt sich der Bau dem versiegelten Platzraum und wendet sich je nach Stimmung nach innen oder zur Sonne.
Bewusst eingesetzte Rauheit bei Materialität und Oberflächenbehandlung erzeugt nicht nur ästhetische Eindeutigkeit, sondern trug auch wesentlich zur Minimierung der Baukosten bei. Ein wunderbares Loft-Haus, das schon als Wohnung mit ähnlicher Fläche und Qualität zumindest das Doppelte kosten würde.

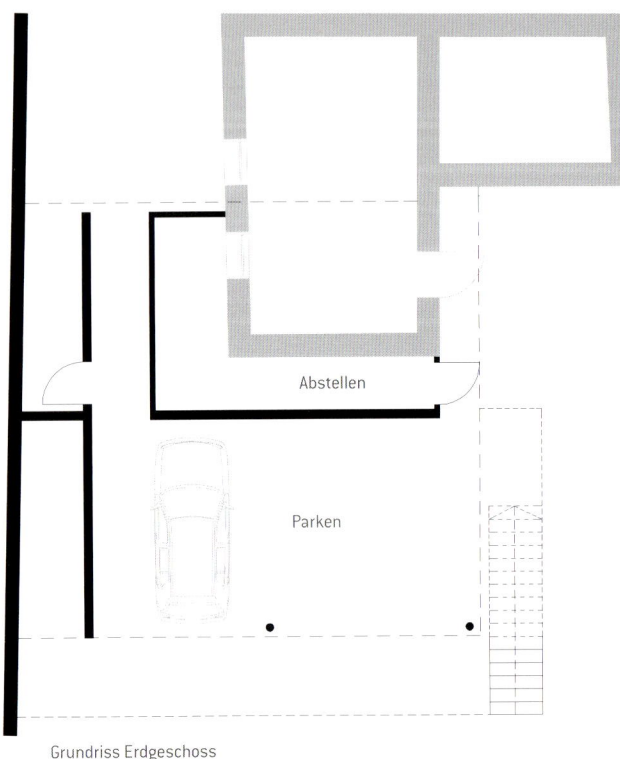

Abstellen

Parken

Grundriss Erdgeschoss

Terrasse

Bad

Zimmer   Zimmer   WC

Kochen   Essen/Wohnen   Garderobe

10 m

Obergeschoss

Rechts oben: Waagerechte Holzlamellen schirmen Treppe und Haus zur Straße hin ab.

Linke Seite oben: Blick durch den großen Wohnraum in Richtung Eingang. Davor der als weißer Kubus gestaltete Kachelofen. Rechts die Südfassade mit großzügiger Befensterung und Wandschränken.

WICHTIGE BAUDATEN

Standort: Tirol/Österreich
Bauzeitraum: 2003
Grundstücksgröße: ca. 400 m²
Wohnfläche: ca. 94 m² (zuzüglich ca. 100 m² Dachterrasse)
Umbauter Raum (BRI): ca. 280 m³
Kosten senkende Faktoren: ganzheitlich Kosten sparende Planung, Beschränkung auf die notwendigsten Bauteile (z.B. Innenwände), genaue Steuerung und Kontrolle der Bauabläufe, kompakte Gestaltung des Grundrisses, konzentrierte Anordnung der Haustechnik und Installation, einheitliche Bauteile (z.B. Fassadenöffnungen), Ausnutzung der Raumreserven, Verwendung günstiger Produkte (z.B. Betonfertigteile, Lärchenbretter aus dem nahen Wald für die Verschalung, Festverglasungen, Gipskartonplatten für Zwischenwände)
Gesamtkosten brutto: ca. 120.000 Euro

ROTER QUADER VOR NATURLANDSCHAFT

Architekt: Oliver Seindl und Holzbaumeister Johann Tiefengraber
Planung und Ausführung: TuS Modulhaus Produktion, Graz

Günstig darf nicht billig wirken. Diese Maxime hat insbesondere der Planer eines kompakten Low-Budget-Hauses zu verinnerlichen, wenn sein Werk nicht Assoziationen zu einem Baucontainer wecken soll. Das Haus der Familie Payer zeigt ganz im Gegenteil eine ausgesprochen spektakuläre Erscheinung, die sich so mancher Besitzer einer Prunkvilla beim eigenen Domizil wünschte.

Die Kiste über dem Hang

Durch seine rote Fassade schon von Weitem zu erkennen, scheint sich das auf Holzstützen gelagerte Wohnhaus fast von dem zum Tal hin abfallenden Gelände zu lösen. Gerade einmal mit einem schmalen Streifen der Bodenplatte auf der Hangseite aufliegend, erhebt sich der Baukörper ansonsten auf der ganzen Länge über das Terrain. Darunter finden Platz sparend ein Lagerraum und der Carport Platz, der somit ohne jegliche Zusatzkosten mit geschaffen worden ist. Die auf der Sonnenseite auskragende große Terrasse schützt das für den Winter benötigte Brennholz wirkungsvoll vor Nässe. Durch eine große Scheibe mit Schiebetüre direkt ans Wohngeschoss angeschlossen, vermittelt das Holzdeck gleichsam zwischen Himmel, Erde und Innenraum.

Massivholz zum günstigen Preis

Anstelle eines Wandaufbaus aus Billigmaterialien findet sich bei diesem Haus eine hochwertige und wohngesunde Konstruktionsweise aus Massivholzplatten, die gleichzeitig die Funktion des Tragwerks und der Dämmung übernehmen. So konnte der Mehrpreis des massiven Baustoffs teilweise wieder eingespart werden. Ein darauf aufgebrachter mineralischer Verputz schützt die Fassade dauerhaft vor Witterungseinflüssen und erspart weitgehend Aufwendungen für deren Unterhalt beziehungsweise Erneuerung. Die Modulbauweise, also die Konstruktion aus weitgehend vorgefertigten Elementen, hilft beträchtlich bei der Verringerung der Bauzeit; teure Zwischenfinanzierungen sind daher nicht notwendig.

Ein Haus als Raumkontinuum

Mit ebenso hohem Anspruch wie im Äußeren präsentiert sich das Gebäude auch innen: Die massiven Holzdecken finden ihre Entsprechung in lebhaft ornamentierten Linoleumbelägen, die ebenfalls aus natürlichen Rohstoffen hergestellt sind. Zusammen mit den weißen Wänden ergibt sich ein ausgesprochen helles und freundliches Ambiente. Offene Raumstrukturen mit nur wenigen trennenden Wandscheiben – so zwischen Eingang und Küche – erzeugen eine erstaunliche Größenwahrnehmung des Raums. Vom Essplatz bis hin zu der in genau entgegengesetzter Richtung gelegenen Ankleide hält keine einzige Türe auf, der Flur ist so Teil des Ganzen statt separierter Fremdkörper. Das Elternschlafzimmer und die beiden Kinderzimmer reihen sich platzökonomisch nebeneinander, Wandnischen werden konsequent als Stauraum genutzt.

Bei diesem wohngesunden Modulhaus überzeugen sowohl die Innen- als auch die Außensicht. Mit großer, aber kontrollierter Geste in den Raum ausgreifend, sucht das wohltuend geradlinige Gebäude den möglichst unmittelbaren Kontakt mit der umgebenden Landschaft. Trotz des Einsatzes hochwertiger und ökologischer Materialien ergab sich ein erstaunlich günstiger Preis.

Rechte Seite oben und unten: Spektakulär erhebt sich das signalhafte Wohnhaus über das Gelände. Darunter entsteht so auf praktische Weise Platz für Carport und Lagerraum.

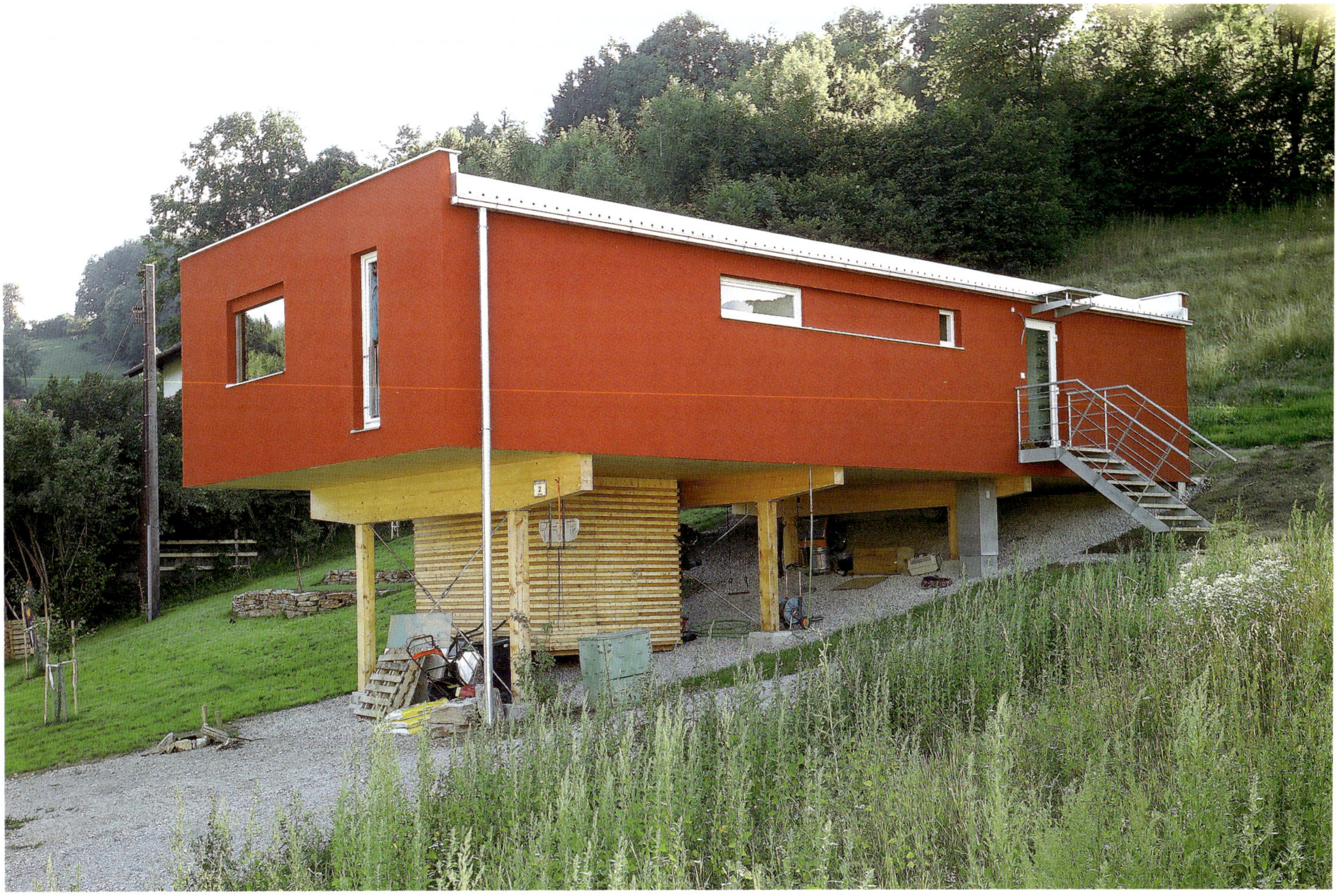

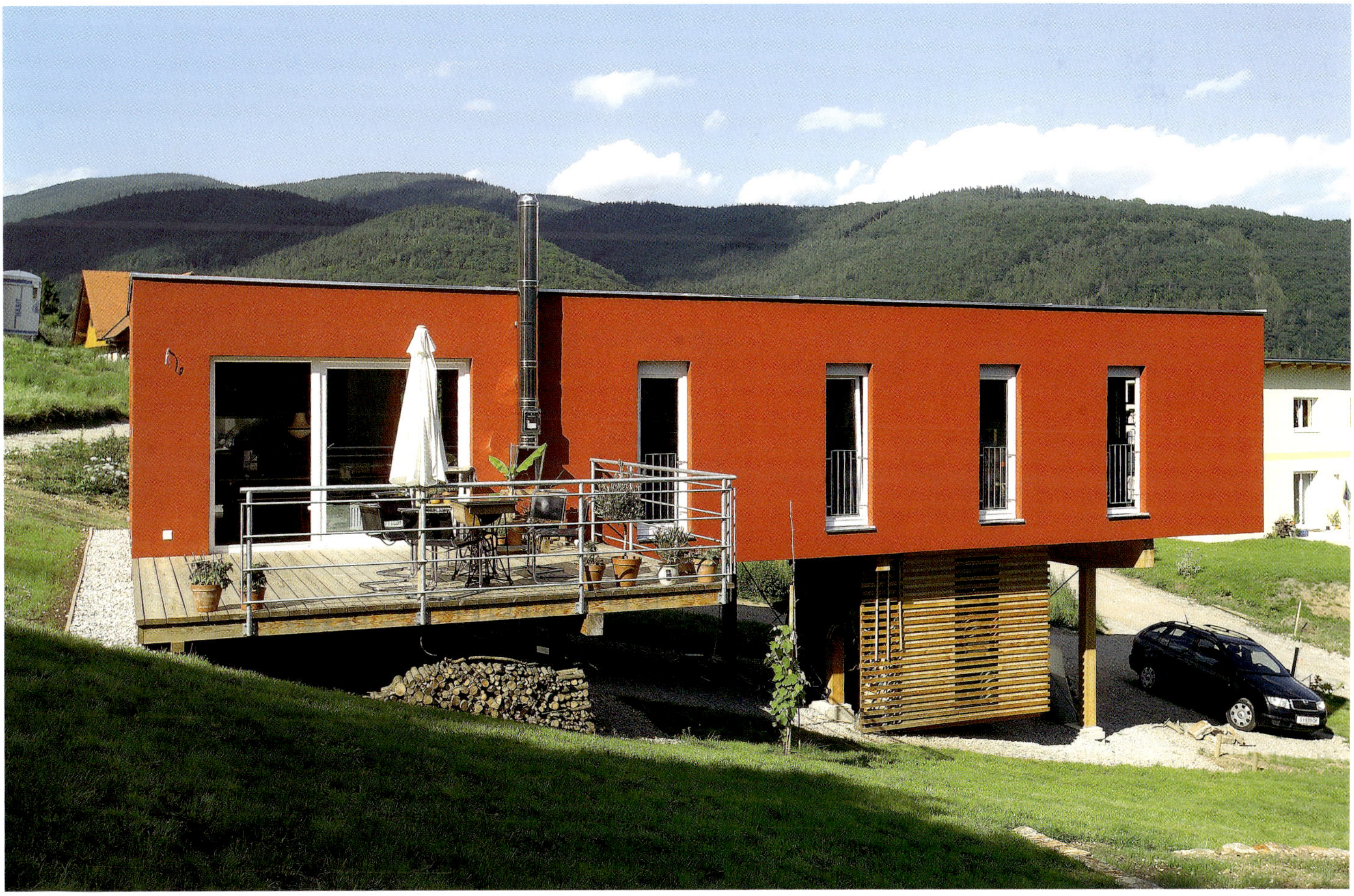

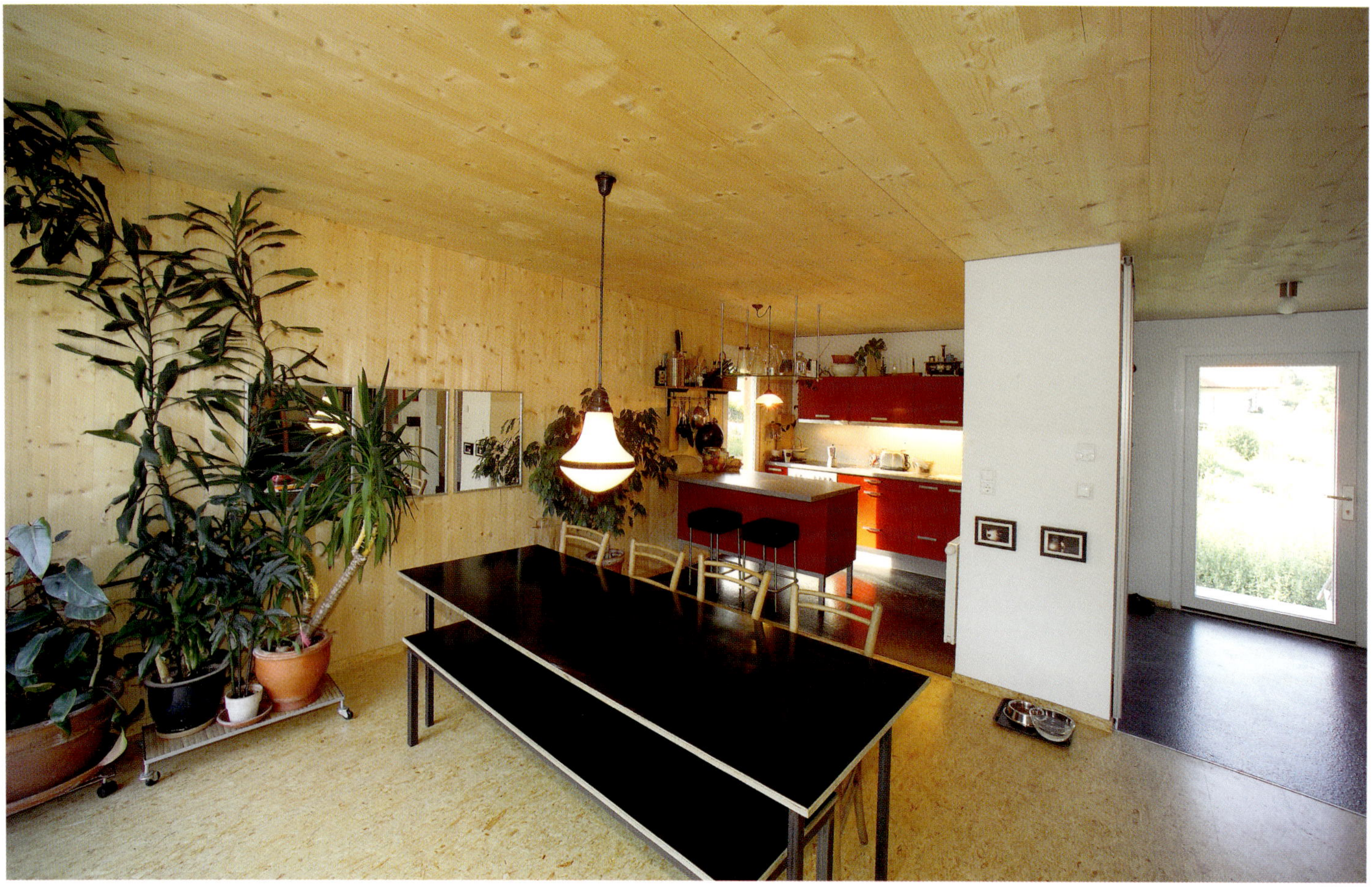

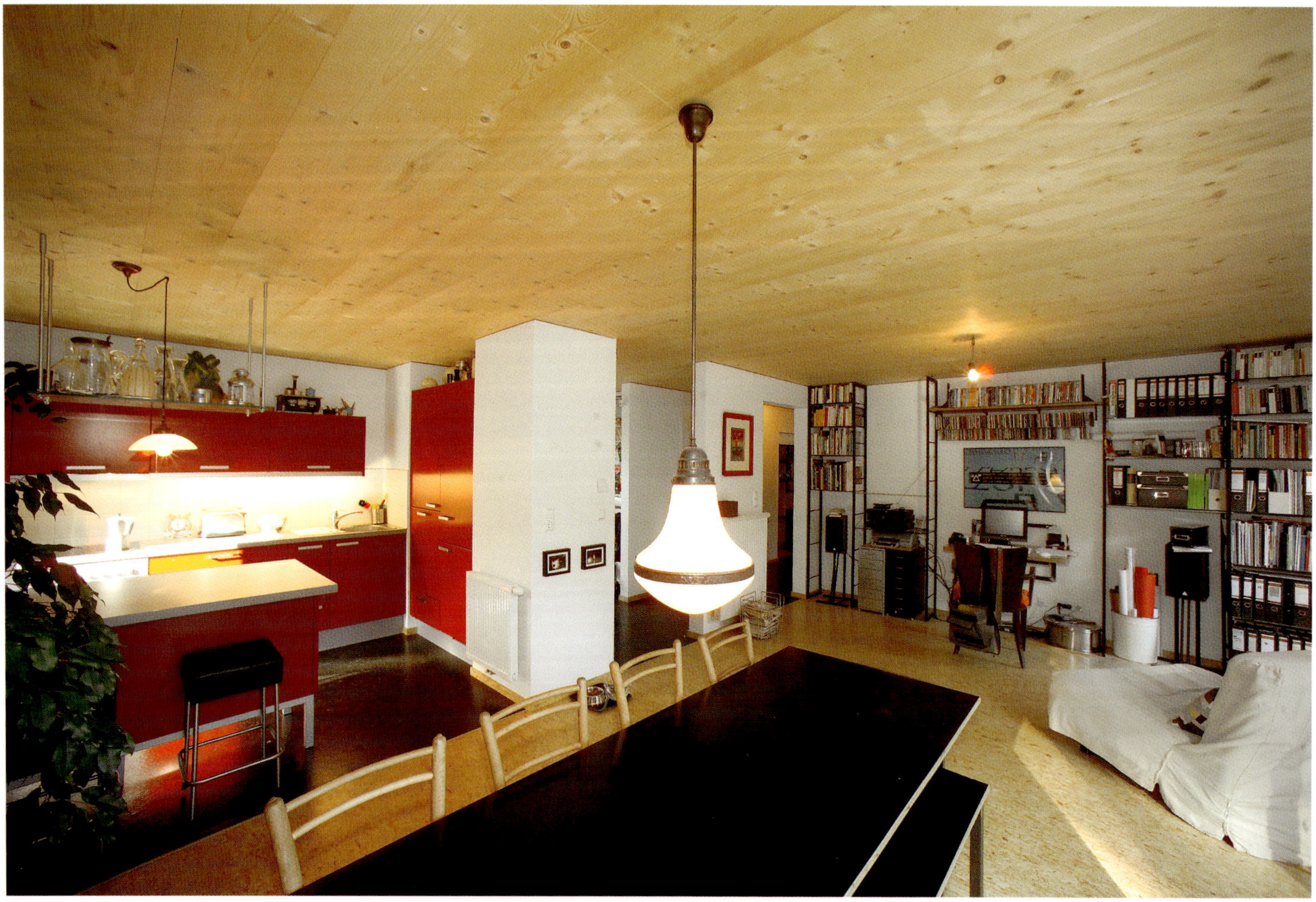

Oben: Ausblick vom Essplatz auf die große, holzgedeckte Terrasse.

Linke Seite oben und unten: Offene Raumzusammenhänge in den
Hauptwohnbereichen und gute Platzausnutzung sind wichtige
Elemente der Planung. Die ökologischen Linoleum-Böden harmo-
nieren bestens mit den Massivholz-Oberflächen.

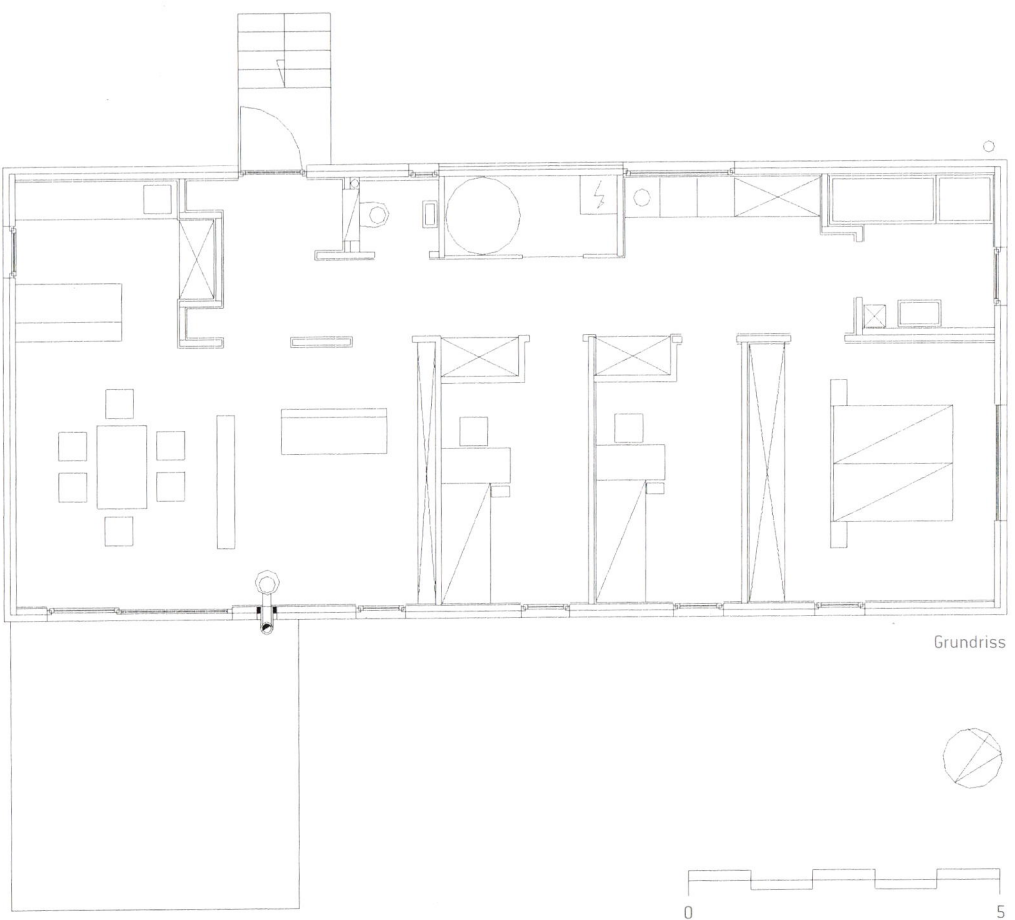

Grundriss

0   5

Rechts: Klare Idylle – Fassadendetail mit stehendem Fenster und Ausblick in die Landschaft.

Linke Seite: Blick vom offenen Erschließungsbereich in den Flur mit den Zugängen zu den einzelnen Zimmern.

WICHTIGE BAUDATEN

Standort: St. Veit / Steiermark
Bauzeitraum: 2004 (6 Wochen)
Grundstücksgröße: ca. 790 m²
Wohnnutzfläche: ca. 104 m² (zuzüglich ca. 29 m² Terrasse)
Umbauter Raum (BRI): ca. 365 m³
Heizwärmebedarf: ca. 37 kWh/m²a
Kosten senkende Faktoren: ganzheitlich Kosten sparende Planung, genaue Steuerung und Kontrolle der Bauabläufe, kompakte Gestaltung des Baukörpers und des Grundrisses, Verzicht auf überflüssige Bauteile (z.B. möglichst wenige Innenwände, möglichst wenige Elektroleitungen und -anschlüsse), Verwendung günstiger Konstruktionsweisen, Materialien und Techniken (z.B. Flachdach mit Bitumenbahnabdichtung), multifunktionale Lösungen (z.B. Untergeschoss als Abstellplatz und Carport), einheitliche Bauteile (z.B. identische Fensterformate), hoher Vorfertigungsgrad, kurze Bauzeiten, Eigenleistungsanteil (ca. 10% der Handwerkerleistungen)
Gesamtkosten brutto: ca. 121.000 Euro (ab OK Bodenplatte)

DAS LOFTHAUS-ATELIER

Architekt: Raimund Dickinger, Vorchdorf

Zwischen einem bestehenden Wohnhaus und dem angrenzenden Wald hat sich ein lang gestreckter, grau-silbern glänzender Riegel hineingeschoben – keineswegs wie ein Ungetüm, sondern wie ein freundlich-lichtes Wesen, das bei abendlicher Innenbeleuchtung einladend hell erstrahlt. Neben seiner geschlossen-metallischen Seite besitzt es nämlich auch eine gläsern-transparente. Ein Architekturobjekt von der Art, die man beim ersten Ansehen ins Reich des unerreichbaren Luxus verweist. Aber in diesem Fall ist die großartige äußere Erscheinung keineswegs gleichbedeutend mit unfinanzierbar hohen, sondern im Gegenteil mit äußerst geringen Kosten. Wie ist das möglich?

Die Weite des Einraums

Ein Raum – ein Bewohner. So könnte das Nutzungskonzept für das Atelier Dickinger lauten, wenn es anstelle der aktuellen Funktion als Bildhaueratelier als moderner, naturnaher Loft genutzt würde. Die Voraussetzungen hierfür sind mit der längsseitig untergebrachten Versorgungszeile gegeben, ohne dass dadurch die außergewöhnliche Raumwirkung geschmälert würde. Der Kunstgriff dabei ist, die notwendigen Funktionen wie WC, Schrankeinheiten und eine Sitzbank in Randposition anzuordnen und sie gleichsam als formale Ausstülpungen auskragen zu lassen, wodurch sogar zusätzlicher Raum gewonnen wird. Die sogartige Wirkung des lang gestreckten Gebäudes verstärkt sich noch durch das gartenseitig durchlaufende Fensterband, Weite entsteht zusätzlich durch die zur Decke hin auseinander strebenden Außenwände. Für optimale Belichtung und Ausblicke sorgen auch die verglasten schmalen Seiten des Atelier-Riegels. Der Eingang ist in der Art eines Tores als wunderschöne Vollholzkonstruktion mit Rahmentüren und Füllungen aus waagerechten Brettern in die Glasfassade eingeschnitten.

Sparsame Konstruktion, sparsamer Grundriss

Die Entscheidung für eine Holzkonstruktion ermöglichte eine kurze Bauzeit bei einfacher Koordination und entsprechend geringem Zeitverlust. Dem Zimmerer oblagen – abgesehen von Glaser-, Spengler- und Schlosserarbeiten – im Grunde die gesamten konstruktiven Arbeiten und der gesamte Innenausbau, was einen reibungslosen und Zeit sparenden Bauablauf ermöglichte. Die einzelnen Tafelelemente mit großenteils bereits fertigem Innenleben – Dampfsperre, Dämmung und Installationen – wurden in der Werkstatt witterungsunabhängig vorgefertigt und in kurzer Zeit auf der Baustelle montiert. Aufgrund der offenen, einfach geschnittenen Raumstruktur und des gut gewählten Belagmaterials – massive Nut-Feder-Lärchenbretter – konnte auch der Boden mit geringstem Zeit- und Finanzaufwand verlegt werden. Da der hohe Laub- und Nadelfall vom benachbarten Wald sowie die damit verbundene hohe Feuchtigkeit eine witterungsresistente Außenhaut sinnvoll erscheinen ließen, erhielt das Atelierhaus gleichsam einen Mantel aus Zinkblech, der sich wie eine metallene Haut um alle Bestandteile des Baukörpers legt. Auch hier trug das einheitliche Material zur einfachen, Zeit und Kosten sparenden Ausführung bei.

Rechte Seite oben: Sich einer gänzlich anderen Formensprache bedienend als der Altbau im Hintergrund, schiebt sich das neue Atelier-Haus wie ein metallischer Leuchtkeil in den Hang hinein.

Rechte Seite unten: Der Eingangsbereich verbindet Handwerkskunst in Holz mit Transparenz und industriell gefertigtem Titanzinkblech. Die kunstvolle Modellierung der Außenbereiche und deren Einbindung in den vorhandenen Garten gab es als planerische Zugabe.

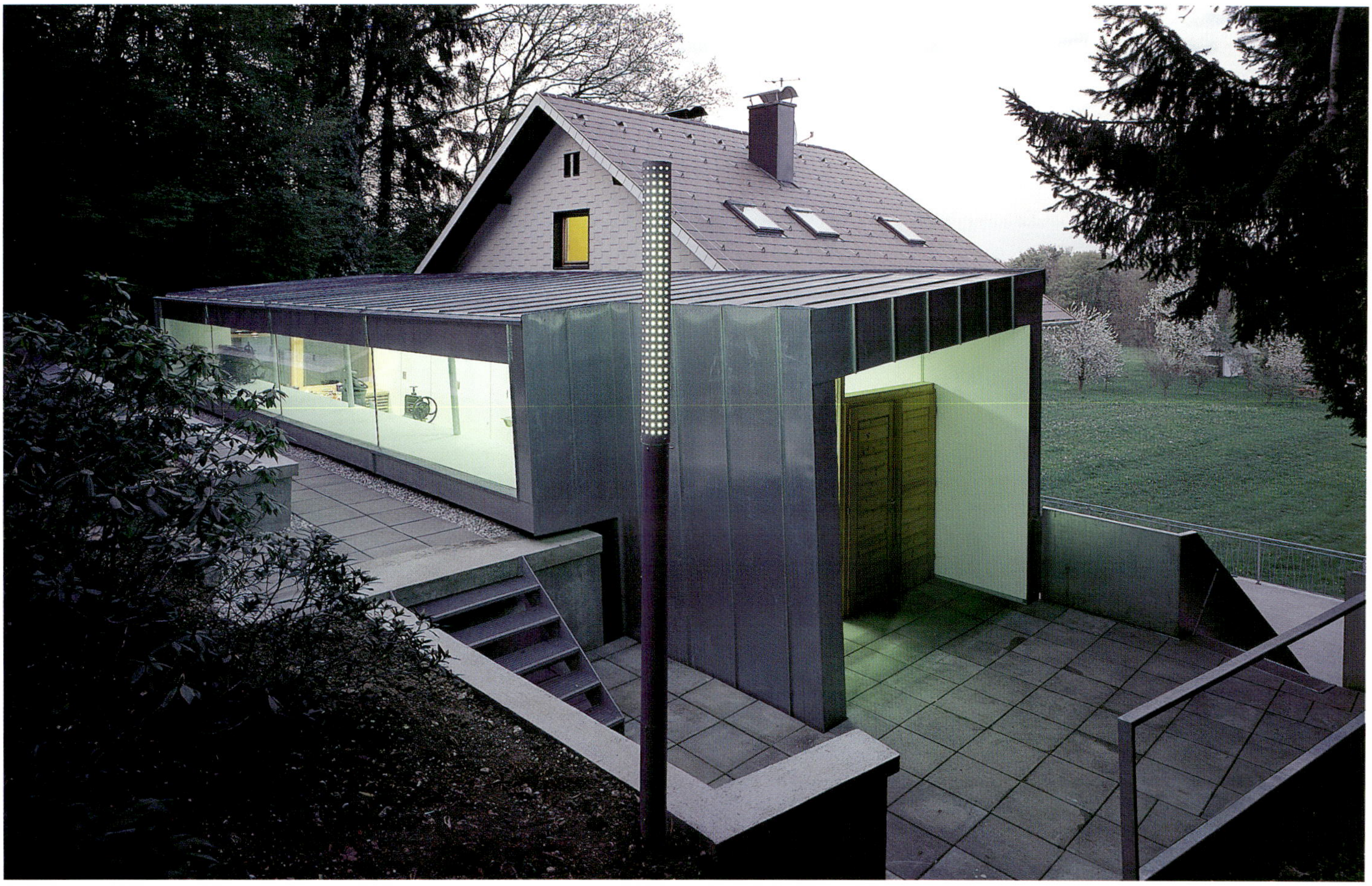

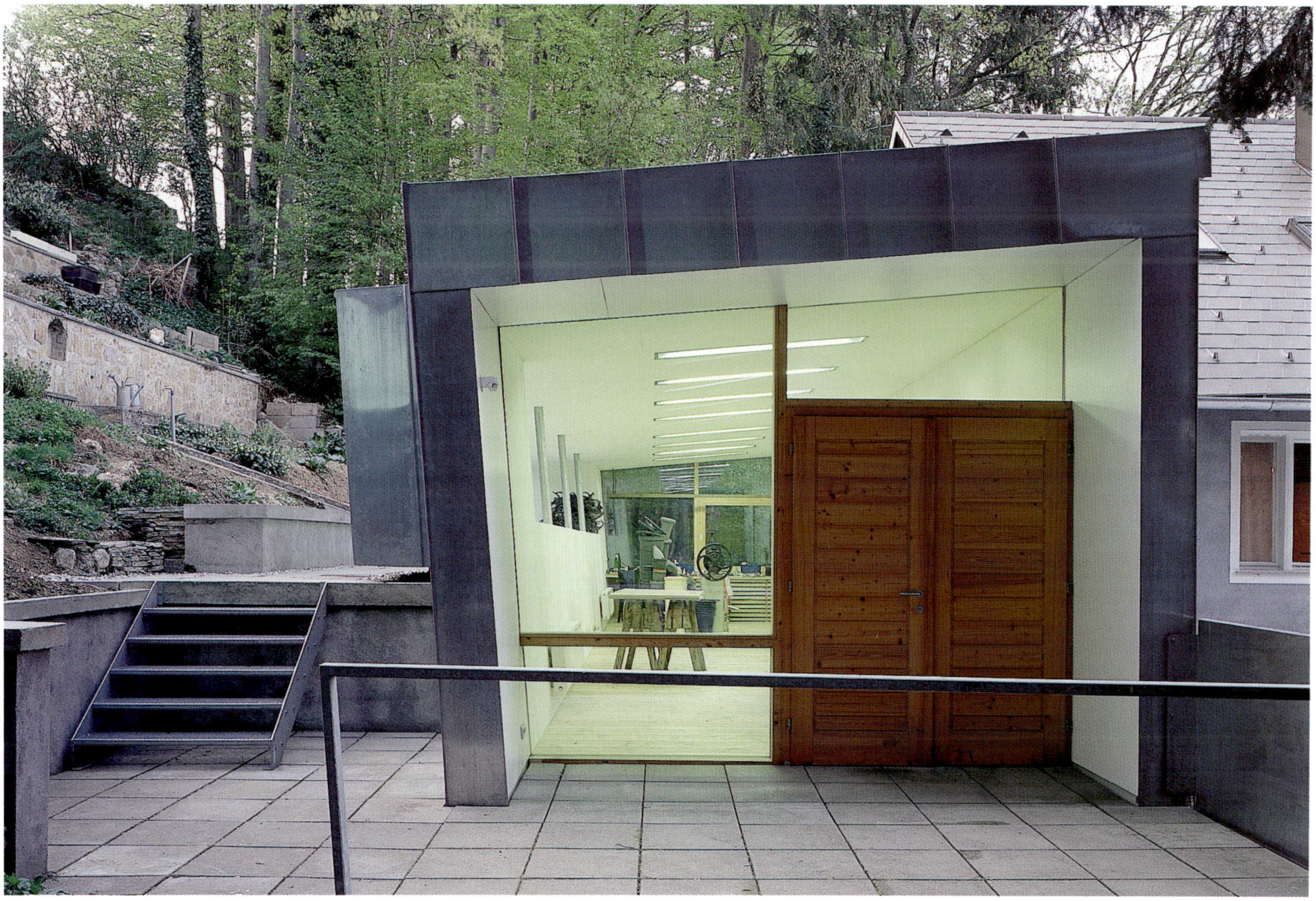

Oben: Der optimale Raumzuschnitt erzeugt den Eindruck erstaunlicher Größe. Links das lange Fensterband, rechts die Funktionszeile mit WC/Waschbecken, Schränken und Sitzbank.

Rechte Seite: Die skulpturenartige Außentreppe fügt sich als Element in die fast kubistisch wirkende Gesamtkonzeption ein.

Da das Gebäude mittels Stützen über das Terrain gehoben wird, konnte darunter praktischer zusätzlicher Lagerraum entstehen. Auf dem flachen Dach befindet sich eine wunderbare, mit wetterbeständigem Robinienholz gedeckte Sonnenterrasse. Zum Terrassengarten am Hang und dem übrigen Umfeld grenzt sich der Baukörper mit betont sachlichen Betonplatten und Betonmauern ab. Füllungslose, filigrane Stahlbrüstungen schaffen zusätzliche spannende Lineaturen.

Ein Traum-Loft, der der künstlerischen Tätigkeit gewidmet ist, aber auch zum offenen Wohnen prädestiniert wäre. Den direkten Kontakt zur Natur suchend, rückt sich das Atelier-Haus selbstbewusst ins rechte Licht.

Das Atelierhaus nützt den oberhalb des Bestandsgebäudes zur
Verfügung stehenden Platz bestens aus. Darunter ein gedeckter,
wettergeschützter Freisitz.

WICHTIGE BAUDATEN

Standort: Oberösterreich
Bauzeitraum: 2003 (7 Monate)
Grundstücksgröße: ca. 1150 m²
Nutzfläche: ca. 59 m² (zuzüglich ca. 20 m² Terrassen)
Umbauter Raum (BRI): ca. 279 m³
Kosten senkende Faktoren: ganzheitlich Kosten sparende Planung, kompakte Gestaltung des Baukörpers und des Grundrisses, Beschränkung auf die notwendigsten Bauteile (z.B. Innenwände, Innentüren), genaue Steuerung und Kontrolle der Bauabläufe, Auswahl der Handwerker nach Kosten und Qualität (daher guter Bauablauf, kaum Mängel), konzentrierte Anordnung der Haustechnik und Installation, einheitliche Bauteile (z.B. Fassadenöffnungen), weitestmöglicher Einsatz von (günstigen) Festverglasungen, Verwendung günstiger Produkte beim Innenausbau (z.B. MDF-Platten, Industrieparkett), Eigenleistung (ca. 10% der Handwerkerleistungen)
Gesamtkosten brutto (ab UK Atelier): ca. 110.000 Euro

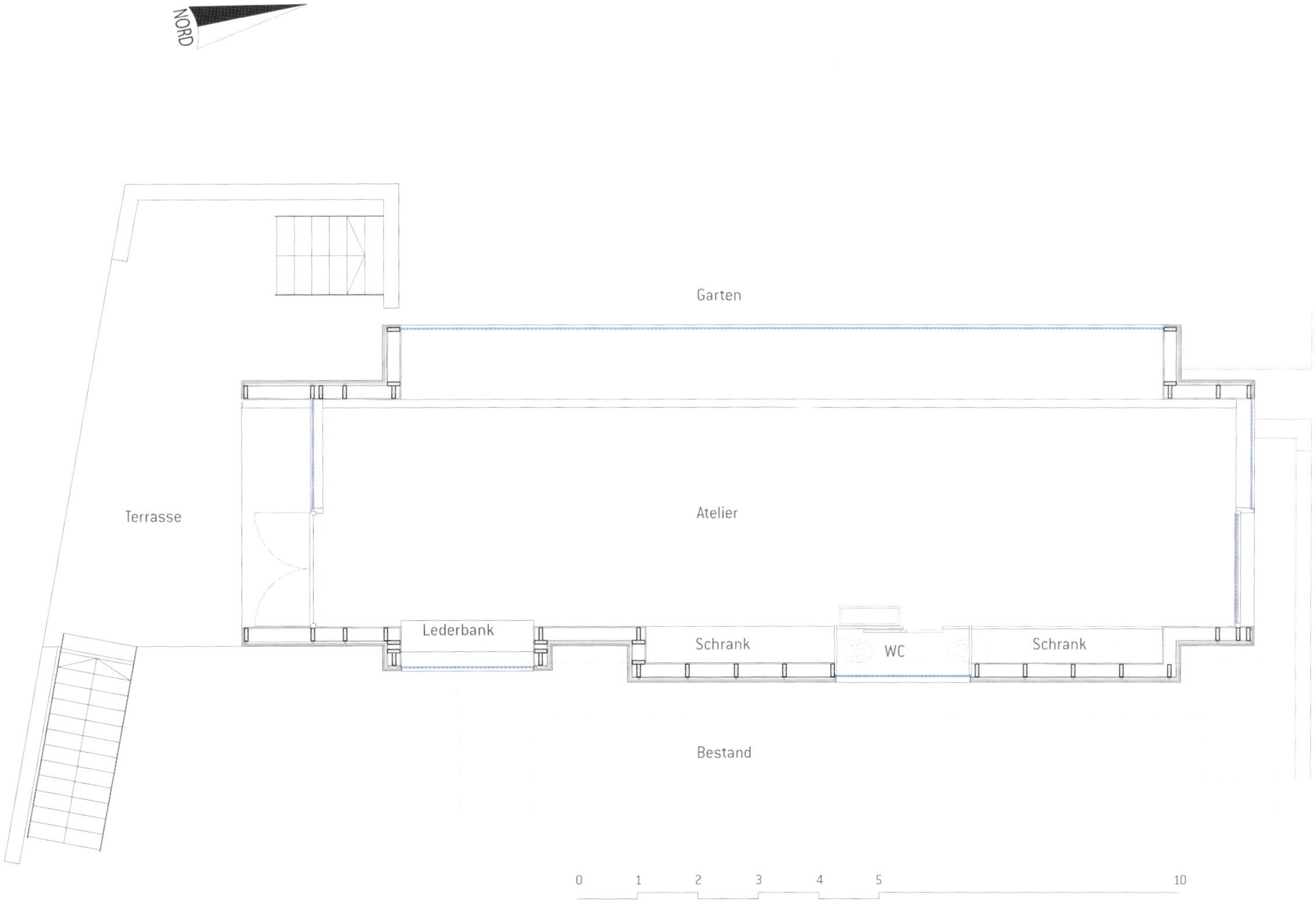

NORD

Garten

Terrasse

Atelier

Lederbank

Schrank

WC

Schrank

Bestand

0   1   2   3   4   5   10

Grundriss

PERFEKTES HAUS MIT REICHLICH PLATZ

Architekt: Bernhard Nickel, Olching
Innenraumberatung: Carola Nickel, München
Garten- und Grünflächenberatung: Theresa Fuchs, Eichenau

In der idyllischen Ammerseeregion suchte sich Ricarda Nickel eine neue Heimat, die im Siedlungsrandbereich eines Dorfes mit weitem Blick auf die Wiesenlandschaft entstehen sollte. Als Planer stand von vornherein der eigene Sohn fest. Bernhard Nickel entwickelte im Rahmen des vorgegebenen engen Budgets ein kohärentes und konsequentes Baukonzept, das er in jeder Phase der Planung und Bauausführung genau kontrollierte.

Beste Qualität bei geringsten Kosten

Die insgesamt für ein zweigeschossiges Haus dieser Wohnfläche konkurrenzlos zu nennenden Gesamtkosten verdanken sich zum Teil auch einem hohen Eigenleistungsanteil, der von der Bauherrin, ihrem Sohn und ihrer Tochter sowie vielen Verwandten und Bekannten geleistet wurde. Dem ist aber gegenüberzustellen, dass hier eine als weiße Wanne ausgeführte Vollunterkellerung vorliegt, die allein etwa 25.000 Euro gekostet hat. Angesichts einer sehr beachtlichen Wohnfläche von 137 Quadratmetern auf zwei Ebenen (Erdgeschoss und Obergeschoss) könnte selbst eine Familie mit zwei Kindern hier komfortabel wohnen und auf den Keller verzichten. Ferner ist die geringe Bausumme nicht etwa durch Einsparungen »an jeder Ecke« erkauft, sondern es reichte sogar zu einer ökologischen »Wohlfühl-Dämmung« aus eingeblasener Zellulose, einer sondergefertigten Massivholz-Treppe und Mosaikfliesen im Bad. Auch hier lägen somit noch weitere Einsparpotenziale für Bauherren, die nicht so viel Eigenleistung einbringen können oder wollen.

Wichtig für die Begrenzung der Kosten war nicht zuletzt auch die selbstverständlich mit hohem Zeitaufwand verbundene Beschaffung möglichst günstiger Baumaterialien, was sich aber ohne Zweifel voll auszahlte. Dies bedeutete nicht nur die Suche nach dem jeweils günstigen und doch qualitativ hochwertigen Baustoff, sondern auch nach den besten Bezugsadressen.

Geringe Bauzeit trotz hoher Eigenleistung

Das tragende Holzständerwerk aus Balken und aussteifenden OSB-Platten ist unter Anleitung des Architekten binnen kurzer Zeit auf dem eigenen Grundstück aufgerichtet worden. Eine optimale Planung und Koordination der Bauabläufe durch den Architekten sowie eine häufige Präsenz vor Ort beschränkte die Gesamtbauzeit ungeachtet der eingesetzten Selbsthilfe auf nur fünf Monate. Dies ist umso bemerkenswerter, als solche Bauvorhaben mit hohem Eigenleistungsanteil ansonsten oft mehrere Jahre andauern – auch dies wieder ein Beleg dafür, dass die Kontrolle und Leitung der Bauabläufe zu den wichtigsten Aufgabengebieten des Architekten zählt.

Wohlfühlstimmung mit natürlichen Materialien und Farbgestaltung

Die Innenausstattung besitzt keinesfalls sparsamen, sondern sogar einen außerordentlich hochwertigen Charakter. Mit Unterstützung der Tochter Carola Nickel entstand das in Schwarz-Weiß und Rot gehaltene Farbkonzept für die Wohnküche im Erdgeschoss, das mit den Naturholztönen der Türen und Fensterrahmen bestens harmoniert. Jenseits eines erschließenden Mittelflurs, der eine direkte

Rechte Seite: Gesamtansicht des Hauses von Südwesten. Das vorstehende Pultdach lässt die tief stehende Wintersonne herein und hält das Innere im Sommer angenehm temperiert. Fassaden und Fenster bestehen aus biologisch geöltem Lärchenholz. Die Terrasse und der Weg ums Haus rahmen das Gebäude. Ganz rechts der nahe Baumbestand aus alten Robinien.

Durchgängigkeit zwischen Eingangs- und Gartenseite herstellt, befindet sich der Schlaf-, Garderoben- und Badtrakt. Im Ruhebereich dominieren warme Farbtöne, im Bad der Zweiklang aus weißen und grünen Fliesen. Die Wohnebene darüber ist, da ohnehin nur von einer Person bewohnt, als loftartiger Raumzusammenhang ohne jegliche Zwischenwände gedacht. Hier gibt es sowohl einen Ruhe- und Bibliotheks- als auch einen Arbeitsbereich, die sich in ihrer Wirkung gegenseitig nicht schmälern. Für eine sanfte Zäsur sorgt dabei der offene Treppenaufgang mit der Holzbrüstung. Das Obergeschoss profitiert in starkem Maße von den aufgrund der Pultdachkonstruktion zum Garten hin ansteigenden Raumhöhen und wird durch den Dachüberstand wirkungsvoll vor übermäßiger Sonneneinstrahlung geschützt. Die 16 Zentimeter starke Dämmung aus eingeblasenen Zelluloseflocken tut ein Übriges, um die Dachräume und das restliche Haus angenehm temperiert zu halten. Der Garten wird in allen Räumen über vielfache, bewusst gesetzte Blicksituationen zum Teil des Wohnraums. Die erhaltenen großen Robinien mit ihren weißen, hängenden Traubenblüten sind gleichsam zu einem Bestandteil der Architektur geworden.

Mit einer Wohnfläche von 137 Quadratmetern zuzüglich Keller zeigt das ebenso einladende wie einfache Haus, was im Bereich preisgünstiges Bauen möglich ist. Die investierte Eigenleistung war hierbei nur einer von mehreren Faktoren – wichtig für das Gelingen des Projekts war in erster Linie die von Anfang an auf die Einhaltung des Kostenrahmens ausgerichtete Planung, Steuerung und Kontrolle der Bauabläufe.

Oben: Blick durch den großen Studioraum im Obergeschoss. Allseitige Ausblicke und der Verzicht auf Zwischenwände unterstützen das großzügige Raumempfinden ebenso wie das durchgehend verlegte, preisgünstig bezogene Industrieparkett. Der Bodenbelag besteht aus amerikanischem Ahorn (bei Fa. Parkett Mahl).

Linke Seite oben und unten: Die von der Nord- bis zur Südfassade durchgesteckte Essküche. Das nach der Planung von Carola Nickel entstandene Farbkonzept in Schwarz und Weiß gliedert den Raum in Koch- und Esszone.

Oben: Weiße, preisgünstige Wandfliesen lassen das Badezimmer hell und freundlich wirken. Durch die dezente Spiegelung erscheint der Raum größer. Die Mosaikfliesen für Decke und Fußboden schaffen Kontrast und farblichen Akzent.

Oben rechts: Blick durch das Schlafzimmer zum Ostfenster. Die Robinienstämme werden durch den Rahmen wie in einem Bild eingefasst. Schöne antike Stücke wie Stuhl, Schreibtisch und Babybett sind in angenehm pastelligem Grün neu gestrichen.

Rechts: Blick entlang der Hauptfassade. Die mit preisgünstigen Betonsteinen belegte Terrasse ist durch eingestreute Pflanzflächen aufgelockert.

Blick durch das Schlafzimmer in den Garten. Die große Fenster-
türe holt insbesondere im Winter die tief stehende Sonne herein.
Die Farbgebung der Innenwände nimmt die der Fensterstöcke auf.

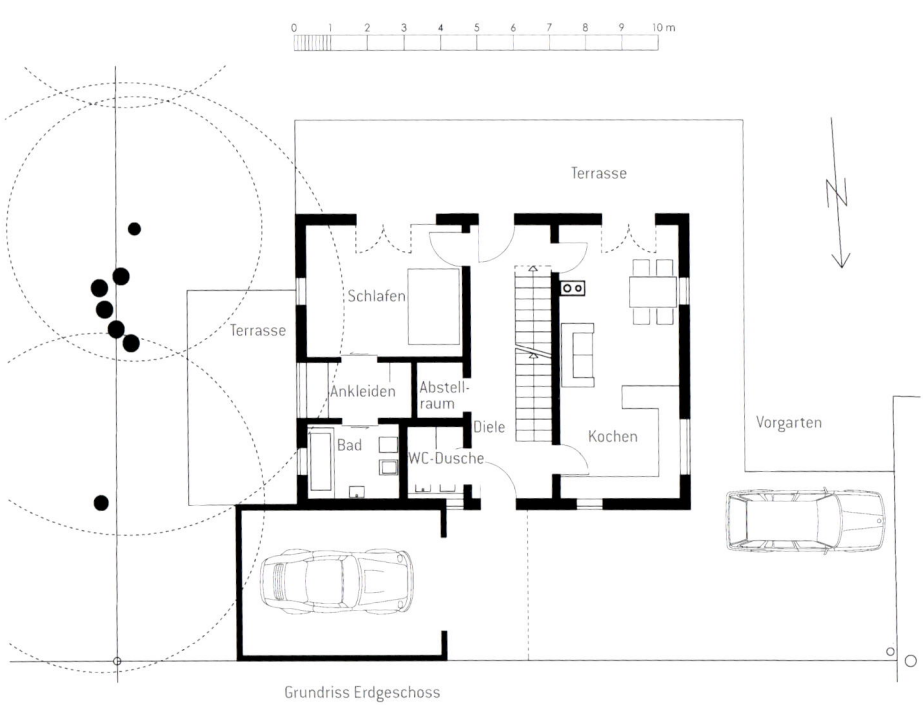

0 1 2 3 4 5 6 7 8 9 10 m

Terrasse

N

Schlafen

Terrasse

Ankleiden

Abstell-
raum

Diele

Kochen

Vorgarten

Bad

WC-Dusche

Grundriss Erdgeschoss

Rechts: Die Eingangstür des Hauses ist in Entsprechung zur Fassade in geöltem Lärchenholz ausgeführt. Der Gitterrost erfüllt eine Mehrfachfunktion als Belag, Fußabstreifer und Abdeckung des Kellerlichtschachts.

Linke Seite: Ansicht von Nordwesten mit gemeinsamem, Kosten sparenden Dach für Hauseingang und Carport zusammen.

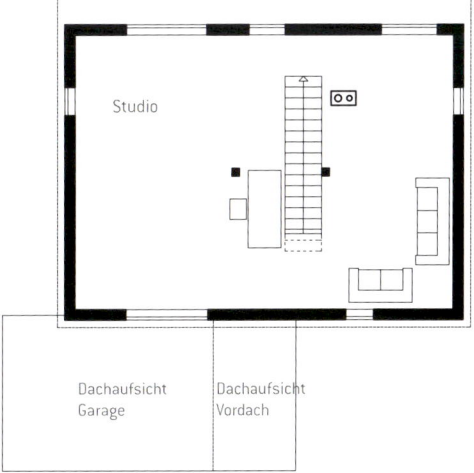

Obergeschoss

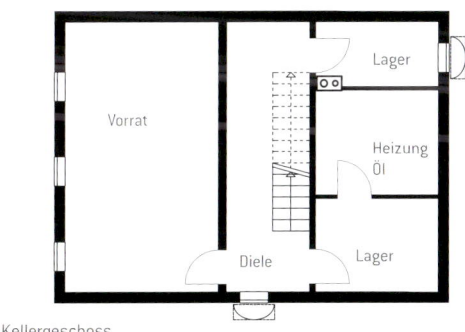

Kellergeschoss

WICHTIGE BAUDATEN

Standort: Ammerseeregion/Oberbayern
Bauzeitraum: 2004 (6 Monate)
Grundstücksgröße: ca. 900 m²
Wohnfläche: ca. 137 m² (ohne Terrassen) zuzüglich ca. 66 m² Nutzfläche im Untergeschoss
Umbauter Raum (BRI): ca. 670 m³
Kosten senkende Faktoren: ganzheitlich Kosten sparende Planung, genaue Steuerung und Kontrolle der Bauabläufe, kompakte Gestaltung des Baukörpers, konsequente Auswahl von Konstruktion und Materialien nach ihrer Eignung für Eigenleistung, Verzicht auf überflüssige Bauteile (z.B. keine Innenwände im Obergeschoss, möglichst wenige Elektroleitungen und -anschlüsse), Verwendung günstiger Konstruktionsweisen, Materialien und Techniken (z.B. Pultdach statt Satteldach, OSB-Platten zur Aussteifung des Tragwerks, Bodenbelag aus Industrieparkett, günstige Beschläge), Eigenleistungsanteil (ca. 55% der Handwerkerleistungen)
Gesamtkosten brutto inklusive Keller: ca. 119.500 Euro

MINIMAL-WOHNART STATT GARTENLAUBE

Architekten: MAGK architektur aichholzer klein, Wien
Projektleitung: Sabrina Peters

Eine der für die österreichische Hauptstadt typischen Kleingarten-anlagen in der Nähe der Alten Donau bildete den Schauplatz für die Entstehung eines vollwertigen Wohnhauses. Hier gilt die Vorschrift, dass im Höchstfall eine Fläche von 80 Quadratmetern bebaut werden darf. Das beauftragte Team von MAGK architektur schuf für eine Mutter und ihren Sohn an der Stelle eines traditionellen Kleingartenhauses ein sehr feines Domizil mit höchstem Wohnwert zu geringen Kosten.

Fließendes Wohngefühl

Der Nähe zur Donau verpflichtet und dem Charakter des Wassers nachempfunden, arbeitet die Architektur mit fließenden und leicht geneigten Formen, Übergängen und Niveauunterschieden. Die Kubatur zeichnet sich durch Knicke und Richtungsänderungen aus, die durch über Eck gezogene, ebenfalls abknickende Fensterbänder zusätzlich betont sind. Große Terrassenbereiche bilden eine Einheit mit dem Inneren des Hauses, die Übergänge sind nach Westen und Norden – den Hauptwohnseiten – mittels großer Glasscheiben fast aufgelöst. Nach Osten und Süden durchbrechen nur schmale Sicht-schlitze die ansonsten geschlossenen Fassaden, um so weniger attraktive Blickbezüge auszublenden.
Die großen Glasfronten tun dem Wohngefühl insofern sehr gut, als der Innenraum somit entgrenzt und deutlich größer wirkt. De facto handelt es sich um eine Gesamt-Wohnfläche von knapp 70 Qua-dratmetern, die neben den separaten Räumen von Mutter und Sohn einen zusammenhängenden großen Eingangs-, Wohn-, Ess- und Kochbereich aufweist. Dieser Lebens- und Nutzungsmittelpunkt gewinnt aufgrund des weitest möglichen Verzichts auf Innen-wände und Sichtbarrieren sowie durch die Raumhöhen von bis zu 3,50 Metern eine außergewöhnliche Qualität. Den Eindruck von

Weite unterstützen auch der im gesamten Haus – einschließlich des Badezimmers – und sogar für die Verkleidung der Kellerstiege verwendete Massivholzbelag sowie die weißen, durch eingearbei-tete Edelstahlleisten strukturierten Wandflächen. Anstelle von viel Platz beanspruchenden Radiatoren sorgen deckenintegrierte Hei-zungspaneele für Wärme im Haus. Auch die Leuchten sind in die De-cken eingelassen. Durch diese technischen Kunstgriffe gewinnt das Haus nicht nur an verfügbarem Raum, sondern auch an Klarheit.
Der gemeinsame Bereich bildet das Zentrum und separiert gleich-zeitig die privaten Bereiche von Mutter und Sohn, denen jeweils ein eigenes Bad zugeordnet ist.
Während das Erdgeschoss als Hauptwohnebene dient, stehen im erhaltenen Untergeschoss ein Gäste- und ein Partyzimmer für den Sohn sowie Räume für Aufbewahrung und Heiztechnik zur Verfü-gung.

Kunstvolle Rauminszenierungen

Die Kubatur des Hauses und die des Geländes sind hier von MAGK architektur als Einheit gesehen und gestaltet worden. Planvoll ineinander geschnitten, aber nicht verschachtelt wurde das Drinnen-Draußen-Ensemble auf verschiedenen Niveaus zu einer spannenden Gesamterscheinung geformt. Eine sorgfältige Vorplatz-gestaltung bis ins Detail sowie schwebende Sichtbetonscheiben im Eingangsbereich verbinden Innen- und Außenraum und stimmen auf das Haus ein. Die Außentreppe umgeht den Haupteingang und führt auf die Terrasse oder über eine Fenstertür gleich ins Kinderzimmer – eine praktische separate Erschließung. Solche genau herausgearbeiteten Details spielen bei kleinen Gebäuden eine besonders wichtige Rolle zur Betonung der architektonischen Wertigkeit.

Rechte Seite oben und unten: Das kleine, aber sehr feine Haus für Mutter und Sohn zeichnet sich durch den kreativen Umgang mit Oberflächen – hier die mit Stahlschienen strukturierte Putzfassade – und Niveauunterschieden aus.

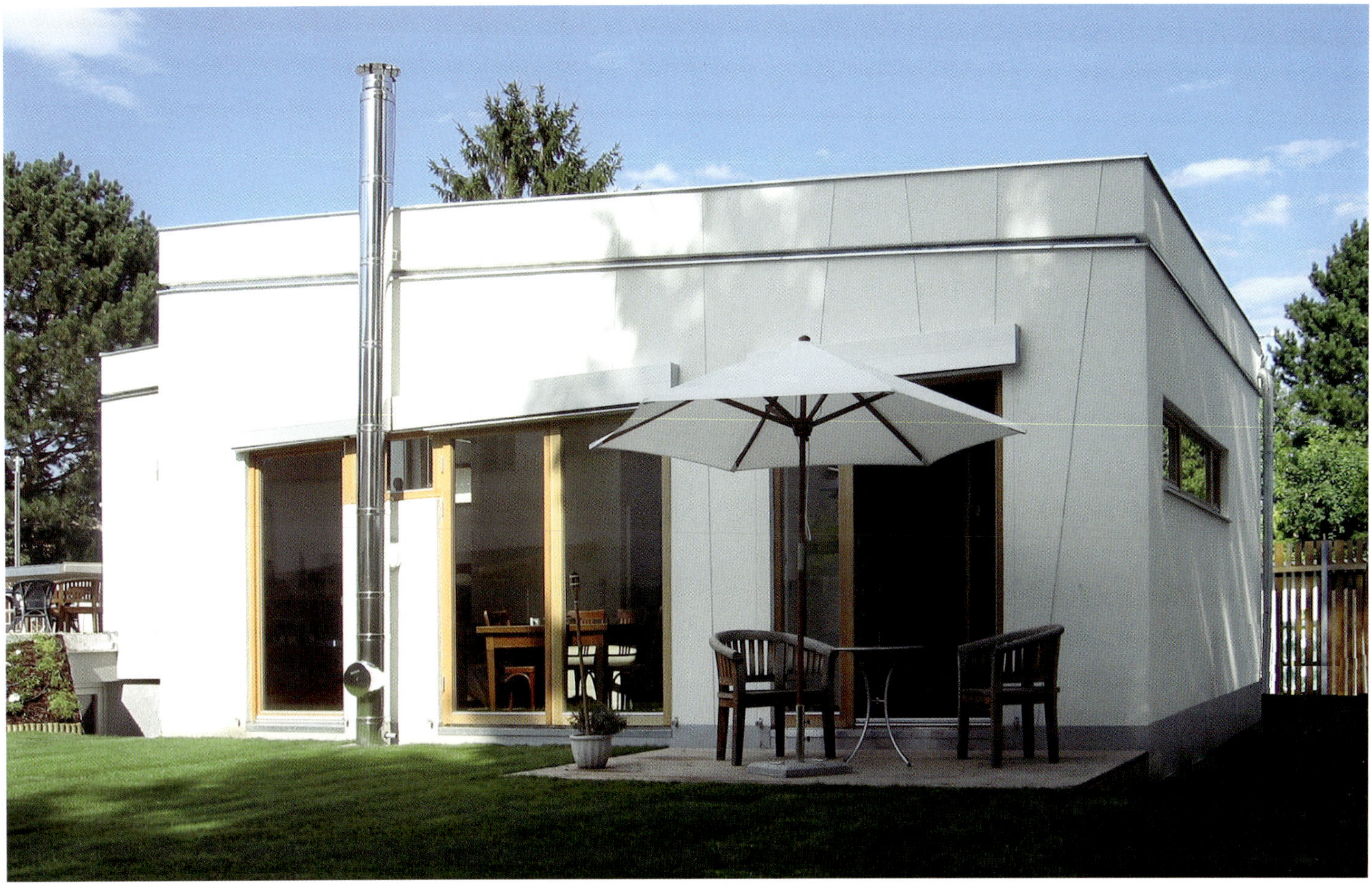

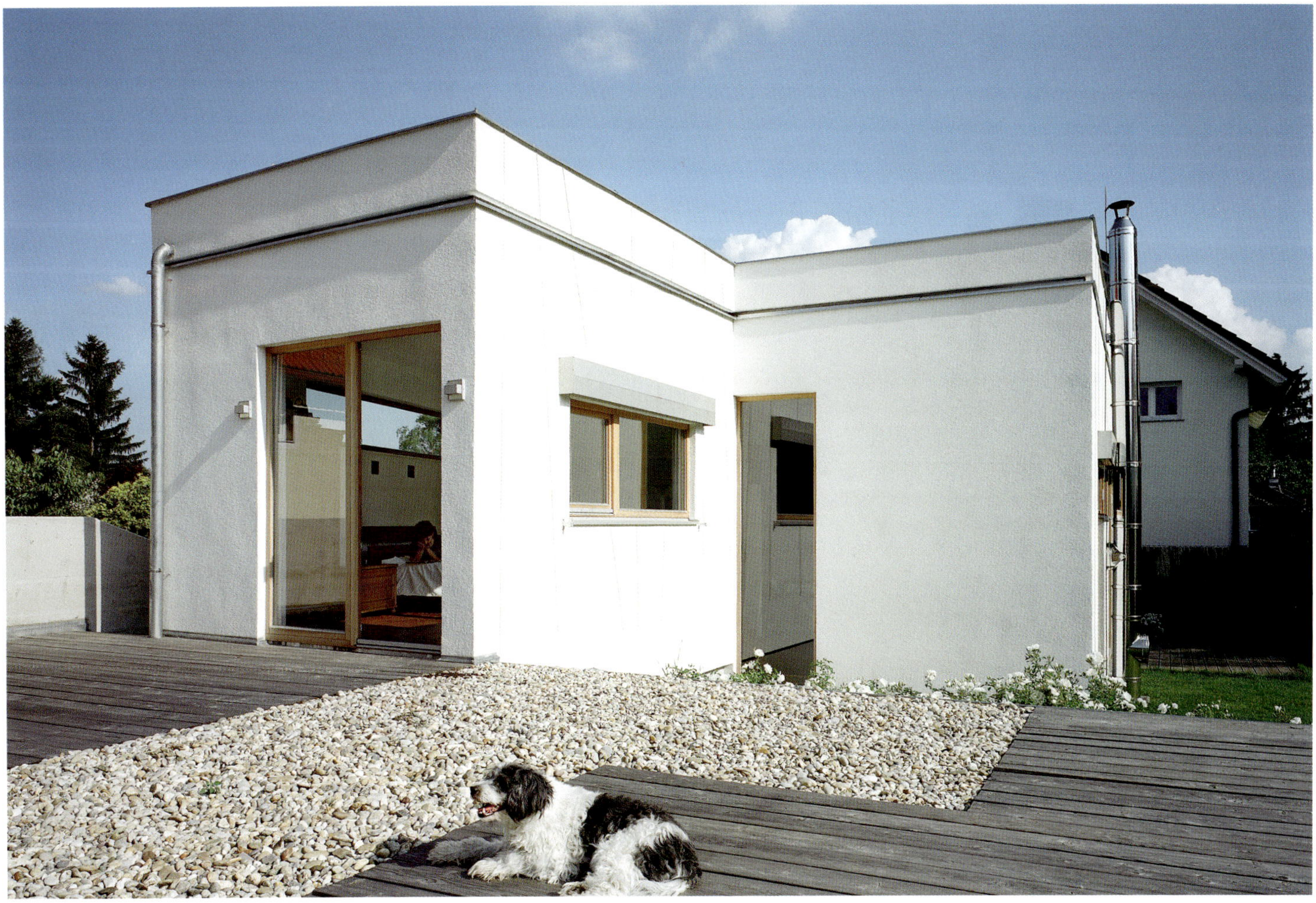

In bewusster Abgrenzung von der klein strukturierten Nachbar-
schaftsbebauung entstand in Donaunähe ein Haus mit großem
Wohngefühl auf geringer Fläche, dessen Offenheit, Außenorientie-
rung und Freiflächengestaltung die Vorzüge des ruhigen, wasserna-
hen Umfelds perfekt ausnützen. Bei hohem Ausbaustandard und für
Low-Budget-Architektur gemeinhin nicht zu findenden Besonder-
heiten – so etwa einem eigenen Kinderbad (!) – konnte ein insgesamt sehr niedriger Kostenrahmen eingehalten werden.

Oben: Am Morgen ist das reduzierte, mit wenigen Materialien geplante Bad lichtdurchflutet. Die kubistische Ausformung von Wanne und Staufläche schafft zusätzliche Eindeutigkeit.

Linke Seite und oben links: Eine Wandscheibe bildet die Trennungslinie zwischen Bad/Schlafzimmer und Küche/Essen/Wohnen. Bei geöffneten Schiebetüren laufen die Raumkanten weiter und vergrößern so die Haupträume, ohne dass ein direkter Einblick in die dahinter liegenden Räume möglich ist.

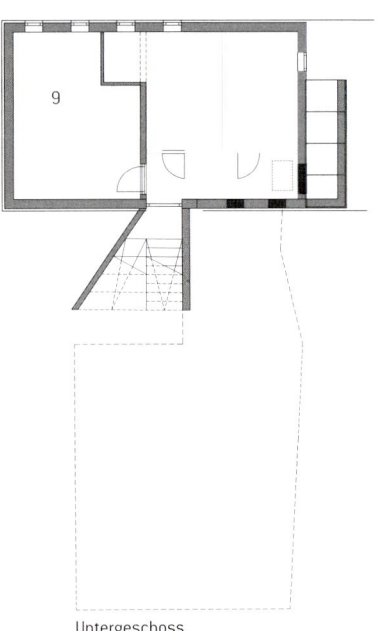

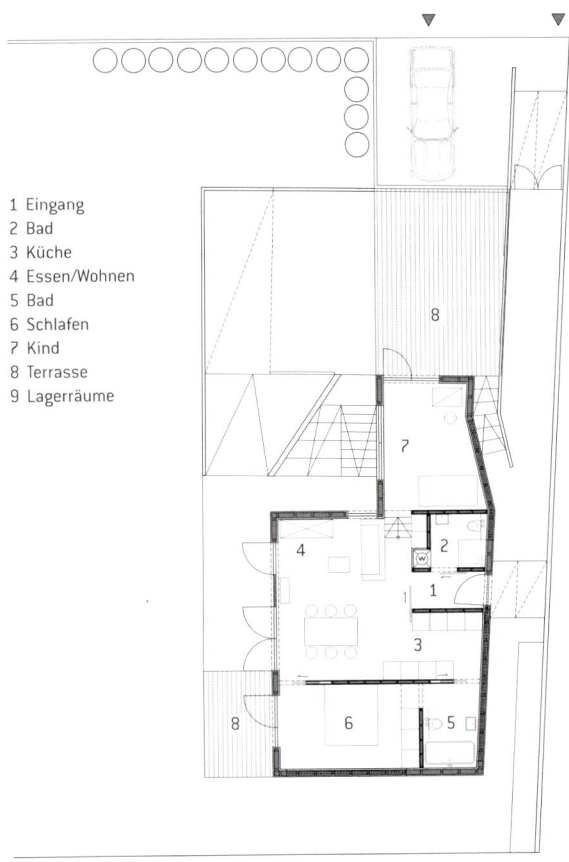

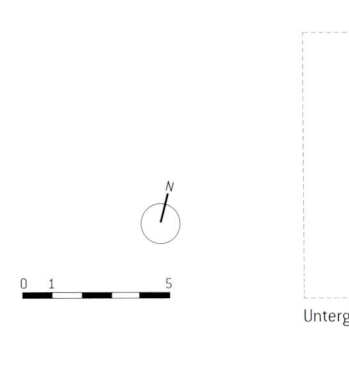

1 Eingang
2 Bad
3 Küche
4 Essen/Wohnen
5 Bad
6 Schlafen
7 Kind
8 Terrasse
9 Lagerräume

N

0 1   5

Untergeschoss

Grundriss Erdgeschoss

Rechts: Die Fixglas- und Fensterschlitze erzeugen interessante Ausblicke und eine vielfältige Raumstimmung im Inneren.

Linke Seite: Die Fassaden werden durch ihre leichte Profilierung aufgelöst und bringen so ein zusätzliches Spannungselement ein.

WICHTIGE BAUDATEN

Standort: Wien
Bauzeitraum: 2005–2006 (8 Monate)
Grundstücksfläche: ca. 382 m²
Wohnnutzfläche: ca. 68 m² (zuzüglich ca. 66 m² Terrassen)
Umbauter Raum (BRI): ca. 265 m³
Heizwärmebedarf: ca. 58 kWh/m²a
Kosten senkende Faktoren: ganzheitlich Kosten sparende Planung, genaue Steuerung und Kontrolle der Bauabläufe, kompakte Gestaltung des Baukörpers, kompakte Unterbringung der Versorgungsleitungen, Verzicht auf überflüssige Bauteile (z.B. wenige Innenwände, möglichst wenige Elektroleitungen und -anschlüsse), Verwendung günstiger Konstruktionsweisen, Materialien und Techniken, Eigenleistungsanteil (ca. 25% der Handwerkerleistungen)
Gesamtkosten brutto: ca. 122.000 Euro (ab OK Bodenplatte/Kellerdecke)

HAUSKONZEPT MIT VIELEN GESICHTERN

Architekten: Viktor Jung / S_M_L houses, Lannach
Projektmitarbeiter: Gregor Stubitsch, Thomas Allmer, Tobias Jung, Anna-Maria Jung, Anna Schauberger

Die in den Medien in gewissen Abständen ausgerufene Suche nach dem »Haus der Zukunft« bringt gerne den Begriff des Modulhauses ins Spiel. Allen so genannten Modulhäusern gemein ist – sozusagen als kleinster gemeinsamer Nenner – ihre Konstruktion aus standardisierten, meist vorgefertigten Konstruktionseinheiten. Teils wird der Begriff auch nur vage für die Wahlmöglichkeit aus verschiedenen Funktionsbereichen verwendet. Einige der so genannten Modulhäuser haben den Vorteil, später ohne größeren technischen und finanziellen Aufwand leicht erweitert werden zu können, sodass aus kleinen »Starterhäusern« etwa bei Familienzuwachs und/oder verbesserten finanziellen Möglichkeiten zusätzliche Module ergänzt und damit die Gesamtwohnfläche vergrößert werden kann.

Selten stellt sich ein Modulhauskonzept so vielseitig und gleichzeitig ästhetisch überzeugend dar wie das von Architekt Viktor Jung entworfene sml-house. Vier hinsichtlich der Raumaufteilung, Erschließung und Fassadengestaltung unterschiedliche Grundvarianten können in sich wiederum vielfältig an die spezifischen Wünsche der Bauherren angepasst werden. Die Grundbaukörper lassen sich auf verschiedenste Weisen in der Größe anpassen – so beispielsweise im Bereich des Obergeschosses verlängern, um auf diese Weise an Wohnraum zu gewinnen. Die Wahl zwischen unterschiedlichen Dachformen und Deckungsvarianten ist ebenso möglich wie die zwischen verschiedensten Fassadensystemen – so etwa Silikat- oder Lehmputz, Holzfassaden, verblechte Fassaden, Faserzementplatten, Sperrholzplatten etc.

Gemeinsam ist allen Varianten ihr Konstruktionsprinzip aus Massivholz-Elementen, die für sich genommen zwar teurer sind als mehrschichtige Aufbauten, sich aber durch die damit erreichte Reduzierung der Arbeitszeiten letztlich sogar günstiger realisieren lassen. Dies macht das Hauskonzept insbesondere für Bauherren interessant, die wenig Eigenleistung investieren können.

Der in den Modellfotos und Renderings dargestellte Haustyp MEDIUM, der in Flachdachversion mit Bitumenabdichtung und einer Wohnfläche von etwa 70 Quadratmetern gezeigt wird, zeichnet sich durch eine ausgesprochen klare Fassadenstruktur aus: Die in der Regel nach Norden orientierte Erschließungsseite ist teilweise geöffnet, die Südfassade großflächig verglast. West- und Ostseite verzichten vollständig auf Fensterausschnitte. Dies ist aufgrund der ansonsten großzügigen Verglasung und der geringen Geschossflächen ohne weiteres ausreichend, um eine hervorragende Belichtung sicherzustellen. Für die beiden völlig geschlossenen Seiten ergibt sich so keinerlei Aufwand für die Fensterausschnitte und die Fertigung der Fenster selbst, die Bauzeiten reduzieren sich ebenfalls. Bei den vorhandenen Fenstern handelt es sich um Klapp- oder Schiebesysteme. Im Übrigen helfen Fixverglasungen, weiter Kosten einzusparen.

Rechte Seite oben: Ansicht des Hauses von Südosten (Modell / Rendering).

Rechte Seite unten: Ansicht von Nordwesten mit dem Eingang (Modell / Rendering).

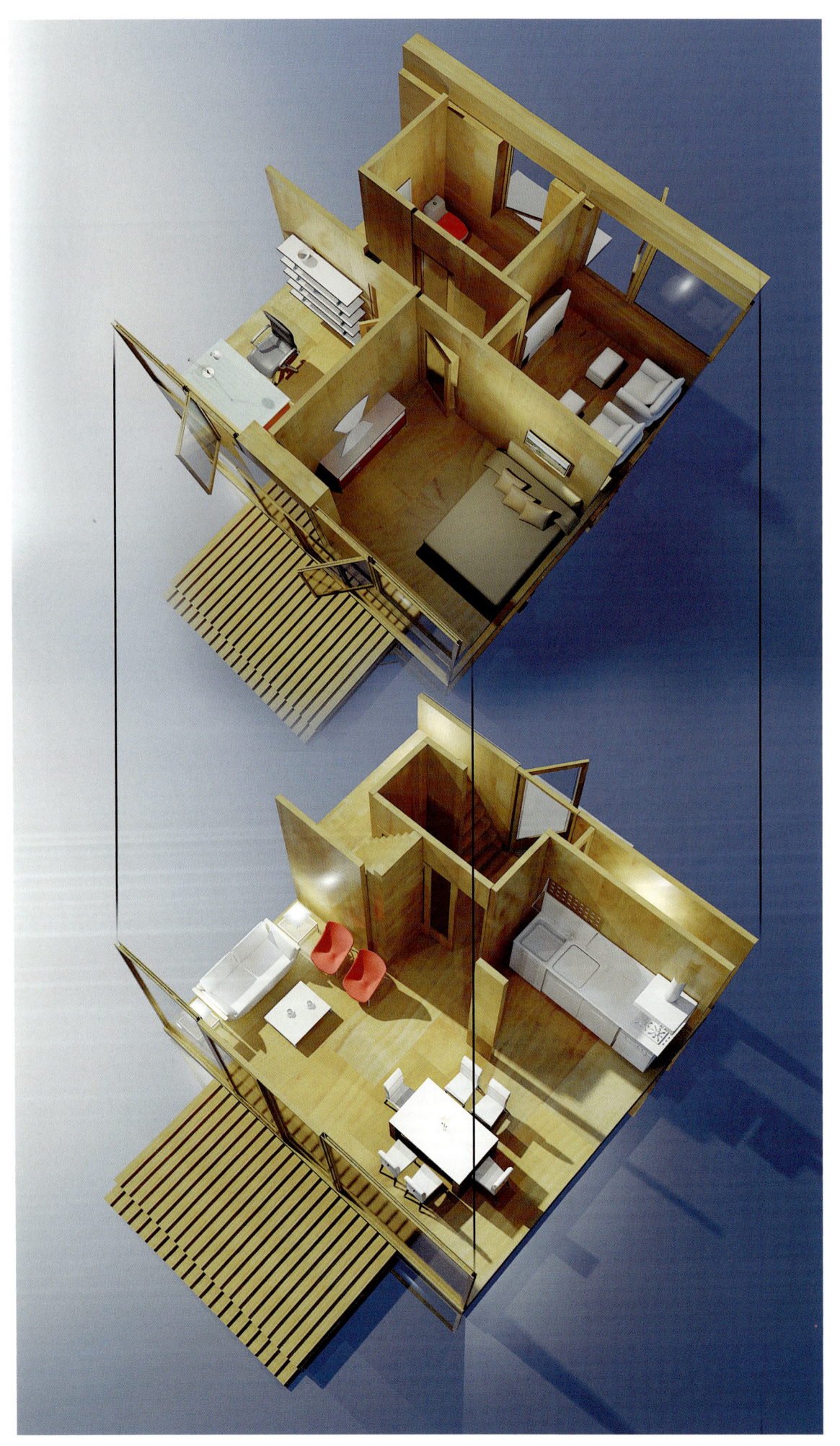

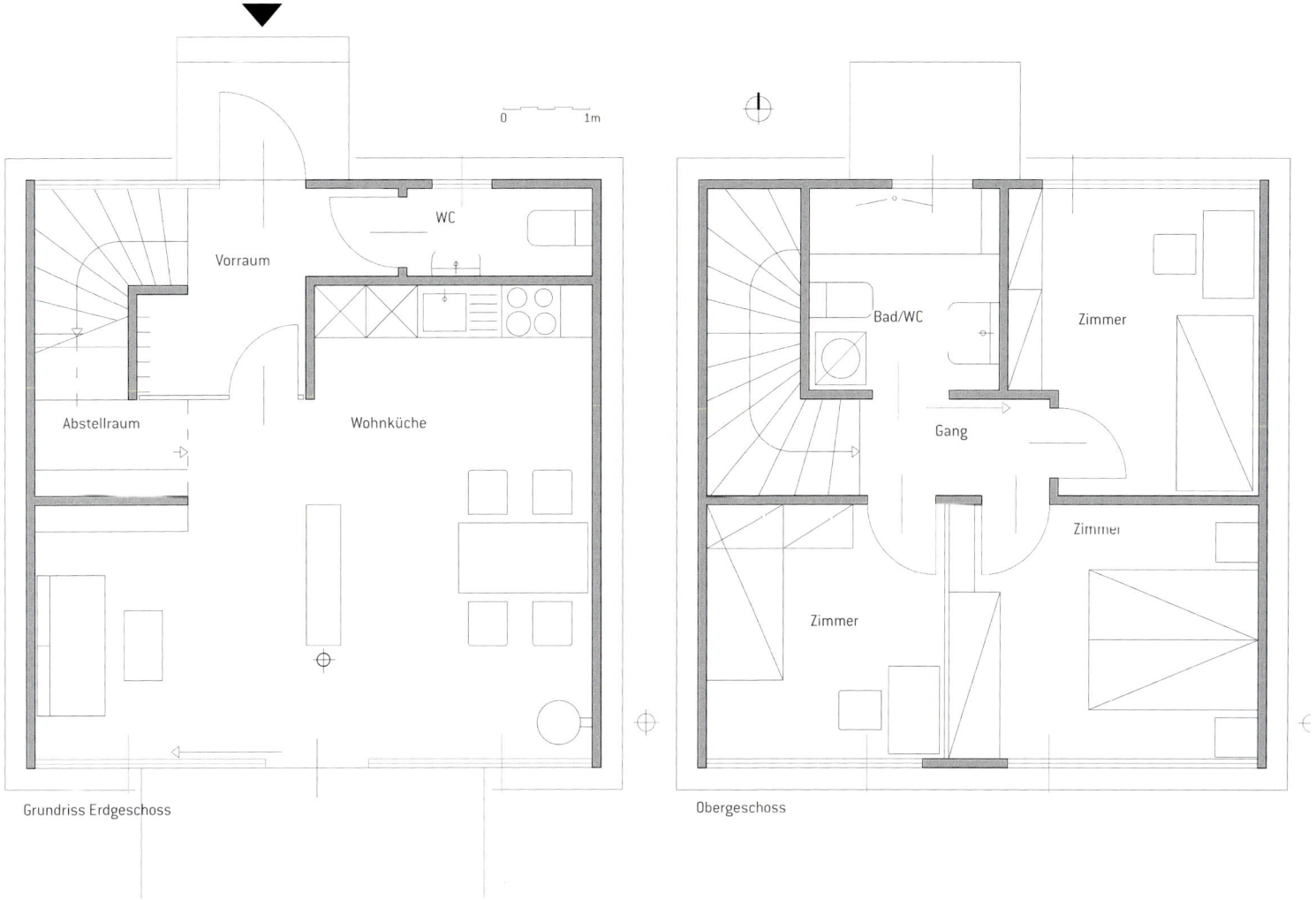

WC

Vorraum

Abstellraum

Wohnküche

Bad/WC

Zimmer

Gang

Zimmer

Zimmer

0   1m

Grundriss Erdgeschoss

Obergeschoss

Linke Seite: Klare Grundrisse ermöglichen eine optimale
Raumausnutzung (Modell/Rendering).

WICHTIGE BAUDATEN

Wohnfläche: je nach Haustyp und gewählter Variante; im Beispiel
(Typ MEDIUM) ca. 70 m²
Umbauter Raum (BRI): ca. 420 m³
Kosten senkende Faktoren: ganzheitlich Kosten sparende Pla-
nung, genaue Steuerung und Kontrolle der Bauabläufe, kompakte
Gestaltung des Baukörpers, klare Architekturform, optimales
Verhältnis von Nutzfläche zu Kubatur, einfache technische Details, standardisierte Treppenkonstruktion, kurze Spannweiten,
keine zusätzlichen statischen Kontruktionen, klare konstruktive
Trennung zwischen Holz- und Glaskonstruktionen, teilweise Vorfertigung, kurze Bauzeiten, Beschränkung auf wenige Schichten (Mas-
sivholzkonstruktion), gezielte Planung der Fensterausschnitte,
Versorgungsleitungen etc., Verzicht auf überflüssige Bauteile
(z.B. wenige Innenwände, möglichst wenige Elektroleitungen und
-anschlüsse), Verwendung günstiger Konstruktionsweisen, Materialien und Techniken
Gesamtkosten brutto (geschätzt, Typ MEDIUM): ca. 118.000 Euro
(ab OK Bodenplatte)

DIE ÄSTHETIK DER SPARSAMKEIT

Architekten: SPLITTERWERK, Graz

Kann sparsam gut aussehen? Keine wirkliche Frage, wenn man sich das Realität gewordene Bau-Experiment der Grazer Architekten SPLITTERWERK ansieht. Höchste Einfachheit und Vereinheitlichung bei Konstruktion, Fassaden und Grundrissgestaltung paaren sich mit einem außergewöhnlichen Erscheinungsbild. Dem ursprünglich als gemeinsame Diplomarbeit ins Leben gekommenen und dann auch konsequent gemeinsam gebauten Konzept lag das Ziel zugrunde, bezahlbaren Wohnraum zu schaffen und so auch Menschen mit geringerem Budget in den Genuss eigener vier gut gestalteter Wände kommen zu lassen. Ursprünglich unter der Ägide von Univ.-Prof. Peter Schreibmayer an der Technischen Universität Graz entstanden, wurde hier aus schnöder Theorie vorbildhafte Realität.

Hoch standardisiert und doch höchst spannend

Das von seinen Schöpfern so genannte Wohnstück beinhaltet Einheiten mit zwei übereinander angeordneten Wohnungen zu je 70 Quadratmetern Wohnfläche, die wiederum in der Länge zu mehreren zusammengeschaltet werden können. Die Einheiten entsprachen in ihrer Wohnfläche den in der Bauordnung der Steiermark festgelegten Kriterien für Kleinhäuser. Das Prinzip funktioniert desto besser und wird umso günstiger, je mehr Einheiten gleichzeitig realisiert werden können. Denn aufgrund der halb industriellen, in Holztafelbauweise inklusive Installationsleitungen erfolgenden Vorfertigung der Komponenten sinkt der Preis mit Zunahme der produzierten Menge. Die wohl begründete Beschränkung auf lediglich zwei Formate für die Fassadenausschnitte – eines für die Fenster, eines für die Fenstertüren – gewährleistet ebenfalls eine sehr effiziente und damit günstige Herstellung.

Neben dem Aspekt der kostengünstigen Produktion erlaubt die gewählte Tafelbauweise bei Bedarf auch eine leichte Demontage – und Remontage an einem beliebigen anderen Ort.

Farbigkeit und Materialität

Die Privatheit der Wohneinheiten gleicht insofern der selbständiger Häuser, als sie jeweils separat zugänglich sind: unten betritt man das Haus ebenerdig, oben über eine spinnenbeinartig aufgestelzte Außentreppe. Beim Prototypen in signalhaftem Gelb gehalten, setzten sich die Aufgänge als eigenständige Elemente der Architekturkunst in Szene.
Die Außenhaut der Fassaden bilden extrem günstig zu beziehende Pressspanplatten, die ebenfalls gelb gestrichen sind. Als zusätzlicher Witterungsschutz – und Kletterhilfe für Rankpflanzen! – fungiert ein so genannter Rollschatten aus Holzlamellen, der die Platten vor direkter UV-Strahlung und Schlagregen schützt. Die großen Dachüberstände tragen ihren Teil zum Witterungsschutz bei, lassen das Niederschlagswasser über die Profilblechkante abtropfen und verhindern eine Überhitzung der Innenräume durch steil einfallende Sonnenstrahlen.
Der auf der Süd- und Westseite weiße, im Norden und Osten schwarze Rollschatten erzeugt ein jeweils fruchtbares Farbenspiel mit dem Gelb der eigentlichen Fassade und lässt diese schemenhaft durchscheinen.

Rechte Seite oben und unten: Die Holzlamellenfassade wirkt als filigraner Fassadenschirm, dessen hier weiße Farbe die gelb abgehobenen Bauteile wie etwa die Außenstiegen perfekt zur Geltung kommen lässt. Das Vordach schützt vor Witterungseinflüssen.

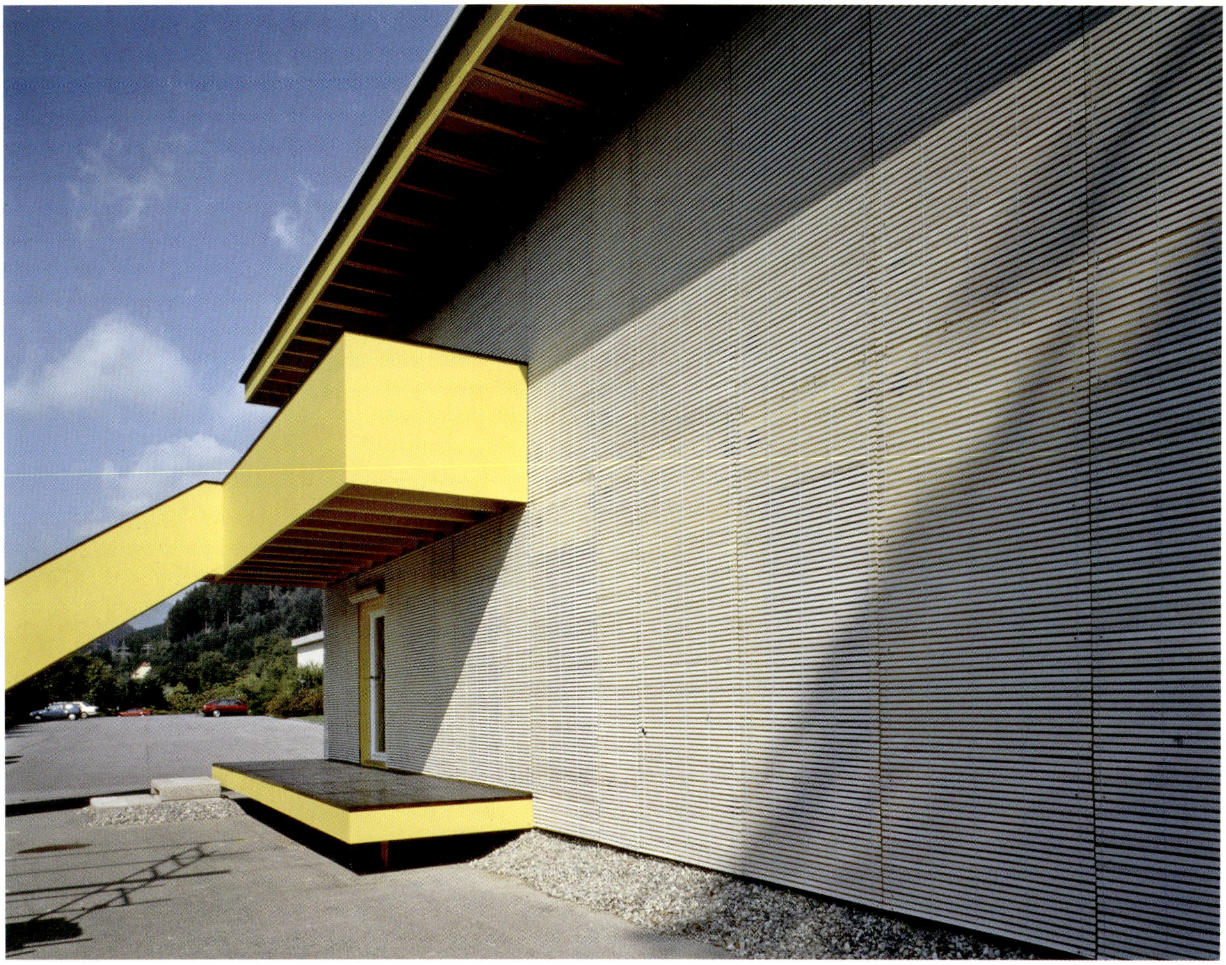

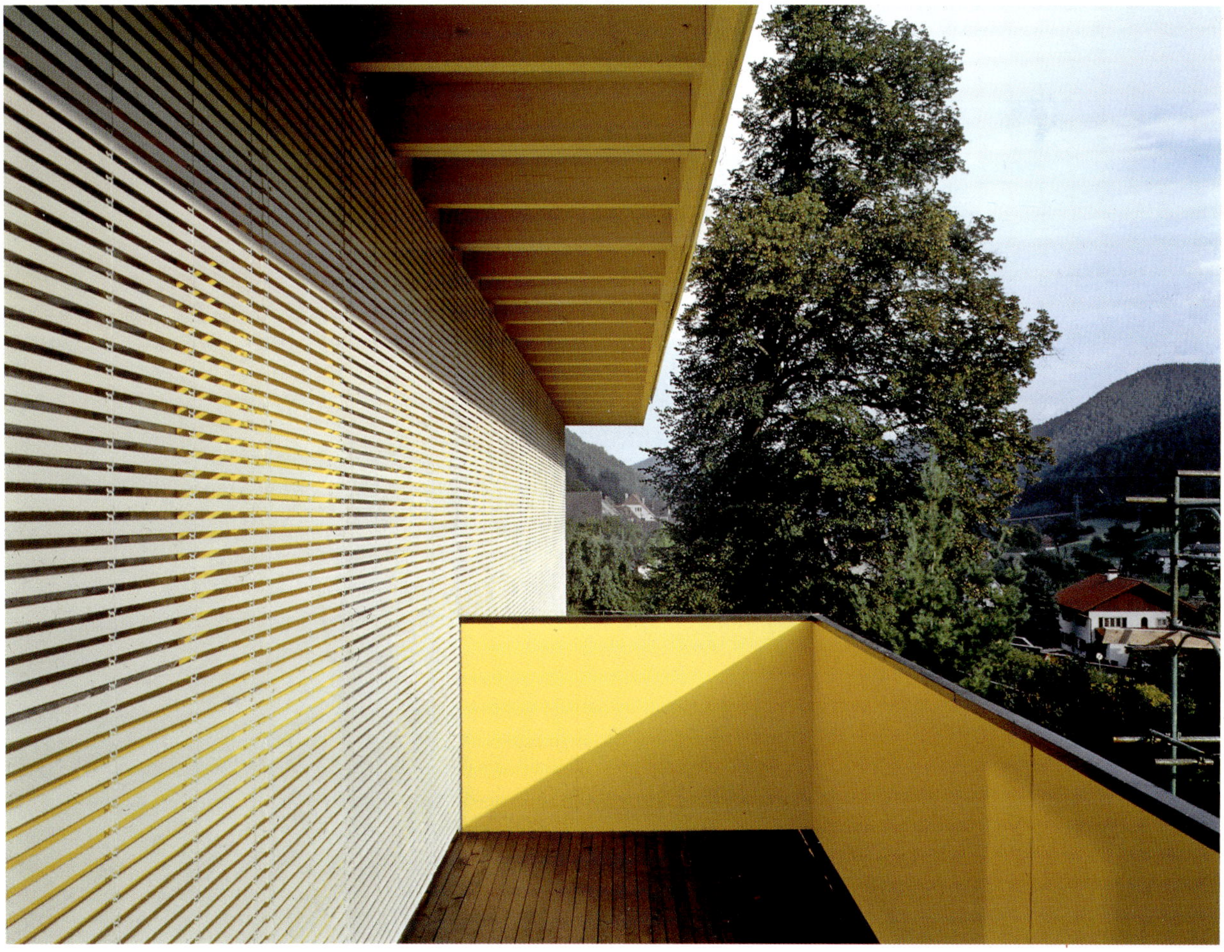

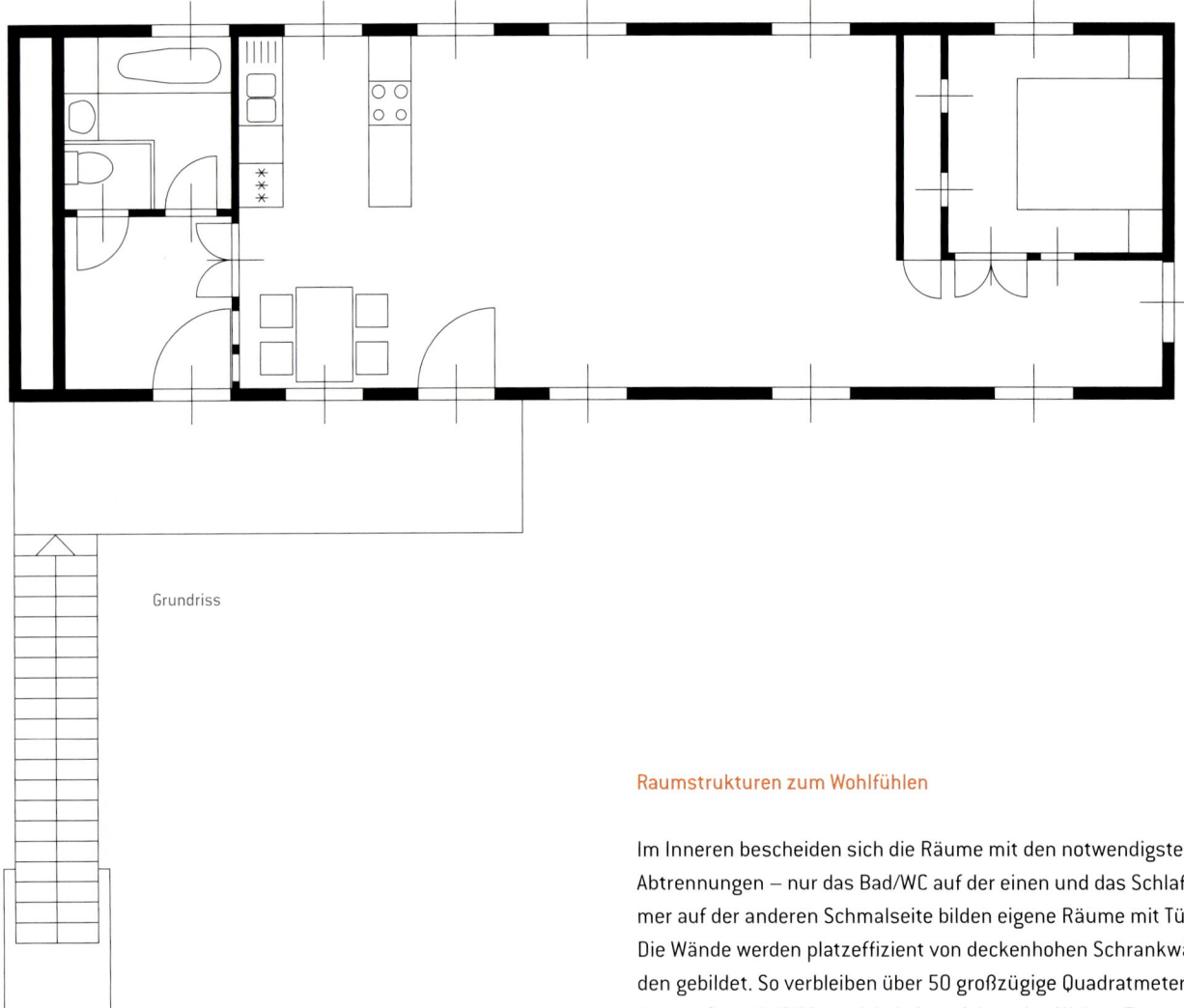

Grundriss

Raumstrukturen zum Wohlfühlen

Im Inneren bescheiden sich die Räume mit den notwendigsten
Abtrennungen – nur das Bad/WC auf der einen und das Schlafzimmer auf der anderen Schmalseite bilden eigene Räume mit Türen.
Die Wände werden platzeffizient von deckenhohen Schrankwän-
den gebildet. So verbleiben über 50 großzügige Quadratmeter für
den großen, vielfältig variabel einzurichtenden Wohn-, Ess- und
Kochraum, der auf beiden Seiten von je sechs Fensteröffnungen belichtet wird. Auf der Eingangsseite sind zwei davon als Fenstertüren
ausgebildet, die im Fall der oberen Einheit einen direkten Zugang
zum Balkon und zur Treppe, im Fall der unteren Einheit zur Terrasse
erlauben. Schon die einfache, aber durchdachte Kombination von
oberem Treppenpodest und Balkon spart beträchtlich Kosten ein.
Das Farbkonzept des Äußeren aufgreifend, korrespondiert im Inneren eine deckend gelb gestrichene Rahmenkonstruktion mit weißen
Füllungen. Das strenge Konstruktionsraster erlaubt es, bei Bedarf
zusätzliche Innenwände auf vorhandene Schwellenhölzer zu mon-
tieren oder vorhandene Wände zu versetzen.

Hier entstand keine zurückhaltende »Graue-Maus-Architektur«,
die sich ängstlich verstecken will, sondern eine Architektur, die in
ebenso einfacher wie gewagter, konstruktiv einheitlicher wie außer-
gewöhnlicher Selbstdarstellung auftritt. Ein Modell für gutes und
bezahlbares Bauen, das es wert wäre, in seinem Geist und Konzept
wieder einmal aufgegriffen zu werden!

Detail von Außentreppe und Fassade.

WICHTIGE BAUDATEN

Standort: (temporäres Bauwerk)
Wohnfläche: ca. 140 m² insgesamt, ca. 70 m² je Wohneinheit
Umbauter Raum (BRI): ca. 510 m³
Kosten senkende Faktoren: ganzheitlich Kosten sparende Planung, genaue Steuerung und Kontrolle der Bauabläufe, kompakte Gestaltung des Baukörpers, kompakte Unterbringung der Versorgungsleitungen, Verzicht auf überflüssige Bauteile (z.B. keine Regenrinnen und Regenfallrohre, wenige Innenwände), Verwendung günstiger Konstruktionsweisen, Materialien und Techniken (Holztafelbauweise in Vorfertigung, Stahlprofilblech als Dachdeckung, Pressspanplatten als Fassadenhaut, Holz-Hartfaserplatten/Faserzementplatten als Bodenbeläge), einheitliche Bauteile (Fenster, Fenstertüren), Kombination von Funktionen (z.B. Balkon und Treppenpodest)
Gesamtkosten brutto: ca. 120.000 Euro (aktualisiert)

LANGHAUS MIT KOPFFREIHEIT

Architekt: Oliver Seindl und Holzbaumeister Johann Tiefengraber, Graz
Planung und Ausführung: TuS Modulhaus Produktion, Graz

Bei kleinem Budget und entsprechend angepasster Wohnfläche gilt es, besonders findige Grundrissvarianten zu ersinnen. Hier stellt sich für den Planer zunächst die Aufgabe, die Gesetze der subjektiven Raumwahrnehmung auf das Genaueste zu beachten. Architekt Oliver Seindl hat dies bei dem hier vorgestellten Haus für eine dreiköpfige Familie augenscheinlich sehr gewissenhaft getan: Insgesamt knapp 96 Quadratmeter wurden ebenso kompakt wie Kosten sparend auf einer einzigen Wohnebene untergebracht, die zudem sehr offen strukturiert und nur mit den notwendigsten Innenwänden versehen ist.

Weite, Höhe und viel Licht

Das gewählte Verhältnis der Außenwandmaße von etwa 2:1 schafft lange Blickkorridore, ohne in der Breite ein Gefühl der Enge zu erzeugen. Das Innere ist insofern optimal erlebbar, als die Funktionsräume komprimiert angeordnet sind. Die Funktionen Schlafen, Kinderzimmer, Bad und WC mit ihrem eher privaten Charakter bilden eine bauliche Einheit für sich, der Wohn-, Ess- und Kochbereich gleichsam das offene Pendant. Nur die dem Eingang zugeordnete Garderobe ist durch einen halb offenen Winkel abgegrenzt. Das hier bis zum First geöffnete Satteldach sorgt seinerseits dafür, dass den Bewohnern nicht die Decke auf den Kopf fällt, sondern dass das tatsächliche Raumvolumen sich deutlich vergrößert und die Raumwahrnehmung positiv beeinflusst. Und nicht zuletzt erzeugt die Befensterung auf der Gartenseite zusammen mit einer geschickt gesetzten Dachverglasung, die weiches Licht von oben einfallen lässt, eine erstaunliche Helligkeit und damit eine nochmals verbesserte Größenwirkung.
Die weißen Oberflächen der Innenwände setzen klare Akzente, die den ansonsten überwiegenden Naturholztönen der Böden und der Holzkonstruktion gut zu Gesicht stehen.

Fassadenstruktur im Rhythmus der Wohnfunktionen

Die helle Gartenfassade ist in einen streng durch drei Fenstertüren gegliederten Abschnitt bei den Schlafzimmern sowie beim Koch- und Essbereich einerseits und einen panoramaverglasten Wohnbereich andererseits unterteilt, der sich außen in der holzgedeckten Terrasse zu einem großzügigen Aufenthaltsraum fortsetzt. Diese visuelle Durchgängigkeit zwischen Innen- und Außenraum ist bei geöffnetem wie auch bei geschlossenem Schiebefenster erlebbar.

Wohnen und Sparen mit einer Etage

Das Leben auf einer Ebene bietet zahlreiche praktische Vorteile – so etwa die direkte Erreichbarkeit des Gartens von allen Wohnräumen und das Fehlen von Barrieren. Die einzigen Stufen sind diejenigen zum Eingangsbereich, ansonsten ist ein direkter Wechsel zwischen drinnen und draußen möglich. Neben dem täglichen Wohnnutzen ergibt sich aus dieser Anordnung aber auch eine deutliche Kostensenkung am Bau, insbesondere durch den so möglichen Verzicht auf teure und zudem Platz beanspruchende Treppen.

Rechte Seite oben: Das lang gestreckte, eingeschossige Haus schafft sich selbst einen abgeschlossenen, privaten Grünraum. Die geschlossene Baugestalt ohne Dachüberstände und die regelmäßige Fassadengliederung sind auffallende Kennzeichen der Architektur.

Rechte Seite unten: Ansicht des Hauses auf der Eingangsseite, die sich unter anderem aus energetischen und Kostengründen mit wenigen, kleinen Fassadenausschnitten begnügt.

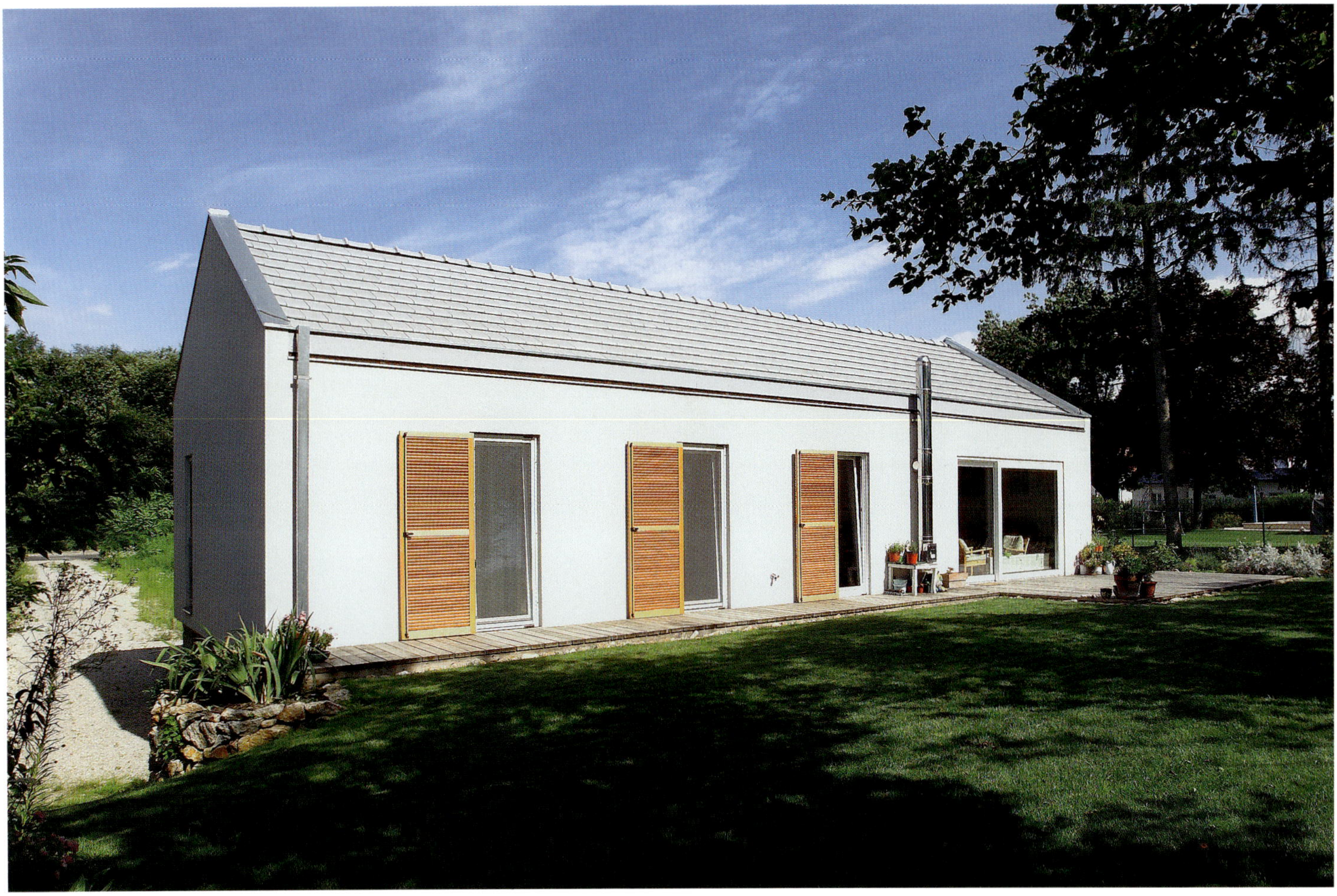

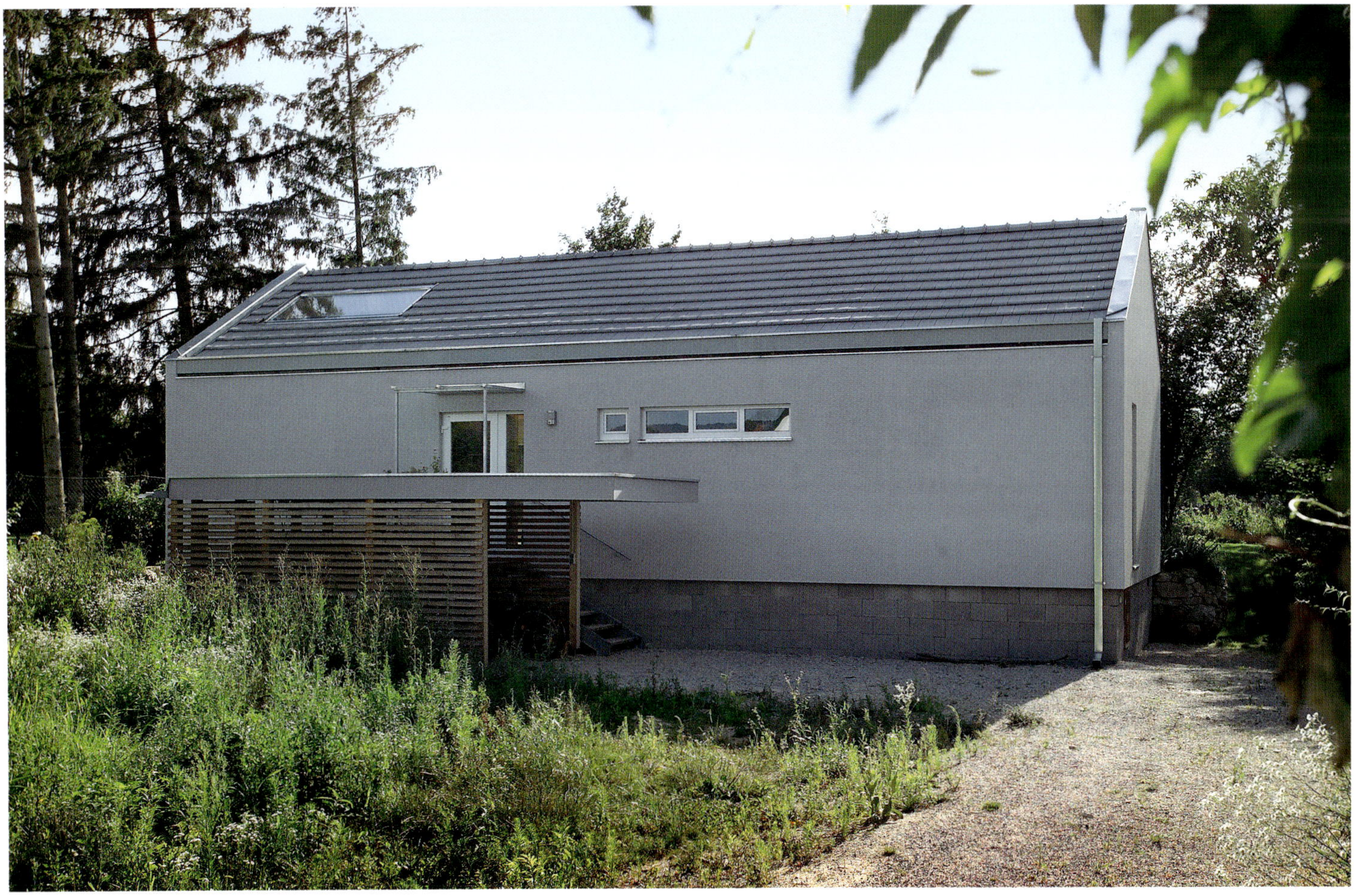

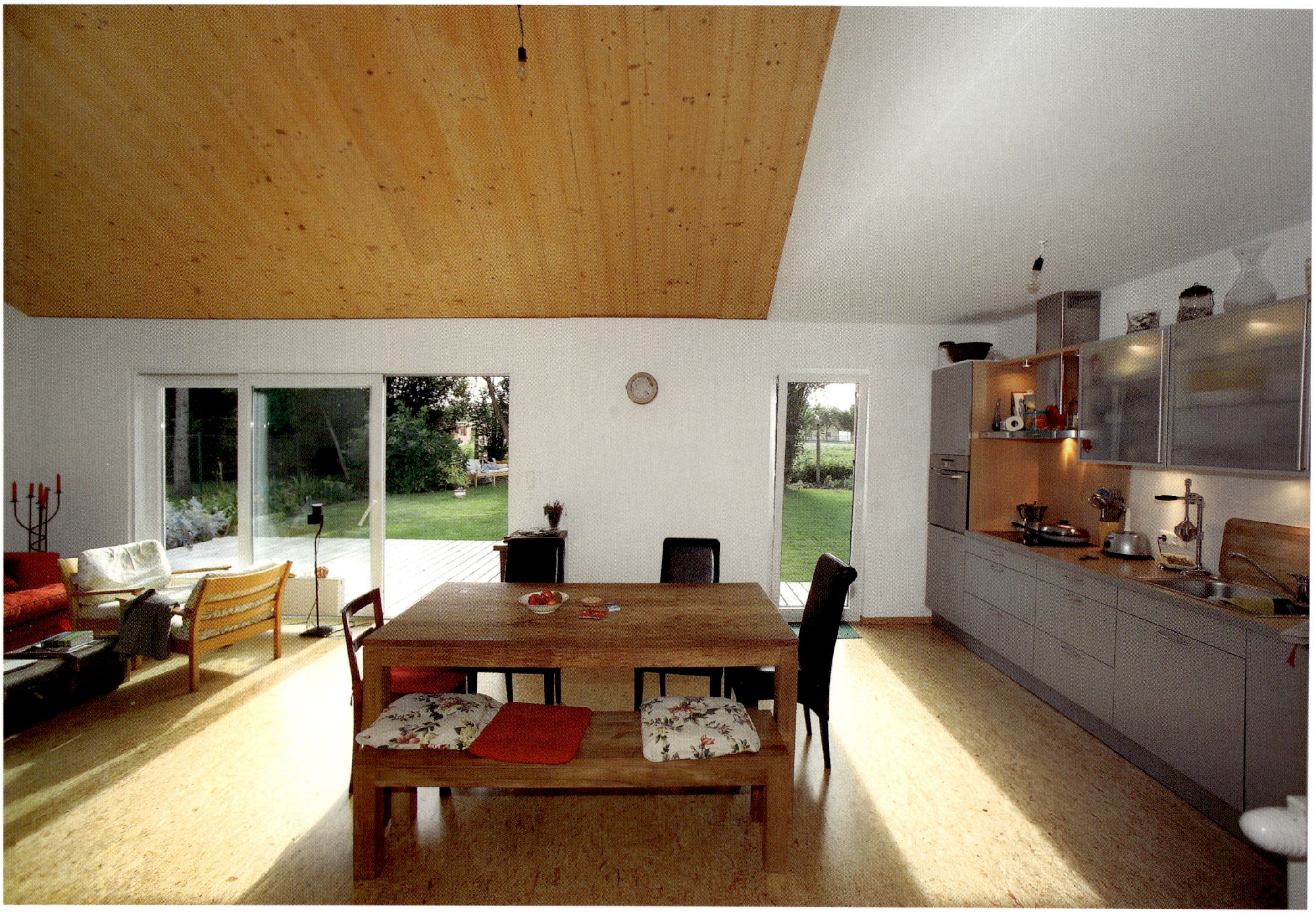

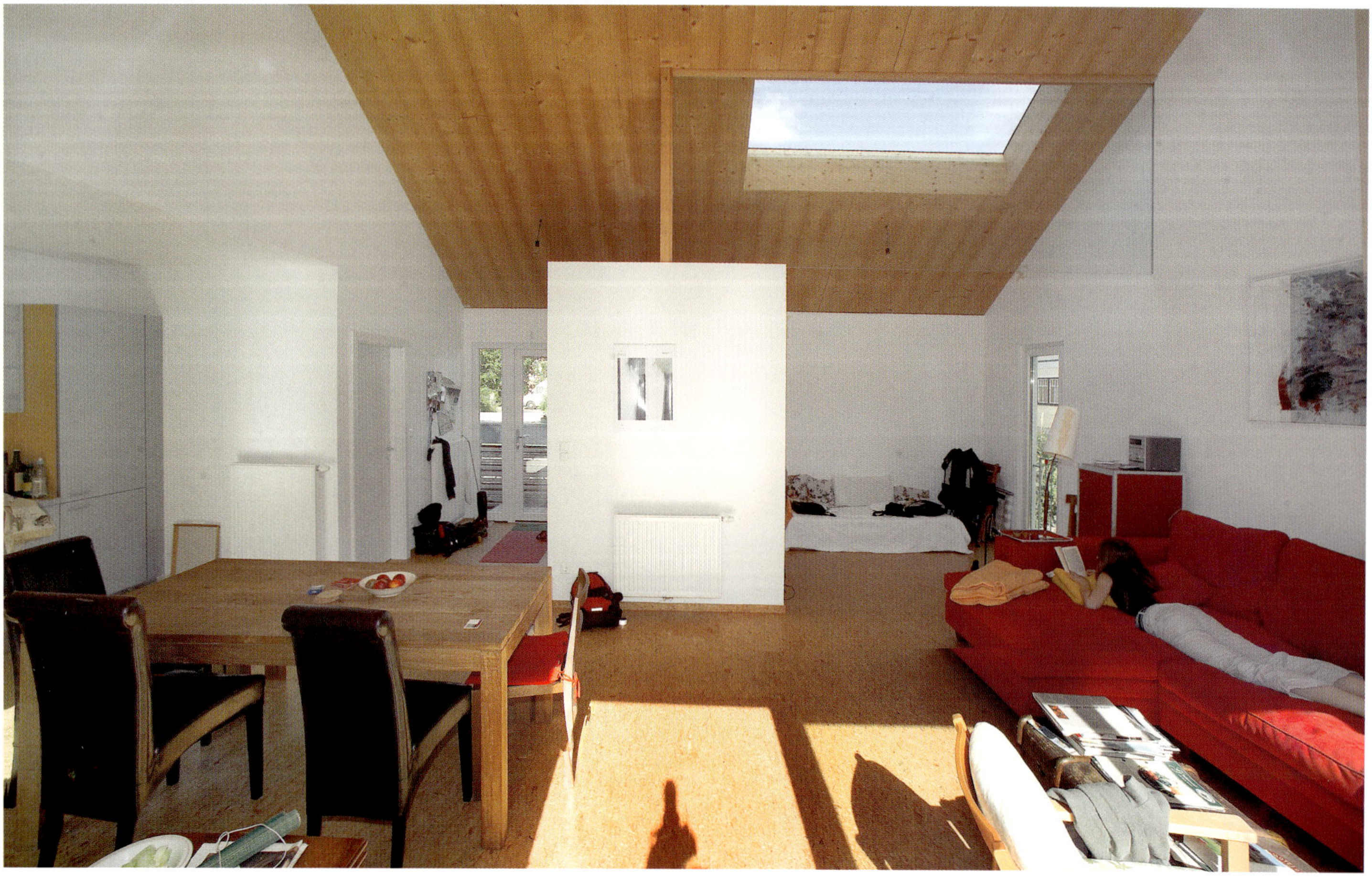

Das Gebäude bietet dem Auge ungeachtet mehrerer abgetrennter Räume insgesamt eher der Eindruck eines Lofts mit Erweiterung als den eines kostengünstigen Kleinhauses. Zudem wird hier bei allen Sparmaßnahmen eine hohe Energieeffizienz und Nachhaltigkeit – etwa in Gestalt eines zentralen Pelletsofens mit Pufferspeicher – geboten, die das Haus auch auf lange Sicht zukunftssicher macht.

WICHTIGE BAUDATEN

Standort: Katzelsdorf/Niederösterreich
Bauzeitraum: ca. 2005 (6 Wochen)
Grundstücksgröße: ca. 650 m²
Wohnnutzfläche: ca. 96 m² (zuzüglich ca. 35 m² Terrassen)
Umbauter Raum (BRI): ca. 305 m³
Heizwärmebedarf: ca. 37 kWh/m²a
Kosten senkende Faktoren: ganzheitlich Kosten sparende Planung, genaue Steuerung und Kontrolle der Bauabläufe, kompakte Gestaltung des Baukörpers und des Grundrisses, Verzicht auf überflüssige Bauteile (z.B. möglichst wenige Innenwände, möglichst wenige Elektroleitungen und -anschlüsse), Verwendung günstiger Konstruktionsweisen, Materialien und Techniken (z.B. OSB-Platten als Deckenuntersicht und Bodenbelag, Betonsteine für das Fundament, einheitliche Bauteile (z.B. identische Fensterformate), hoher Vorfertigungsgrad
Gesamtkosten brutto: ca. 118.000 Euro (ab OK Bodenplatte)

Linke Seite oben und unten: Das offene Konzept des Wohn-, Ess- und Kochbereichs erzeugt eine erstaunliche Aufenthaltsqualität. Durch die große Dachverglasung fällt weiches Licht von oben in die Räume.

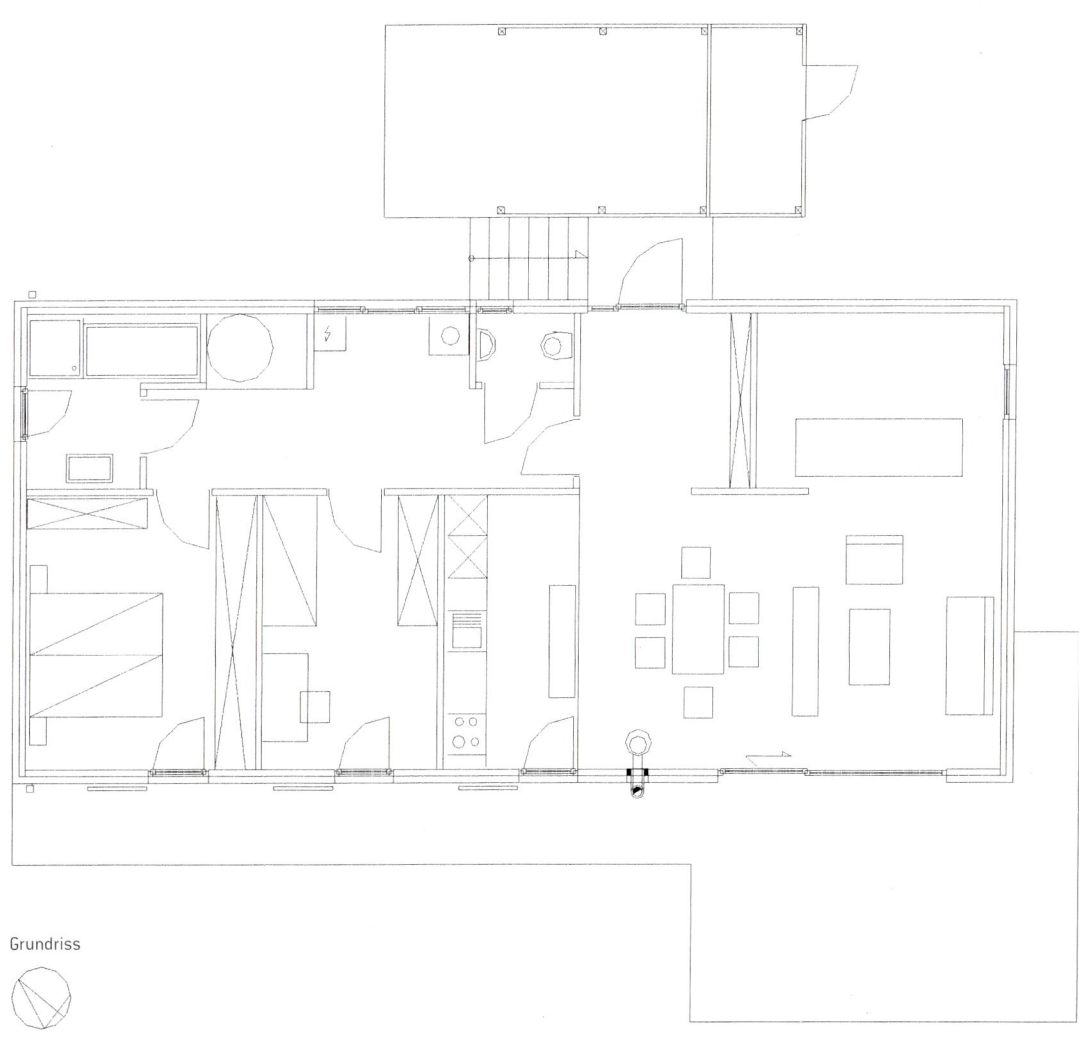

Grundriss

134

130

152

II. UMBAUTEN UND ANBAUTEN

EINE RAUM-STATION DOCKT AN

Architekten: Caramel Architekten – Architekten Katherl, Haller, Aspetsberger, Wien
Projektmitarbeiter: Clemens Kirsch

Fast schon notorisch nach höherer Architekturkunst strebend, sind Caramel Architekten mittlerweile weithin bekannt für ihre ausgefallenen Raum-Gebilde. Ein besonders ungewöhnliches Exemplar ist im Jahr 2005 im Salzburger Land mitten in idyllischer Landschaft, direkt neben einem Bilderbuch-Bauernhof niedergegangen.

Wohlfühl-Erweiterung oder eigenständiges Wohnhaus

Der Wunsch der Bauherrschaft nach einer Erweiterung des Wohnraums beinhaltete nicht nur einfach ein Mehr an nutzbarer Fläche, sondern auch eine spezifisch neue Qualität der Architektur wie auch der Innenraumgestaltung – man könnte es auch so formulieren: es war ein »Designer- und Wellnesshaus« erwünscht. Was grundsätzlich hätte leicht ins Beliebige abdriften können, wurde hier zu einer spannenden Verknüpfung zweier konträrer Architekturkonzepte: Der ab dem Obergeschoss holzverschindelte Hof mit überstehendem Satteldach, dessen baulicher Kern bis auf das Mittelalter zurückgeht, bekam ein futuristisches Pendant zur Seite gestellt. Als verbindendes Element fungiert die Treppe mit dem Holzpodest, die gleichzeitig den im Obergeschoss situierten Eingang mit dem Garten verbindet. Mit dieser getrennten Erschließung ist der Zubau ein völlig eigenständiges kompaktes Wohnhaus für Zwei.

In Tafelbauweise vorgefertigt und vorelementiert, konnte der neue Baukörper in kurzer Zeit neben seinem im wahrsten Sinn Alter Ego aufgerichtet und fertig gestellt werden. Anders als das Bauernhaus mit seiner klaren Unterscheidung in Wände und Dach zeigt sich die auf einem bestehenden Erdgeschoss aufgelagerte Erweiterung als geschlossener Körper ohne traditionelles Satteldach, mit unterschiedlich geneigten und dimensionierten Flächen, deren transparente Teile sich nach Westen wie auch nach Osten großflä-chig zur Sonne exponieren – wobei sie allerdings im einen Fall nach oben, im anderen Fall nach unten geneigt sind. Dadurch erscheint die Erweiterung nicht nur als stilisierte Welle, sondern nützt auch den Sonnenstand zu den verschiedenen Tageszeiten bestens aus. Auf dem Flachdach entstand eine vom Bestand aus zugängliche Terrasse.

Der scheinbar halb in die Luft gehängte Anbau setzt sich in der Ansicht aus zwei Körpern mit den Funktionen Wohnen/Essen/Kochen und Schlafen/Bad/WC zusammen. Dazwischen eingeschoben lässt ein komplett gläserner Kubus den Bestand durchscheinen und die Teile des Ganzen sichtbar werden. Mittels dieses transparenten Vorraums sind die Teilkörper witterungsgeschützt miteinander verbunden.

Innenraum neu erlebt

Während der Bauernhof mit seiner hohen Bauqualität eher introvertierten Charakter besitzt, stellt sich der Neubau ohne Scheu zur Schau. Dass dies keineswegs als pure Effekthascherei gedacht ist, belegt die hohe Wohnqualität im Inneren. Viel Glas weitet die beiden »Raum-Kapseln« visuell deutlich auf, die eingesparten Zwischenwände bringen nicht nur Spareffekte, sondern insbesondere eine noch großzügigere Raumwahrnehmung. Einbauten für Küche und Bad sind am Rand platziert und lassen dadurch viel Lebens- und Erlebnisraum frei. Günstiges, dabei aber sehr widerstandsfähiges Industrieparkett bildet den wohltuend hölzernen Untergrund.

Rechte Seite oben: Gesamtansicht der Erweiterung mit dem Bauernhaus in der Landschaft. Die Schlafbox wendet sich zum Tal, die erschließende Außenstiege verbindet und trennt die beiden Baukörper, sodass sie als zwei eigenständige Wohngebäude funktionieren.

Rechte Seite unten: Ansicht der Erweiterung mit der Wohnbox.

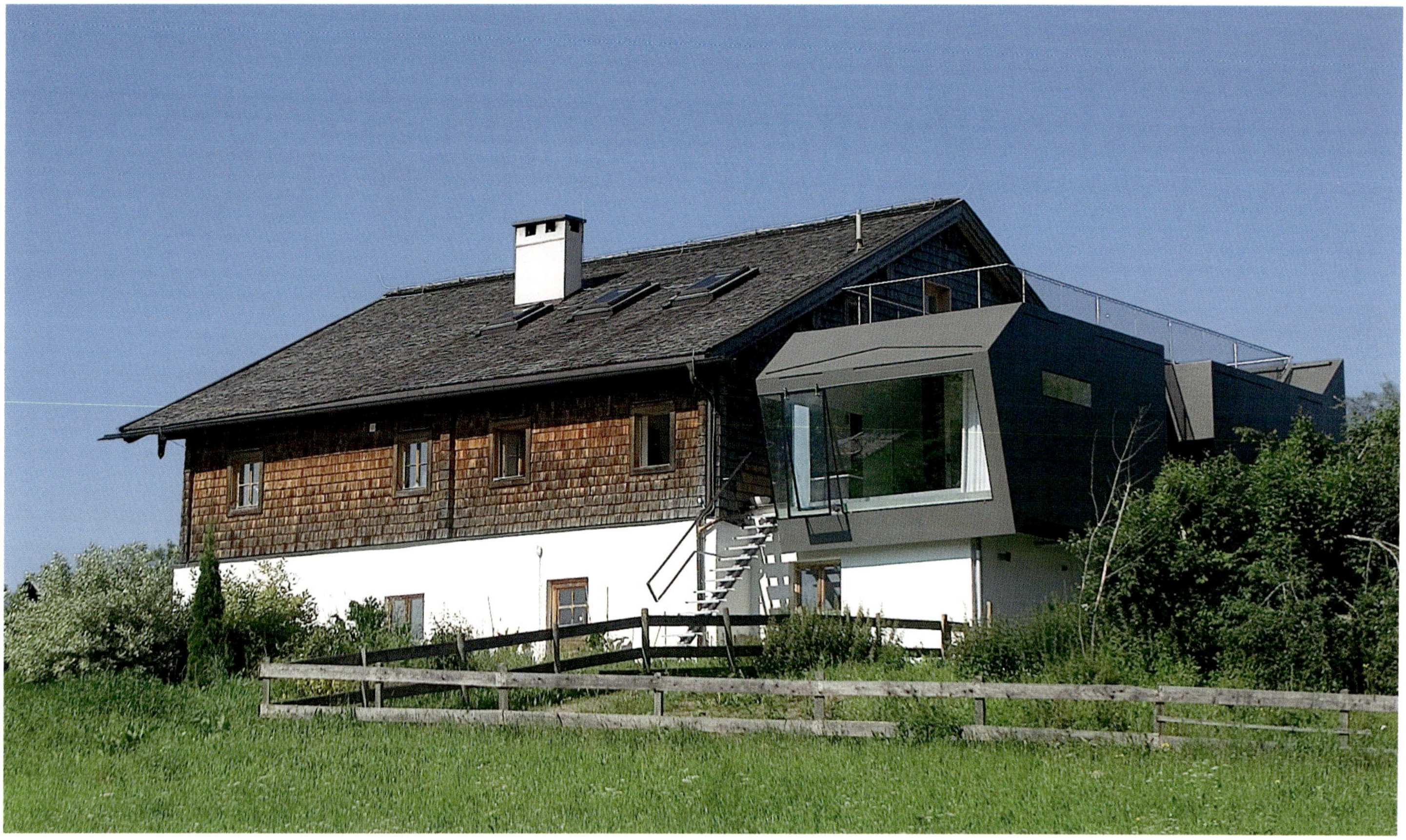

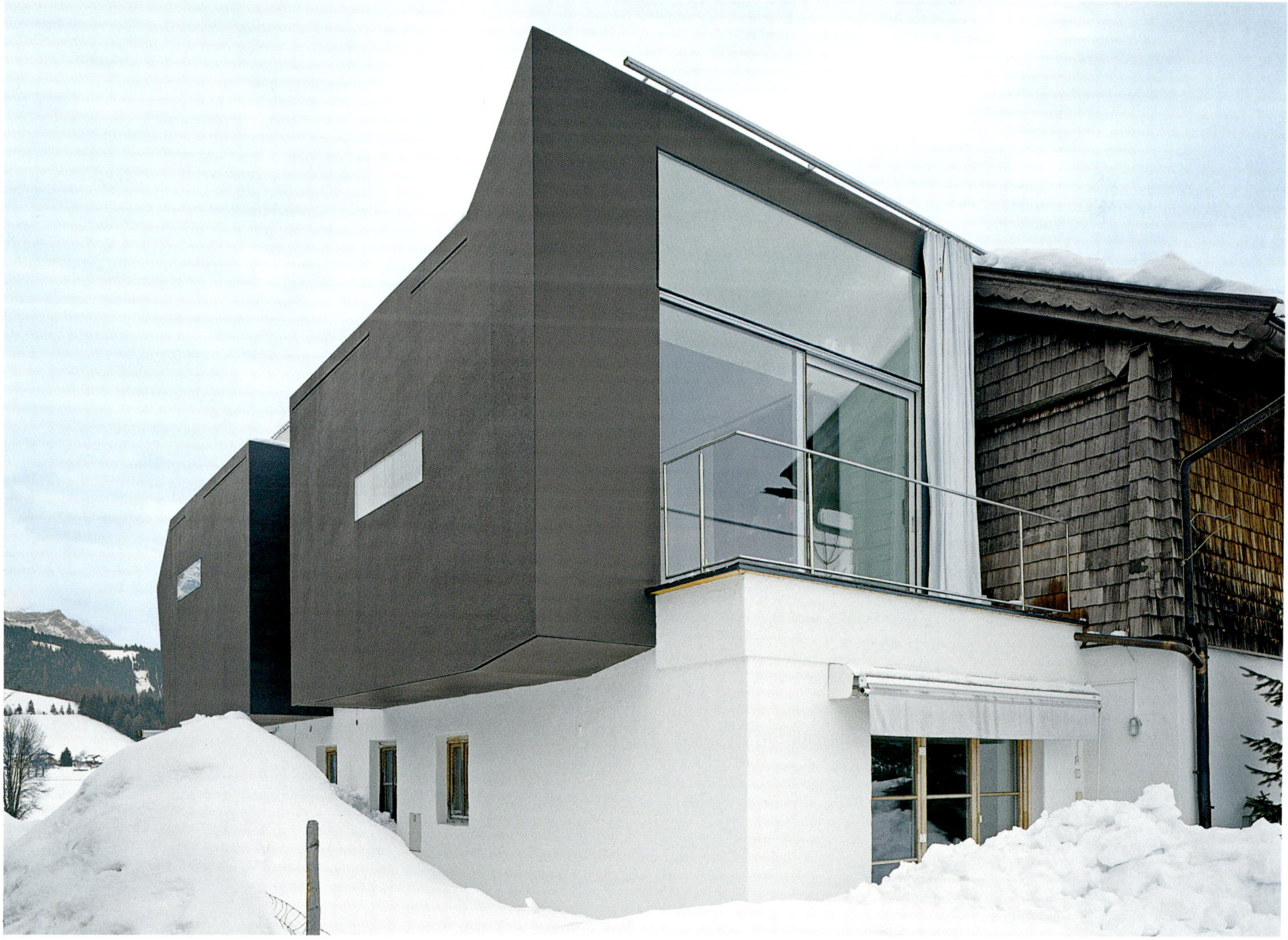

Blick durch die Schlaf- und Badbox.

Ansicht Nord

Ansicht West

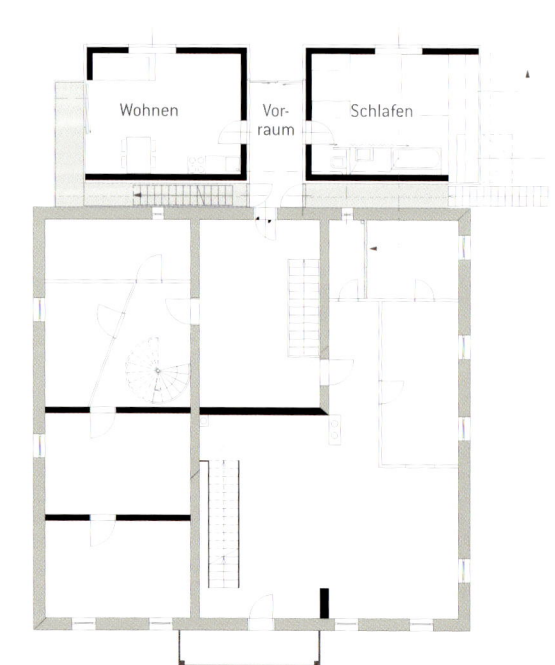

Wohnen   Vor-   Schlafen
          raum

Grundriss 1. Obergeschoss

Wenn manches Zubaukonzept die Tendenz hat, den wertigen Bestand zu überlagern, ist diese selbständige, kompakte Hauserweiterung eine dezidiert neue Architekturlösung ohne jegliche Dominanzfantasien. Alt und Neu sind gegensätzlicher kaum denkbar und harmonieren doch aufs Beste. Angesichts der Tatsache, dass für den Neubau keinerlei Eigenleistung erbracht wurde, entstand hier zudem hohe Architekturqualität zu einem sehr vernünftigen Preis.

Blick ins Bad. Große Spiegel sorgen für eine visuelle Vergrößerung der Räume.

WICHTIGE BAUDATEN

Standort: Saalfelden/Österreich
Bauzeitraum: 2004–2005 (6 Monate)
Grundstücksgröße: 700 m²
Wohnfläche: ca. 52 m² (zuzüglich ca. 50 m² Terrasse)
Umbauter Raum (BRI): ca. 130 m³
Kosten senkende Faktoren: ganzheitlich Kosten sparende Planung, sparsame Konstruktionsweise beim Tragwerk, Flachdach (mit zweilagiger Bitumenfolien-Abdichtung), eingeschossiges Konzept (weniger Erschließungsfläche, keine Treppen)
Gesamtkosten brutto (ab OK Bodenplatte, ohne Eigenleistung, ohne Außenanlagen): ca. 115.000 Euro (ab OK Erweiterung)

DETAILGENAU UND KOSTENBEWUSST

Architekt: Gerhard Fischill, Linz

Der Umbau von Altbauten – ein Mittel zum Kosten sparen? Die Antwort auf diese Frage lautet: Manchmal ja – wenn so umsichtig durchgeführt wie bei diesem Haus. 1937 von den Eltern der Bauherrin errichtet, besitzt das formal traditionell gestaltete, ganz in Holz gehaltene Haus heute ein zeitgemäß-bodenständiges Innenleben und dazu einige neue »Ausrufezeichen« an der Fassade, die den Wohnwert enorm verbessert haben.

Ein Ferienhaus als zeitgemäßer Lebensmittelpunkt

Das Haus am Pöstlingberg befindet sich seit seiner Erbauung im Familienbesitz – es wird von der Mutter der Bauherrin bewohnt und auch zeitweise als Feriensitz genutzt. Mit der beruflichen Umorientierung kam beim Ehepaar Trabert der Wunsch auf, auch den eigenen Lebensmittelpunkt hierher zu verlegen und die vorhandene Bausubstanz entsprechend anzupassen. Zusammen mit dem Architekten Gerhard Fischill entschloss man sich, das Gebäude den zeitgemäßen Erfordernissen und Wohnansprüchen anzugleichen. Hierzu zählten die parzielle Anpassung der Fassadengestalt und der Dämmung, die Neuordnung des Grundrisses und die Verbesserung der Belichtung.

Altes Farbkonzept neu interpretiert

Schon bei der Erbauung hatte man für das ansonsten unauffällige, im Äußeren mit einem Firnisanstrich versehene Holzhaus ein interessantes Farbkonzept gewählt: Blau für die Fenster, Gelb für die Klappläden und Rot für die äußere Rahmung. Bei der Erneuerung nahm Gerhard Fischill dies wieder auf, indem die neuen, nun metallverkleideten Holzschiebeläden wieder in einem intensiven Rot erstrahlen und ihr farbliches Pendant in den gelblichen, geölten Fensterrahmen finden. Die erneuerten Sohlbänke behielten ebenfalls ihr ursprüngliches Blau bei.

Spannungsvolle Modifizierung als Sparrezept

Zusammen mit der Fenstervergrößerung und dem neuen Balkon auf der dem Tal zugewandten Giebelseite ergab sich eine behutsam angepasste und mit zeitgemäßen Elementen bereicherte, aber ansonsten in ihrer Qualität bewahrte äußere Gestalt. Dies tut nicht nur dem Ergebnis gut und belässt dem Haus seine Würde, sondern spart zudem durch den Verzicht auf eine modernisierende Gesamtüberformung beträchtliche Mittel ein. Wenn ansonsten für einen Umbau je Quadratmeter oft nahezu die gleichen Bausummen angesetzt werden müssen wie für einen Neubau, bildet dieses Projekt eine wohltuende Ausnahme.

Mit dem Ausbau des Dachgeschosses war eine komplett neue Dämmung der Außenwände und des Dachbereichs sowie eine neue Dachdeckung einzubringen, um ein zeitgemäßes Wohnniveau zu erreichen.

Rechte Seite: Gesamtansicht von Osten. Das Gebäude ist in Holzblockbauweise aus nur 5 Zentimeter hohen, massiven Balken auf einem Granit-Natursteinsockel errichtet. Die neuen Führungsbalken für die Schiebeläden dienen der Neustrukturierung der Fassade.

Links : Die verglaste Wand zwischen Schlafbereich und Flur vermeidet jeden Eindruck von Enge und schafft überraschende Licht- und Blickführungen.

Links unten: Im Schlafzimmer. Links der neue Badkörper. In einer Wandnische ist ein beleuchtetes Regal untergebracht. Der raumhohe, von Wand zu Wand reichende Schrank begradigt den bisher unregelmäßigen Grundriss.

Rechte Seite oben: Die neue, rahmenlose Fixverglasung zur Talseite schafft einen unmerklichen Übergang zwischen drinnen und draußen. Die Fußbodendielen aus Lärchenholz laufen in einem Stück von Wand zu Wand. Raumhohe Türen, Wandnischen und Heizkörper »strecken« optisch den Raum. Blickfang ist der klassische Drahtgeflecht-Sessel von Harry Bertoia, den er 1951 kreierte.

Rechte Seite unten: Das Schlafzimmer ist durch Materialwahl und Ausführung, (z.B. Schattenfugen zwischen Wanddielen und Fußboden beziehungsweise Decke) von einer überzeugenden Einheitlichkeit geprägt. Das Bett ist aus Nussholz gefertigt.

Innenräume in Klarheit und Perfektion

Das im Obergeschoss gelegene große Wohn- und Schlafzimmer erhielt eine schwellenlos eingebaute, filigran profilierte Panoramaverglasung mit Drehtüre, die nicht nur mehr Helligkeit nach innen bringt, sondern auch einen unmittelbaren Zusammenhang mit der Aufenthaltsfläche auf dem großen Balkon schafft. Der Raum gewinnt einen Großteil seiner Wirkung aus der ganzheitlichen Verwendung von massiver, gebürsteter Lärche für den Innenausbau. Mit dem Nadelholz förmlich ausgeschlagen, ergibt sich eine gleichzeitig äußerst klare und wunderbar wohnliche Atmosphäre. Größtmögliche Beschränkung bei der Auswahl der Materialien sowie Exaktheit bei der Planung und Bauausführung manifestiert sich hier in einer wohltuend einheitlichen Raumwirkung. Durch den raumhohen Ausbau der Dachschrägen mit sehr tiefen Einbauschränken aus Lärchenholz können Kleider, Bettwäsche, Bücher und andere persönliche Gegenstände bequem untergebracht und den Blicken entzogen werden. So bewahrt sich der klare Raumeindruck auch auf Dauer.

Mit einer völlig transparenten Nurglasscheibe an den ebenfalls neu gestalteten Flur angebunden, bietet sich vom Schlafzimmer sogar ein Ausblick auf die am Haus vorbeiführende Pöstlingbergbahn. Am Ende des Flurs ist das komplett erneuerte Badezimmer untergebracht, das ungeachtet der Dachschrägen kein bisschen beengt wirkt, sondern ein perfektes Wellnesserlebnis in möglichst klarer Architektursprache vermittelt. Weiße Keramik, heller Naturstein, Glas und Teakholz fügen sich zu einer Einheit, die mit reichlich weichem Licht versorgt wird. Dafür sorgt ein beim Umbau eingebauter, faszinierender Lichtkamin über dem Waschtisch, der die Privatheit des Badezimmers bewahrt und doch eine der Nutzung angemessene, sehr stimmungsvolle Lichtatmosphäre erzeugt.

Wenige geplante äußere Eingriffe bei einer weitgehenden, jedoch absolut unprotzigen Erneuerung im Inneren erzielen bei diesem Umgestaltungsvorhaben enorme Wirkung. Es entstanden völlig neue Raumqualitäten, die die Bodenhaftung nicht verlieren. Gleichzeitig konnte das architektonisch sehr ambitionierte Vorhaben in einem ausgesprochen niedrigen Kostenrahmen verwirklicht werden, der in einem vergleichbaren Neubau bei gleichem Ausbaustandard niemals möglich gewesen wäre.

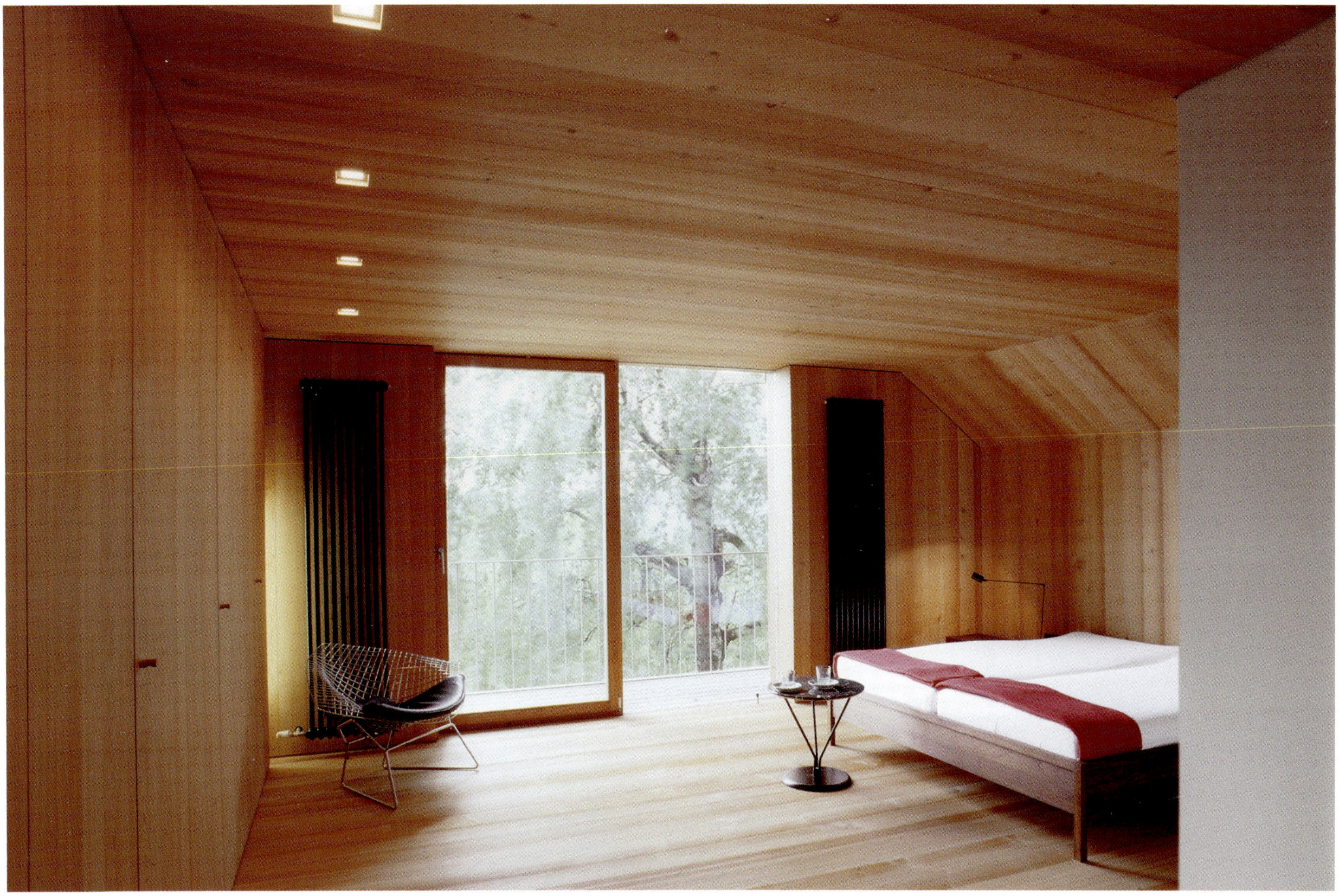

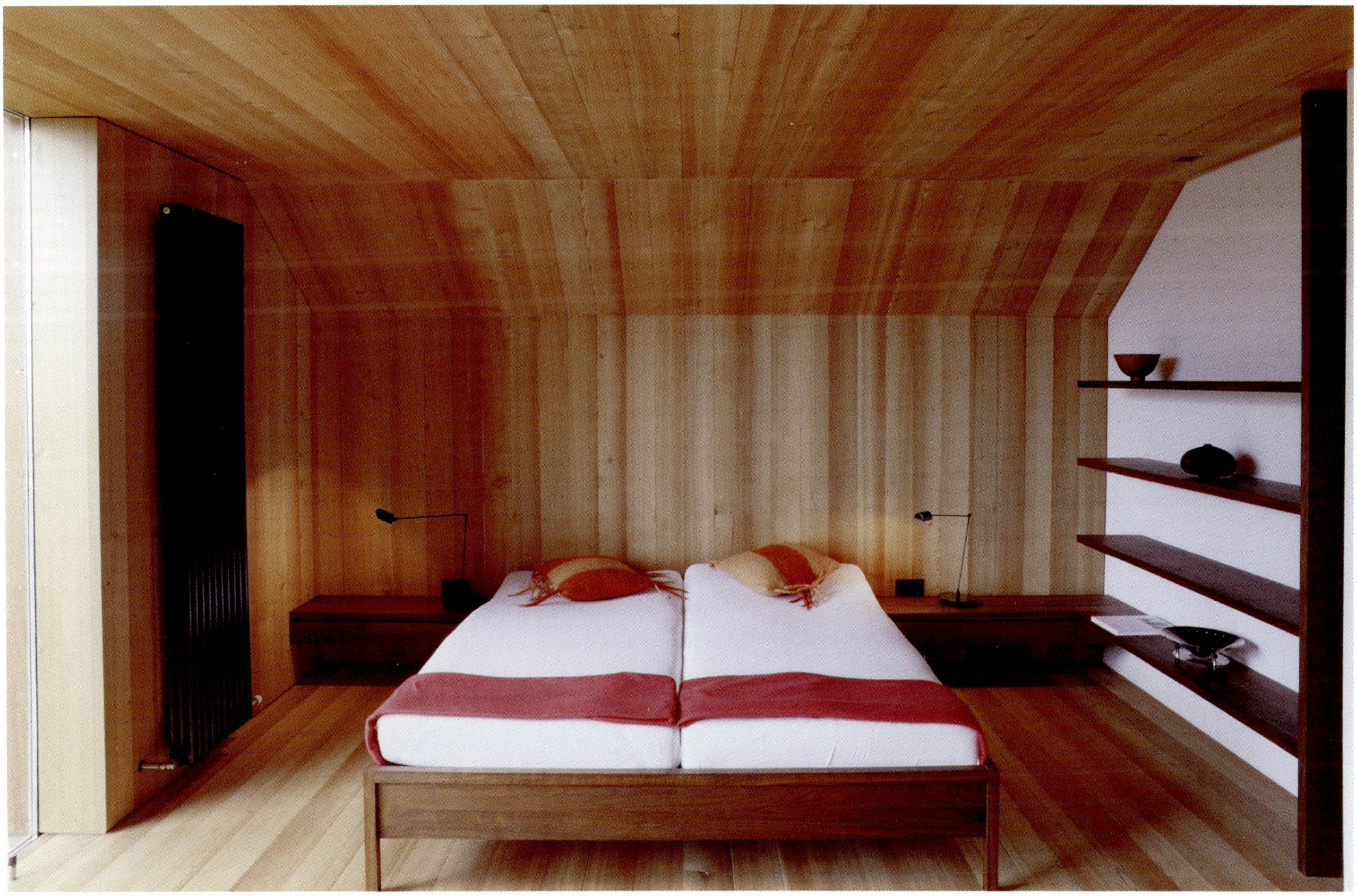

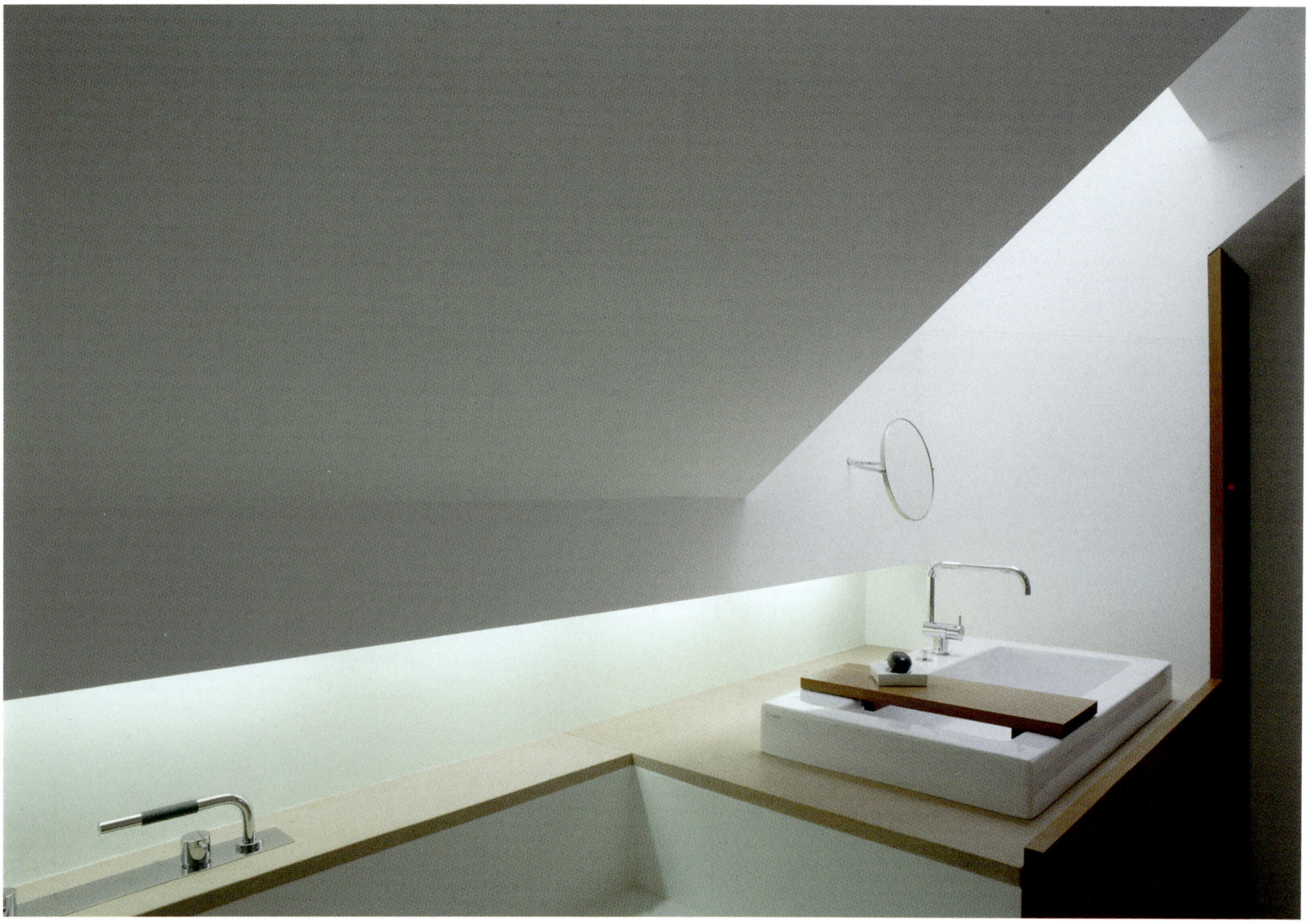

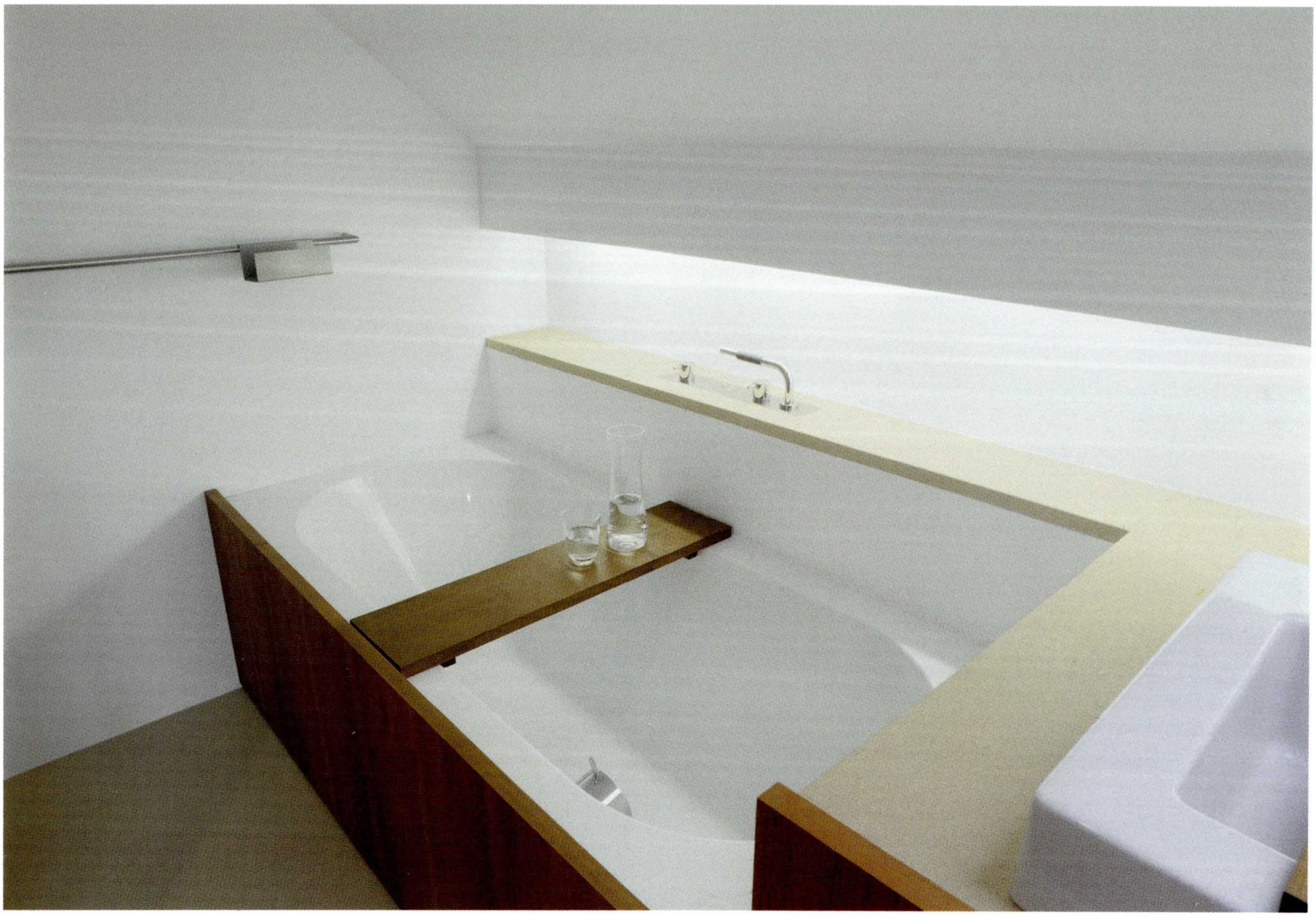

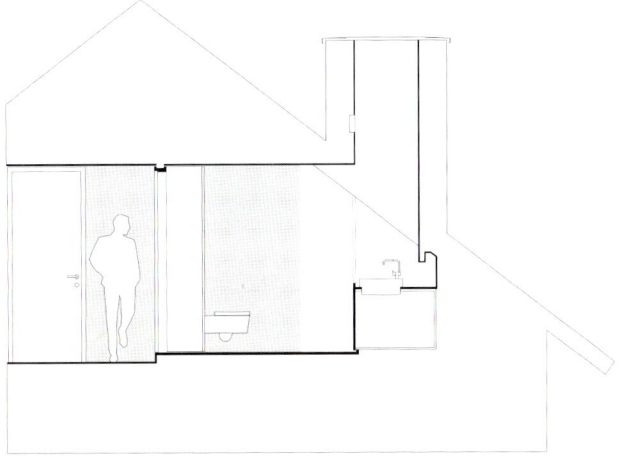

Schnitt durch Badezimmer und Lichtkamin

Linke Seite oben und unten: Das Badezimmer profitiert von der indirekten Lichtführung durch den neuen Lichtkamin über dem treppenartig von der Badewanne bis zum Apothekerschrank ansteigenden Waschtischmöbel (Waschtisch von Ceramica Flaminia, Armaturen von Vola). Boden und Waschtischebene sind aus St. Margarethener Kalksandstein gefertigt. Die indirekte Beleuchtung entlang von Badewanne und Waschtisch betont die Lineaturen.

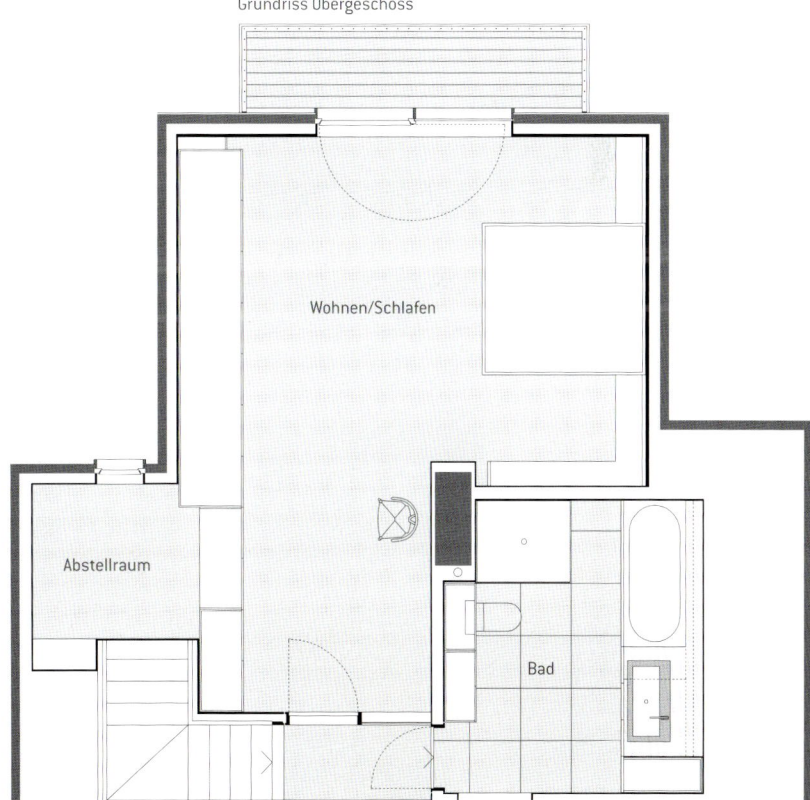

Grundriss Obergeschoss

Wohnen/Schlafen

Abstellraum

Bad

0   5 m

ANGEBAUT UND EIGENSTÄNDIG

Architekt: Ivano Iseppi, Thusis/Schweiz

Anbauten an bestehende Gebäude bergen die Chance, dem Alten etwa dezidiert Neues hinzuzufügen, damit die unterschiedlichen Entstehungszeiten nach außen deutlich sichtbar werden zu lassen und auf diese Weise eine zusätzliche Qualität zu schaffen. Ivano Iseppi und Stefan Kurath gelang dies im vorliegenden Beispiel auf vorbildhafte Weise. Die Erweiterung für die Familie Rüttimann erscheint als völlig eigenständiges, ja autonomes Gebäude mit zeitgemäßem Eigenleben.

Kubismus auf drei Geschossen

Als bauliche Fortsetzung einer Doppelhaushälfte aus den 1950er Jahren konzipiert, nützt der Anbau den verbleibenden Platz auf der Hangparzelle optimal aus. Während die Eingangsfassade bündig mit der des Altbaus abschließt, schiebt sich der neue Flachdachbau zum Tal hin deutlich vor, ohne sich plump aufzudrängen. Das Obergeschoss kragt schützend über das darunter befindliche Wohnzimmer und die Terrasse aus, das Untergeschoss wagt sich demgegenüber noch ein Stückchen weiter vor. So entstand auf drei Ebenen ein ebenso kompaktes wie spannendes Gebilde aus versetzten Quadern und Hohlräumen, dessen visueller Anspruch sich bei Erweiterungen nur äußerst selten findet – zumal bei begrenztem Volumen. Nach den geltenden Baubestimmungen und der vorgegebenen Ausnützungsziffer durfte die Wohnfläche des Bestands (112,25 Quadratmeter) im Höchstfall um 65,75 Quadratmeter erweitert werden.

Die einheitliche Materialwahl für die Fassade mit ihrer Verbretterung aus Lärchenholz und der Verzicht auf Dachüberstände betont die kubischen Formen, die durch sorgfältig gesetzte Glasscheiben strukturiert sind. Zum Tal, also zur Sonnenseite hin und auch Richtung Westen ist der Bau sehr offen gehalten, während die Eingangsseite aus Gründen des Wärmeschutzes nur wenige Verglasungen aufweist.

Während der in direktem Kontakt mit dem Erdreich stehende Keller in – gegenüber Ziegel-Massivbau deutlich günstigerem – Stahlbeton ausgeführt ist, sind die beiden oberen Geschosse in Holz-Elementbauweise aufgesetzt. Die Vorfertigung dieser Komponenten trug wesentlich zur Verkürzung der Bauzeit und somit zur Kosteneinsparung bei. Der Raum sparende Grundriss garantiert die bestmögliche Ausnützung der begrenzten Fläche. Durch den Einsatz qualitativ guter, dabei aber sehr günstig zu beziehender Materialien wie etwa Fichtenriemen als Bodenbeläge konnte die Bausumme weiter deutlich reduziert werden.

Kompakt und komplett

Das Raumprogramm des Anbaus sieht im Grunde den Lebensraum vor, der auch für ein eigenständiges, kompaktes Haus für 2 bis 3 Personen ausreichend wäre und kann schon deshalb durchaus als eigenständiger und vollwertiger Baukörper angesehen werden. Ganz unten, mit hoch transparenter Verbindung zum Garten, befindet sich ein großes Zimmer mit aktueller Nutzung als Büro inklusive eines Nebenraums, darüber ein großes Wohnzimmer mit direkt zugeordneter Terrasse und schließlich ganz oben zwei sehr schöne Kinderzimmer für die beiden Jungen. Eines davon blickt zum Berg, eines zum Tal, beide besitzen aber Verglasungen auf zwei unterschiedlichen Seiten: Südost im einen, Südwest im anderen Fall. So kann das Licht die Zimmer zu unterschiedlichen Tageszeiten erreichen und es ist zudem für eine wirkungsvolle Querlüftung gesorgt.

Rechte Seite: Die Gesamtansicht des Anbaus zeigt, dass er im Sinne einer formalen Geschlossenheit ohne Dachüberstand auskommt, durch den Einschnitt für die Terrasse aber dennoch einen großen, wettergeschützten Außenbereich besitzt. Der dahinter liegende Wohnraum wird so bei hohem Sonnenstand beschattet.

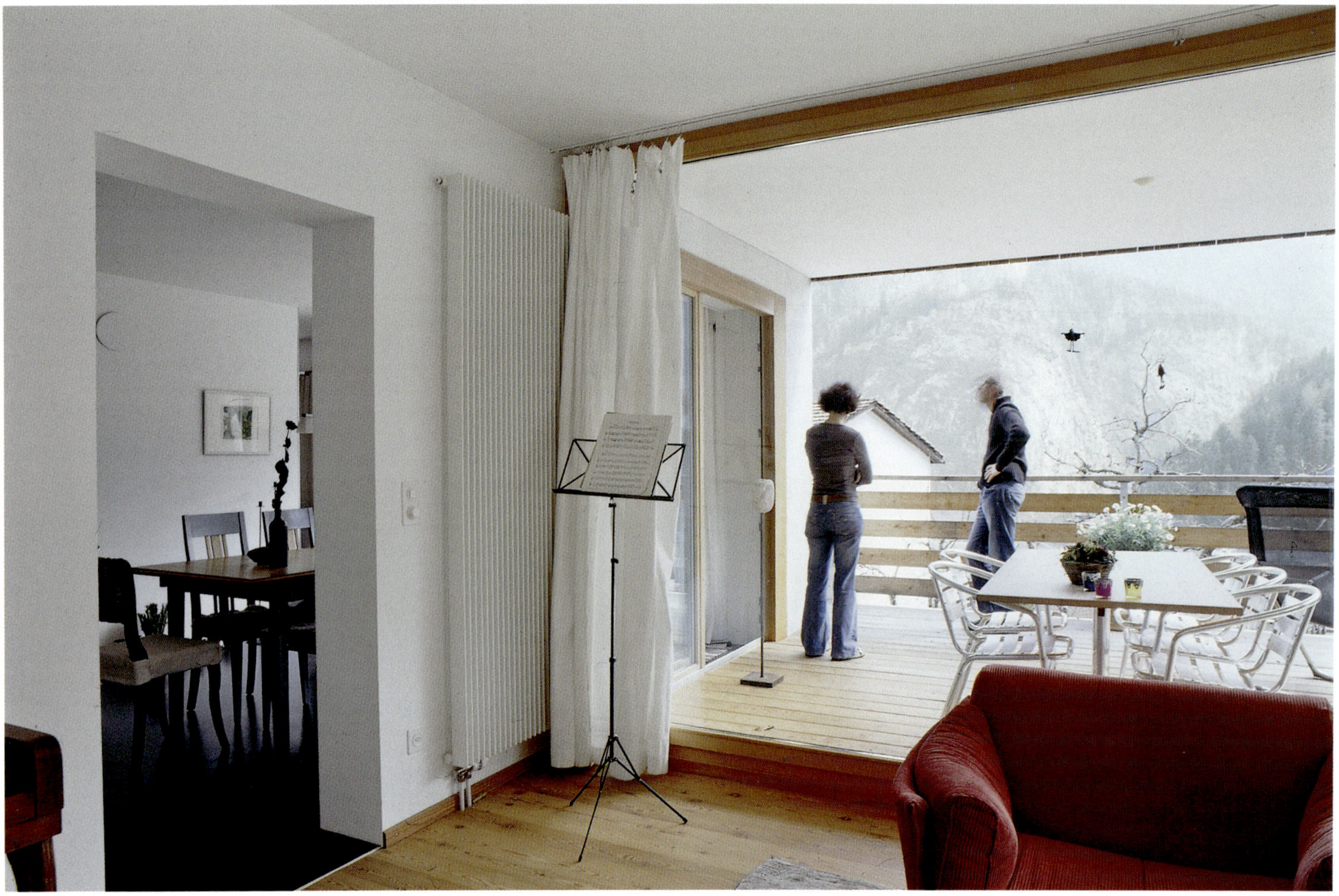

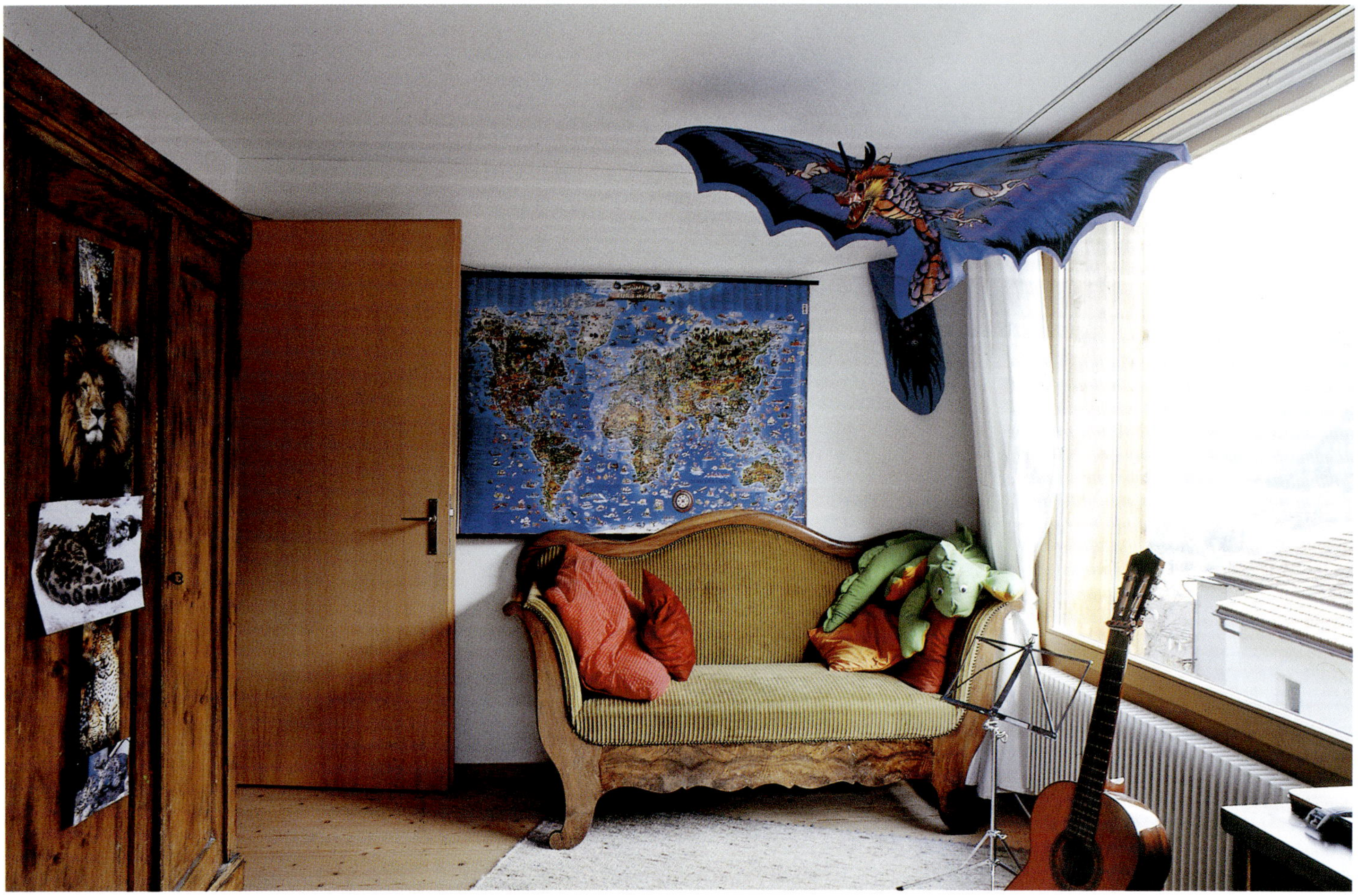

Rechts: Die geschützte, unter das Obergeschoss eingezogene Terrasse mit Durchblick zum Wohnraum (links) und zum Esszimmer.

Linke Seite oben: Blick vom Wohnraum auf die Terrasse. Links der Durchgang zum Esszimmer.

Linke Seite unten: Das südöstlich gelegene Kinderzimmer im oberen Geschoss mit Ausblick ins Dorf.

Massivholzböden in den beiden oberen Geschossen greifen die Beläge des Altbaus auf und wenden gleichzeitig in ästhetischer Hinsicht die Materialität der Fassadenhaut nach innen.
Hier liegt eine perfekte Blaupause für die spannungsvolle Kubatur kompakter Gebäude vor, die sich ungeachtet ihrer Qualität in einem für Schweizer Verhältnisse ausgesprochen bescheidenen Kostenrahmen bewegt. Die Lage am Hang mit den dadurch talseits möglichen drei Wohnebenen wird perfekt genutzt, um die verschiedenen Funktionen unterzubringen und nach Süden großartige Ausblicke und eine stimmungsvolle Belichtung zu ermöglichen.

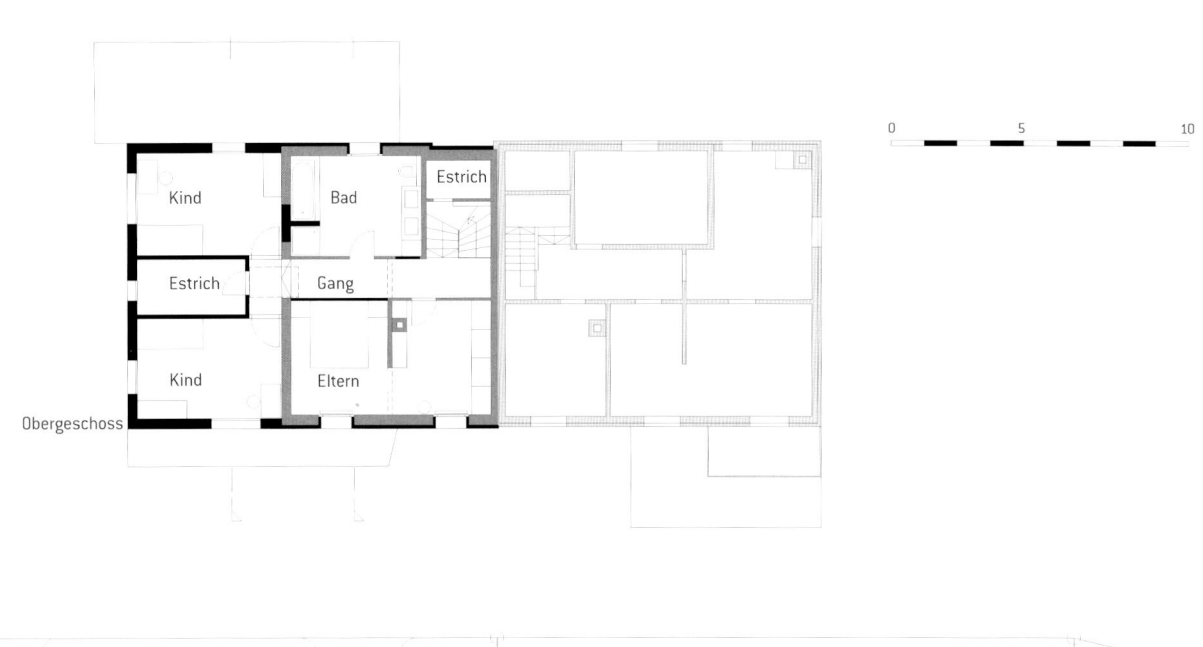

0
5
10
Kind
Bad
Estrich
Estrich
Gang
Kind
Eltern
Obergeschoss

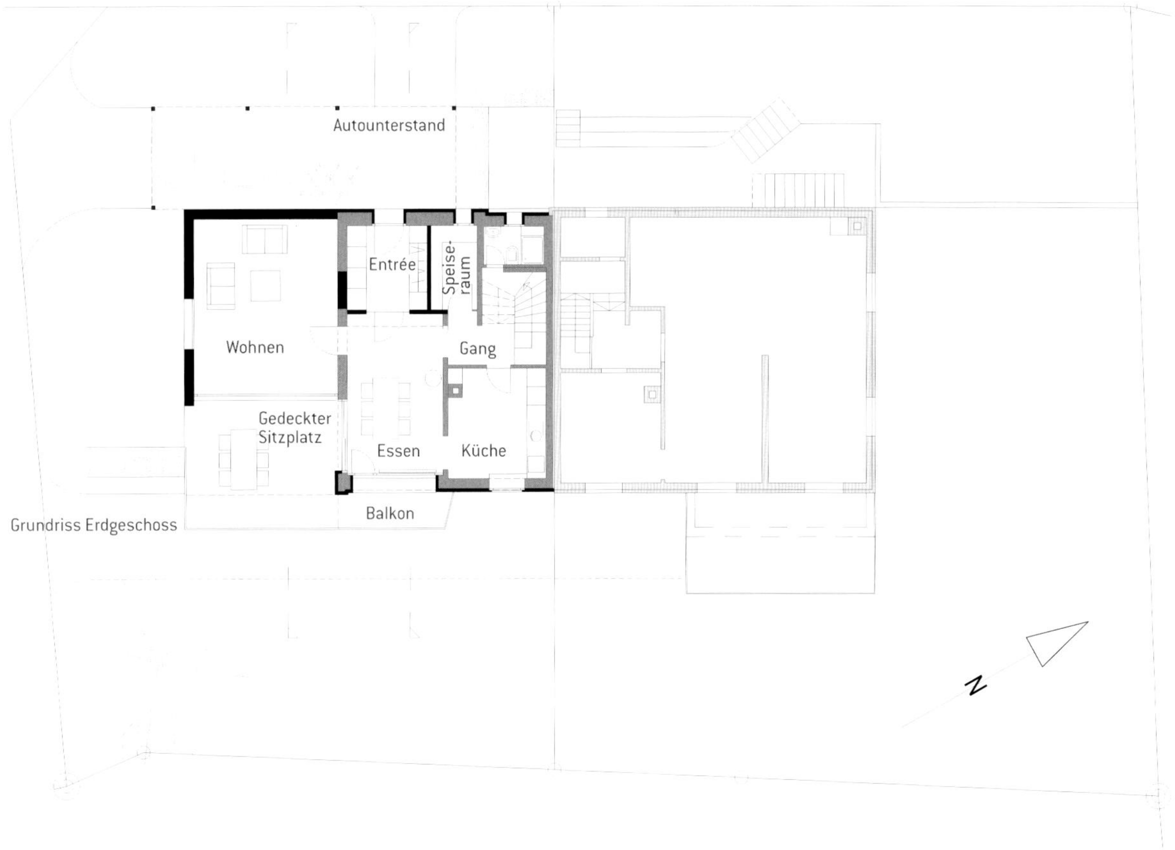

Autounterstand
Entrée
Speise-
raum
Wohnen
Gang
Gedeckter
Sitzplatz
Essen
Küche
Balkon
N
Grundriss Erdgeschoss

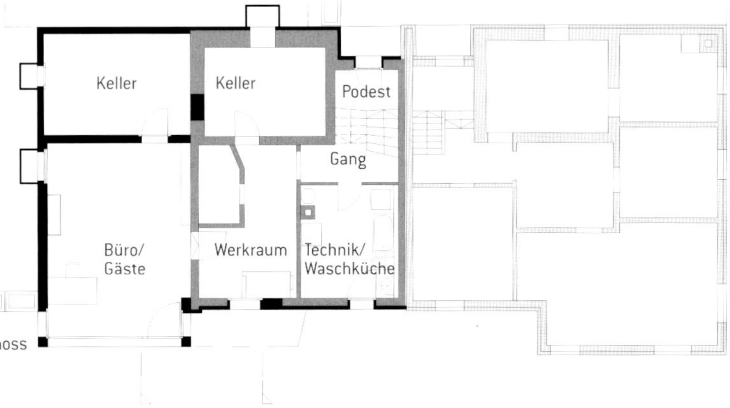

Keller
Keller
Podest
Gang
Büro/
Gäste
Werkraum
Technik/
Waschküche
Untergeschoss

 Architekt: Ivano Iseppi, Thusis/Schweiz

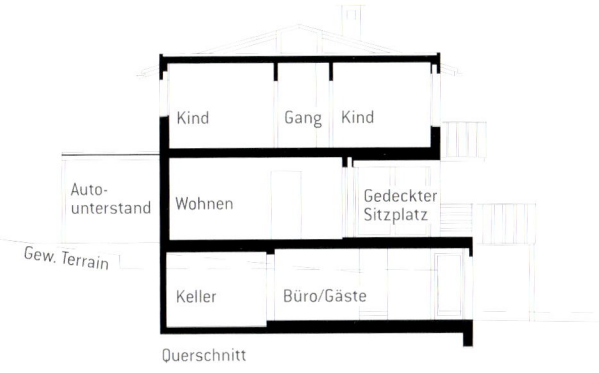

Kind Gang Kind

Auto-unterstand Wohnen Gedeckter Sitzplatz

Gew. Terrain

Keller Büro/Gäste

Querschnitt

Gew. Terrain

Südfassade

WICHTIGE BAUDATEN

Standort: Kanton Graubünden/Schweiz
Bauzeitraum: 2005 (5 Monate)
Grundstücksgröße: ca. 356 m²
Wohnfläche Anbau: ca. 66 m² (zuzüglich ca. 15 m² Terrasse)
Umbauter Raum (BRI): ca. 454 m³
Kosten senkende Faktoren: ganzheitlich Kosten sparende Planung, genaue Steuerung und Kontrolle der Bauabläufe, kompakte Gestaltung des Baukörpers, Verzicht auf überflüssige Bauteile (z.B. wenige Innenwände, möglichst wenige Elektroleitungen und -anschlüsse), Verwendung günstiger Konstruktionsweisen, Materialien und Techniken (z.B. Flachdach mit Bitumenbahnabdichtung, Eigenleistungsanteil (ca. 4% der Handwerkerleistungen)
Gesamtkosten brutto: ca. 124.000 Euro

Ansicht der Südfassade von der Zufahrtsstraße mit Autounterstand.

NEUES GESAMTWERK FÜR WENIG GELD

Architekten: Koeb und Pollak, Wien

Wenn so gut geplant wie in diesem Fall, können Erweiterungen zusammen mit Bestandssanierungen ein komplett anderes, großzügiges Wohnerlebnis erzeugen. Nicht nur, dass man sich die Abrisskosten und die entsprechenden Kosten für die Neuerstellung erspart, es können durch den erweiternden Erhalt sogar aus kleinen, unscheinbaren Häuschen sehr interessante Raumgebilde zu geringen Kosten entstehen. Das Grazer Architektenpaar Sabine Pollak und Roland Koeb wandte dieses Prinzip bei einem Haus aus den 1930er Jahren vorbildhaft an.

Raumdurchdringungen, Oberflächen und Zitate

Das von einer Familie mit Kind bewohnte kleine Haus in einem Stadtteil von Graz war auf einer Grundfläche von lediglich 50 Quadratmetern errichtet worden und besaß ein entsprechend beschränktes Raumangebot – von Wohnerlebnis war gar nicht zu reden. Das Grundstück – ursprünglich auch für die Selbstversorgungswirtschaft mit selbst angebautem Obst, Gemüse und Kleinvieh konzipiert – bot andererseits genügend Platz, um darauf eine bauliche Erweiterung unterzubringen. So entschied man sich für den Vorschlag der Architekten, das Häuschen traufseitig durch einen zweigeschossigen Anbau zu vergrößern und dadurch das Raumvolumen wie auch die erlebte Raumqualität deutlich zu verbessern. Die dazu vorgenommenen Durchbrüche schaffen bei vergleichsweise geringem Volumen der Erweiterung viel voll nutzbaren Raum, da im Obergeschoss nun keine Dachschrägen mehr im Wege stehen. Auch im Bestand öffnete man den Durchgang zwischen Wohnen und Essen, und die zuvor äußerst steile Treppe wurde erneuert.
Formal mit dem Flachdach und der Fassadenstruktur deutlich zeitgemäß, schiebt sich das Neue in das Alte, ohne sich plump

aufzudrängen. Bei aller Unterschiedlichkeit erzeugen farbliche und materielle Parallelen ein einheitliches Erscheinungsbild. So findet sich das Grau der Faserzementschindeln, mit denen das Dach wie auch die umstehenden Gebäude gedeckt sind, als Platten an der Fassade des neuen Obergeschosses wieder. Große verglaste Partien und Schieferplatten für die erdgeschossigen Bereiche konstituieren eine davon klar abgesetzte Formensprache, die das sehr geschlossen konzipierte Obergeschoss mit dem Arbeitszimmer einerseits erdet, andererseits leichter erscheinen lässt. Die hohe Transparenz im Bereich des Gartenzugangs wirkt nicht nur sehr einladend, sondern hilft auch, von Süden Licht in den Wohnraum des Altbaus und ins Treppenhaus zu holen.

Mehr Qualität durch Freiräume

Trotz allen Zugewinns an Wohnfläche und räumlicher Qualität galt es, den nutzbaren Aufenthaltsraum weiter zu vergrößern. Die Architekten dockten dazu im Erdgeschoss eine Gitterrostterrasse an, die den Ess- und Kochbereich nach draußen fortsetzt. Im Obergeschoss verbindet nun ein ebenfalls in leichter Stahlkonstruktion mit Gitterrosten errichteter Balkon das Zimmer der Tochter und den neu entstandenen Raum. Darunter konnte man für die Bauherrschaft ein großzügiges Entree mit Garderobe schaffen, das nun von Osten betreten wird.

Erweiterung + Renovierung = kostengünstig Bauen

Die obige Gleichung gilt keineswegs immer, kann aber wie in diesem Beispiel eine Chance zum Kostensparen am Bau sein, wenn der bauliche Bestand sanierungsbedürftig, aber im Kern intakt ist, somit keinen überdurchschnittlichen Aufwand braucht und wenn

Rechte Seite: Nach Umbau und Erweiterung öffnet sich das Haus zum Garten. Kleinteilige schwarze Schieferplatten im Garderobenbereich kontrastieren mit großen Formaten im Obergeschoss.

Links: Blick vom Obergeschoss in den Eingangsbereich. Der Kleinteiligkeit des Hauses werden reduzierte Materialien im Inneren entgegengesetzt – weiße Wände und Lärchenparkett.

Rechte Seite: Das liegende Fenster bietet lediglich den erwünschten Ausblick auf die Nachbarschaft, ergänzt durch eine seitliche Öffnung zum Gitterroststeg.

gleichzeitig die Erweiterung mit hoher Kostendisziplin geplant wird. Die Verwendung günstiger Bauteile und Materialien wie etwa dem mit Bitumenbahnen abgedichteten Flachdach, Faserzementplatten und Industrieparkett waren dabei wichtige Komponenten. Industriell gefertigte Produkte wie Gitterroste als Bodenbeläge für Terrasse und Balkon, Lochbleche für Brüstungen und Stahlseile als Brüstungsfüllungen sind zum einen günstig und erfordern zum anderen einen vergleichsweise geringen Zeitaufwand bei der Montage.

Aus einem Kleinhaus entstand durch geschickte Erweiterung ein Haus, das von seinem Raumempfinden, seiner Belichtung und seinem Komfort auf dem Stand der Zeit ist. Dies gilt ebenso für die geradlinige Architektur, die es versteht, die Charakteristika von Alt und Neu zu verbinden und doch beiden Teilen ihren Eigenwert zu geben. Das verfolgte Ziel, gute Architektur für wenig Geld zu schaffen, ist unter anderem durch das optimale Verhältnis von neu erstellten Außenwandflächen zum entstandenen Raumvolumen und durch den planvollen Einsatz günstiger, Zeit sparender Produkte erreicht worden.

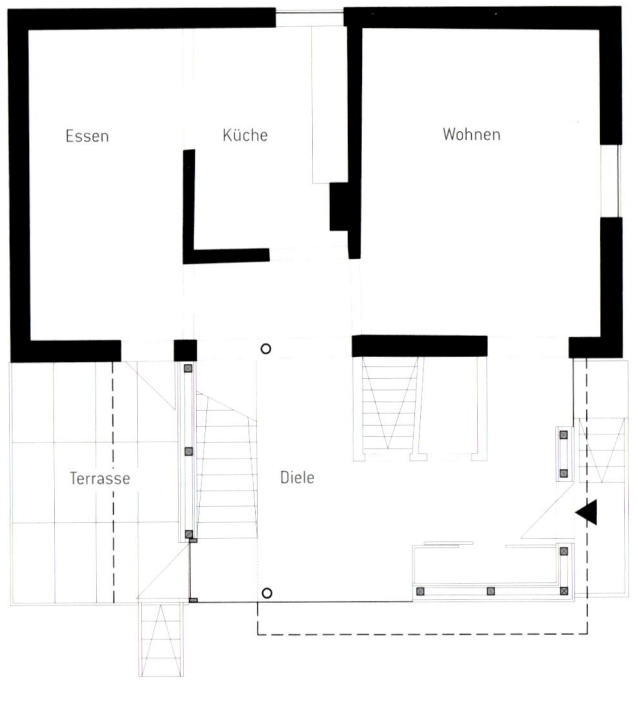

Essen Küche Wohnen

Terrasse Diele

Grundriss Erdgeschoss

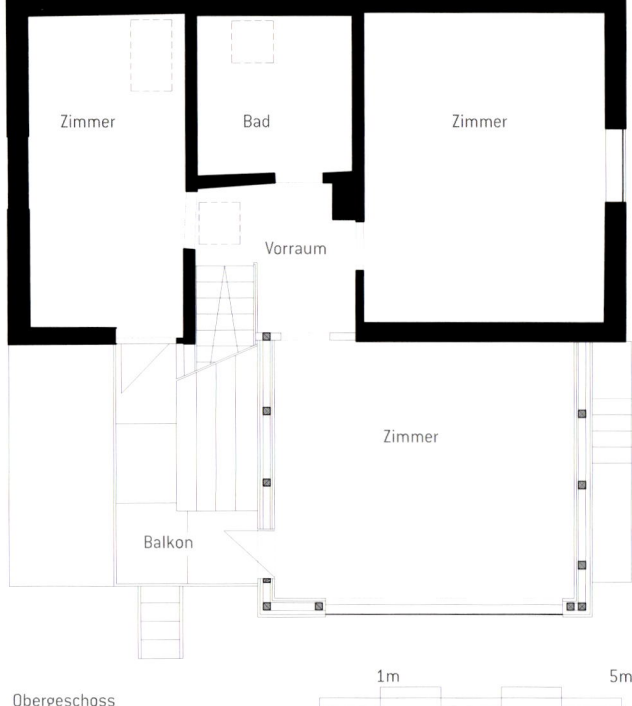

Zimmer Bad Zimmer

Vorraum

Zimmer

Balkon

Obergeschoss

1m   5m

WICHTIGE BAUDATEN

Standort: Graz/Österreich

Bau- und Renovierungszeitraum: 7 Monate

Grundstücksgröße: ca. 395 m²

Wohnfläche Neubau: ca. 50 m² (zuzüglich ca. 17 m² Terrasse)

Wohnfläche nach Renovierung und Umbau gesamt: ca. 148 m²
(zuzüglich ca. 17 m² Terrasse)

Umbauter Raum Neubau (BRI): ca. 144 m³

Kosten senkende Faktoren: ganzheitlich Kosten sparende Planung,
genaue Steuerung und Kontrolle der Bauabläufe, kompakte Gestaltung des Baukörpers, Verzicht auf überflüssige Bauteile (z.B.
wenige Innenwände), Verwendung günstiger Konstruktionsweisen,
Materialien und Techniken (z.B. Flachdach mit Bitumenbahnabdichtung, Faserzementplatten, Industrieparkett als Bodenbeläge)

Gesamtkosten brutto: ca. 86.500 Euro

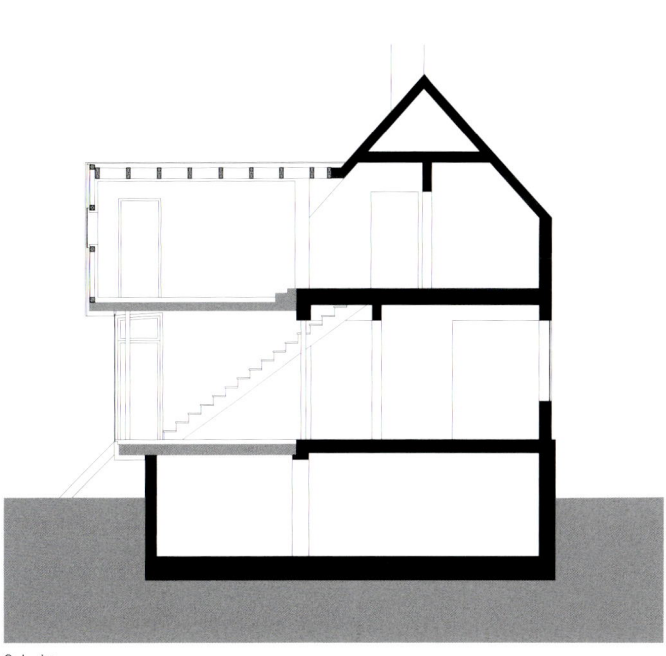

Schnitt

Oben: Filigrane und zugleich kostengünstige Gitterroststege
ermöglichen die Ausnutzung des Bereichs zwischen Baulinie
und Nachbargrenze.

Linke Seite: Das Gebäude nutzt die bebaubare Fläche bestmöglich aus. Die eingesetzten Materialien spiegeln gleichsam die
der umgebenden Häuser.

MEHR PLATZ IM HAUS FÜR WENIG GELD

Architekt: Bernhard Nickel, Olching

Als die Familie Krafcyk mit ihren beiden Töchtern 2004 das kleine Haus in einer Gemeinde bei München erwarb, gaben dafür insbesondere der eingewachsene Garten und die gute Lage den Ausschlag. Mit der Zeit erwies sich aber das 1938 ursprünglich nur als Austragshäuschen errichtete Gebäude für eine vierköpfige Familie als deutlich zu eng. Damit die Mädchen unter dem Dach jeweils ein eigenes Zimmer bekommen konnten und um das Erdgeschoss insgesamt großzügiger zu gestalten, reifte nach einiger Überlegung und Beratungen mit Architekt Bernhard Nickel der Entschluss, eine gartenseitige Erweiterung anzufügen.

Ausblick, Helligkeit und Wohngefühl

Eingeschossig und mit Flachdach ausgeführt, konnte der neue Anbau ohne Probleme an den Bestand angeschlossen werden. Niveaugleich mit dem Altbau, befindet sich auch die auf der ehemaligen Terrasse errichtete Erweiterung etwa 40 Zentimeter über Terrain, was einen besonders schönen Ausblick in den Garten und auf die alten Obstbäume erlaubt.
Neben drei Fenstertüren auf der Südseite und einem Fensterband nach Osten sorgen zusätzlich zwei neu eingebaute, gebrauchte Marken-Dachflächenfenster für eine wunderbare Helligkeit im Anbau. Dies funktioniert so gut, dass vom jetzigen Wohn- und Esszimmer aus auch das Elternschlafzimmer und die Küche mit belichtet werden können.

Qualitativ hochwertig erweitern – und sparen

Die planerische Tätigkeit des Architekten ging insofern über das normale Maß für eine solche Bauaufgabe hinaus, als er eine vollständige Werkstattplanung für die Zimmererarbeiten erstellte. Architekt und Bauherren investierten viel Zeit sowohl in die Steuerung und Kontrolle der Bauabläufe als auch in die Suche nach günstigen, aber funktional einwandfreien Bauprodukten. Die Verwendung gebrauchter, völlig intakter Dachflächenfenster in Wiederverwendung und die Anpassung an die Dachform mittels Aufkeilrahmen sparte allein überschlagsweise etwa 2000 Euro an Kosten ein.
Nicht zuletzt investierten jedoch die Bauherren sowie deren Verwandte und Freunde reichlich Zeit und Mühe in die Errichtung des Anbaus. Der hohe Eigenleistungsanteil wurde aufgrund ihrer fachlichen Kompetenz und auch der vom Architekten darauf abgestimmten Holzständerbauweise möglich. Die Zwischenräume der Ständer und Sparren sind aber nicht etwa mit Billigprodukten, sondern mit einer ökologischen und hoch effizienten Einblasdämmung aus Zellulose versehen. Der Fassadenschirm besteht aus gehobelter und lasierter Lärche, die die natürliche Farbe des Holzes bewahrt. Fenster und Fenstertüren wurden sogar aus lasiertem Teakholz gefertigt.
An diesen Beispielen ist sehr gut zu sehen, dass hier durchaus nicht mit ästhetisch unbefriedigenden Billigprodukten gearbeitet wurde – das heißt letztlich, dass dieser Anbau bei Einsatz günstigerer Produkte und Materialien sogar noch zusätzliches Einsparpotenzial geboten hätte und in ähnlicher Form und Größe durchaus auch von handwerklich weniger versierten Bauherren zu sehr günstigen Kosten hätte verwirklicht werden können.
Die kleine Lösung in Gestalt der Erweiterung erwies sich nicht nur als weit kostengünstiger als Abriss und Neubau, sondern war sogar für einen kleinen Teil des ansonsten üblichen Preises zu realisieren. Das hierdurch gewonnene Plus an Wohnatmosphäre stellt zudem die manches teuren Einfamilienhauses in den Schatten. Insgesamt ein Optimum an Qualität für ein Minimum an Kosten!

Rechte Seite oben und unten: Der preisgünstige Anbau erweitert den Wohnraum nach Süden in den Garten hinein. Die waagerechte Lärchenholzverschalung sorgt für spannende Licht- und Schattenspiele.

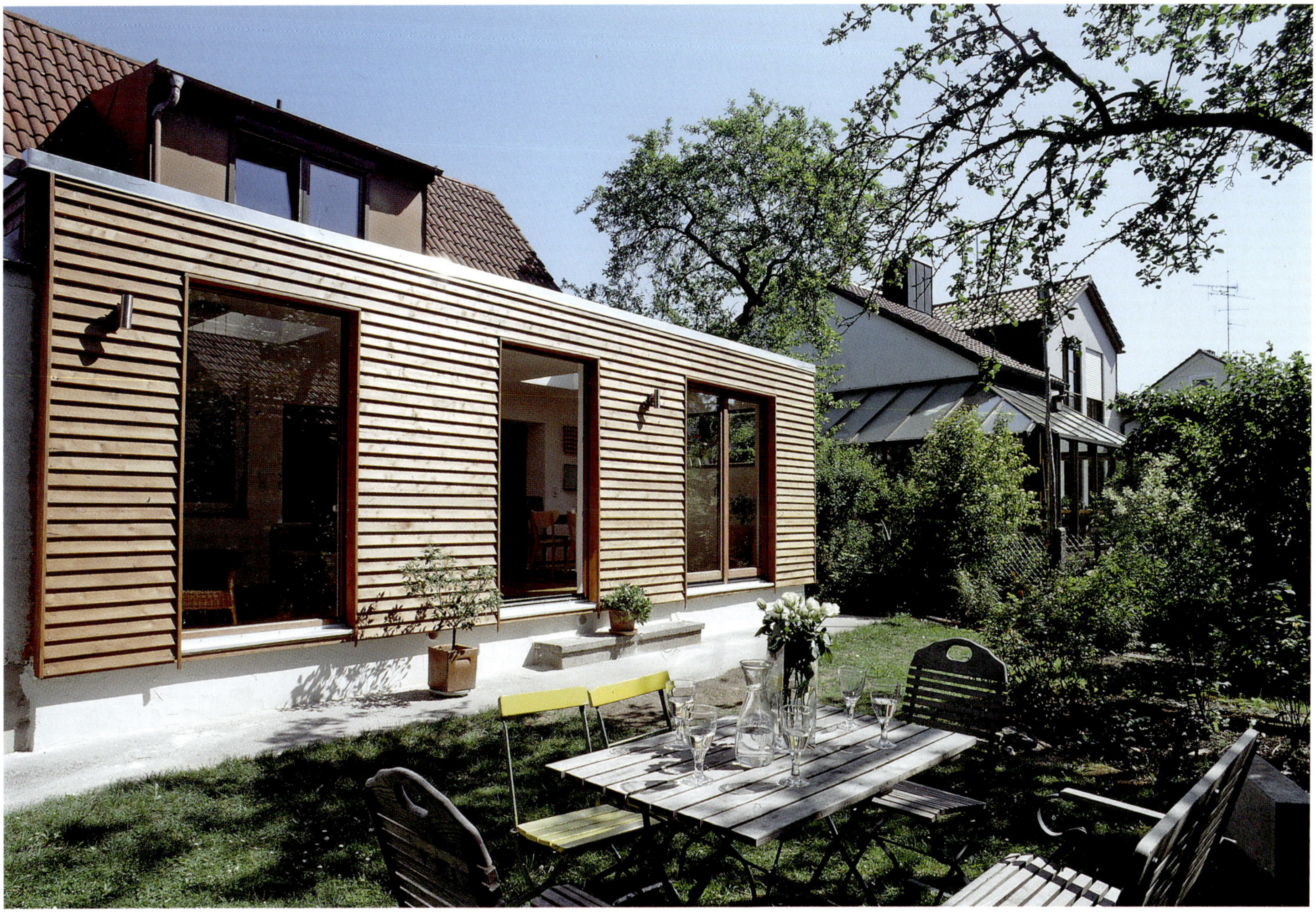

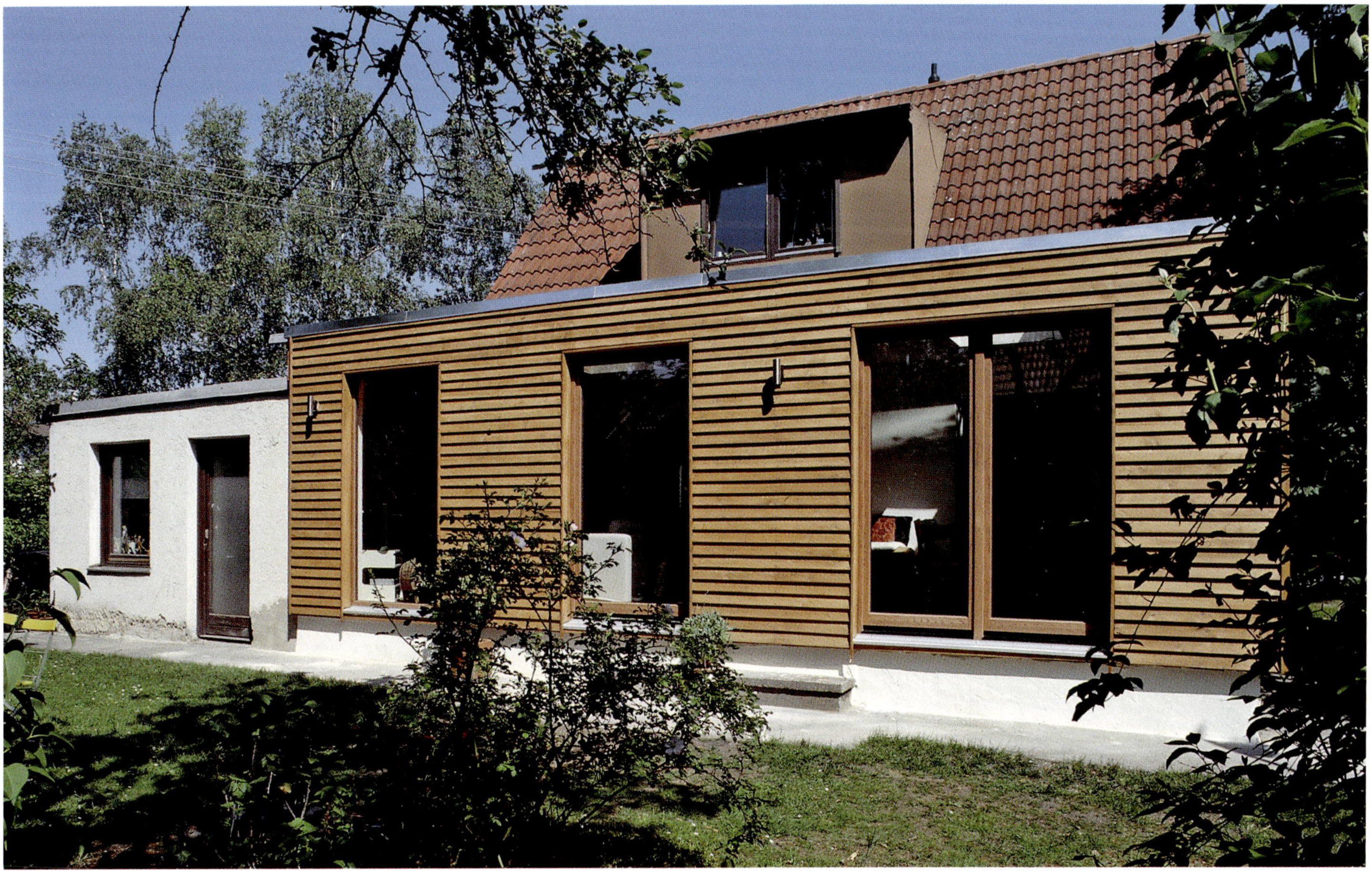

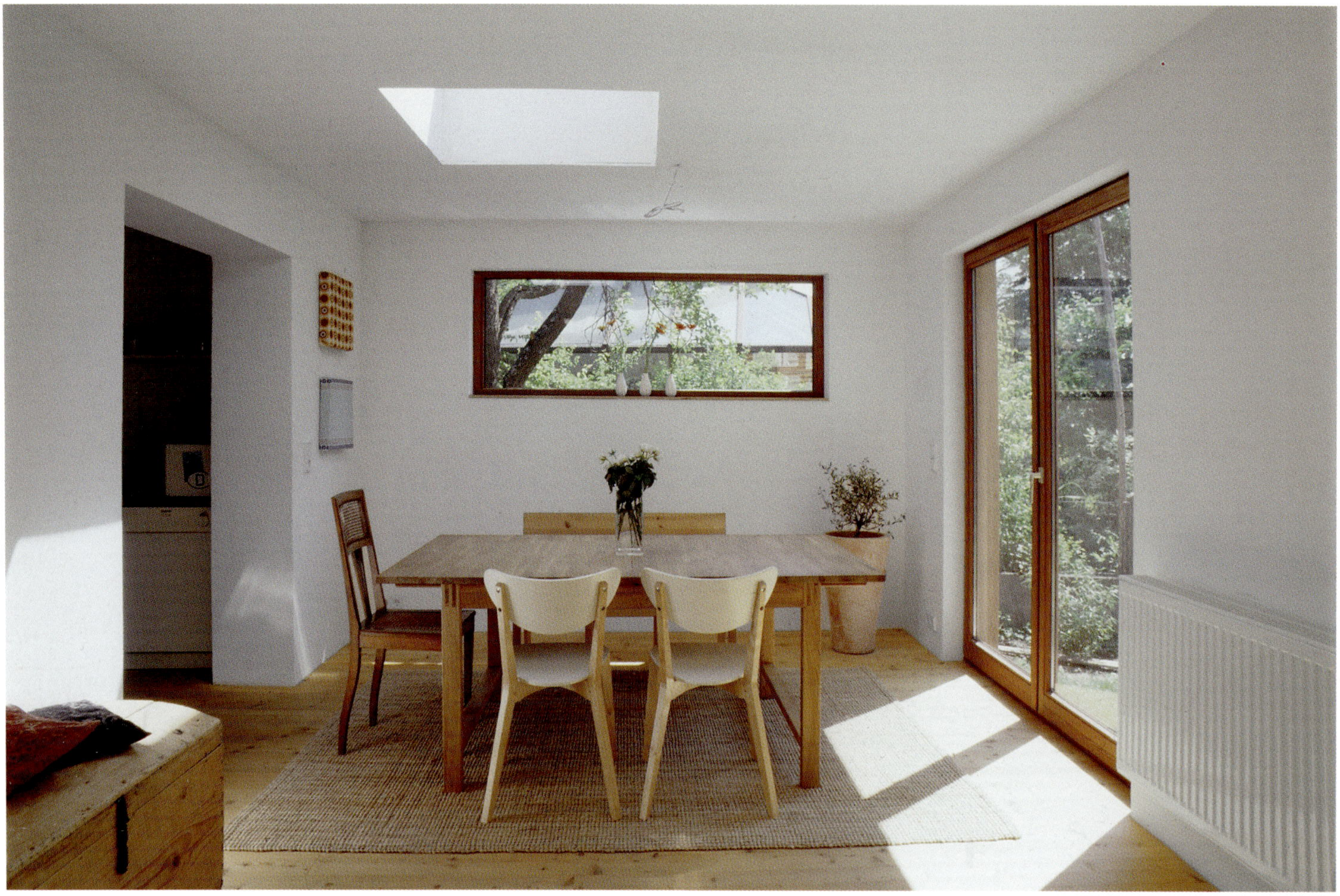

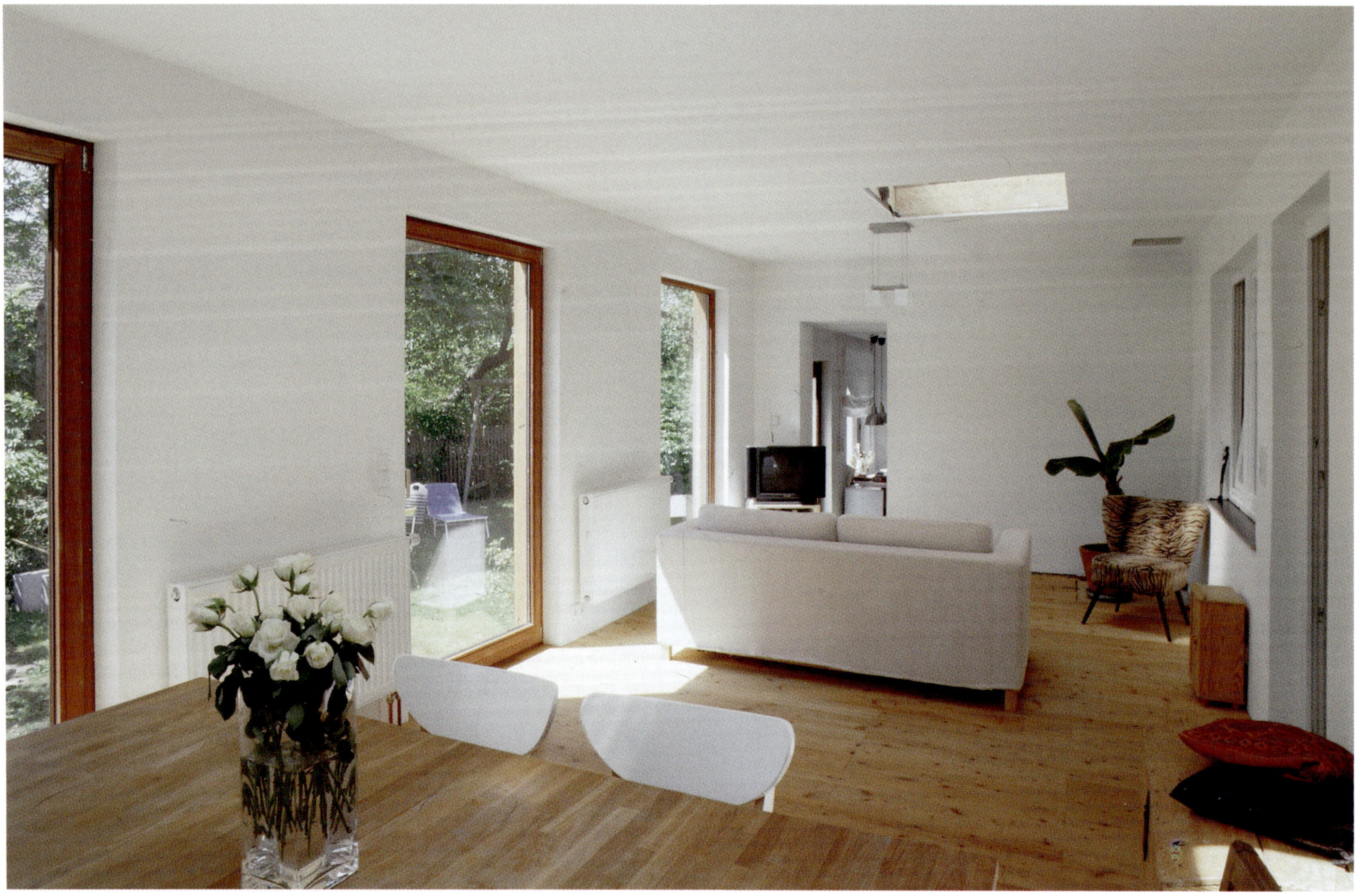

Linke Seite oben: Blick zum Essplatz mit dem großzügigen Durchgang zur Küche. Über eine Fenstertür ist vom Kochbereich ein direkter Durchblick und Durchgang zum Garten möglich. Der Verzicht auf eine Türe spart nicht nur Geld, sondern macht den Raum auch großzügiger. Die Bereiche sind durch einen einheitlichen Bodenbelag aus preiswerter Fichte visuell verbunden.

Linke Seite unten: Der Blick durch den Raum zeigt die räumliche Qualität der Erweiterung.

Unten rechts: Das Ostfenster holt die Morgensonne in den Anbau.

WICHTIGE BAUDATEN

Standort: Olching bei München
Bauzeitraum: 2006 (4 Monate)
Grundstücksgröße: ca. 481 m²
Wohnfläche Erweiterung: ca. 26 m² (Wohnfläche gesamt nach Umbau: ca. 81 m²)
Umbauter Raum Erweiterung (BRI): ca. 82 m³
Kosten senkende Faktoren: ganzheitlich Kosten sparende Planung, genaue Steuerung und Kontrolle der Bauabläufe, kompakte Gestaltung des Baukörpers, Verzicht auf überflüssige Bauteile (z.B. keine Innenwände, möglichst wenige Elektroleitungen und -anschlüsse), Verwendung günstiger Konstruktionsweisen, Materialien und Techniken (z.B. Dach mit Deckung aus Bitumenbahnen, OSB-Platten, Einsatz gebrauchter Bauteile), Eigenleistungsanteil (ca. 90% der Handwerkerleistungen)
Gesamtkosten brutto (Erweiterung, Erneuerung des Bodenbelags in der bestehenden Küche): ca. 14.000 Euro

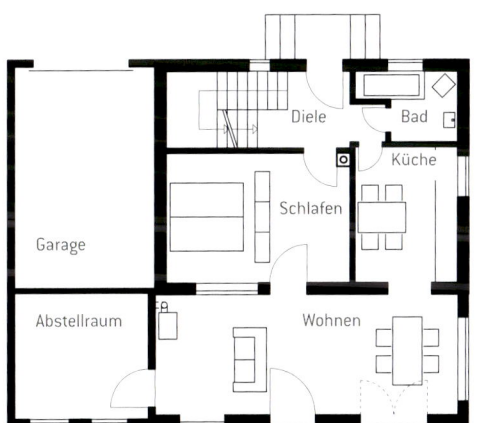

Grundriss Erdgeschoss

0 1 2 3 4 5 6 7 8 9 10m

ANHANG

ADRESSEN

Der Autor steht für Leseranfragen
gerne zur Verfügung:
Thomas Drexel
Autor und Architekturfotograf
Am Fladerlach 9
86316 Friedberg
Tel./Fax 08 21 / 6 07 08 74
thomas.drexel@t-online.de

Verzeichnis der Architekten

Seite 12–19 und 20–21
W. Hofschröer Architekten/
Bernadette Kösters
Canisiustraße 13
48429 Rheine
Tel. 0 59 71 / 79 11 50
info@w-hofschroeer.de
www.w-hofschroeer.de

Seite 22–31
mm + p / Prof. Meyer-Miethke + Partner
Architekten und Ingenieure
Kochstraße 65f
10969 Berlin
Tel. 03 41 / 30 76 65 18
modularesbauen@gmx.net
www.modularesbauen.com

Seite 32–37
BauWerk Architekten/Heribert Röttger,
Tom Schüring-Bruns
Plauener Straße 17
44139 Dortmund
Tel. 02 31 / 1 38 55 90
info@bauwerk-architekten.de
www.bauwerk-architekten.de

Seite 38–45
PPAG Architects ZT GmbH
Anna Podelka und Georg Poduschka
Gumpendorferstraße 65
1060 Wien
Österreich
Tel. + 43 / (0)1 / 58 74 47 10
www.ppag.at

Seite 46–51
Architekt Andreas Sturmberger
Atelier Sturmberger/Moser
Lützelburgstraße 1
4020 Linz
Österreich
Tel. + 43 / (0)7 32 / 77 57 66
andreas.sturmberger@utanet.at

Seite 52–57
Johannes Kaufmann Architektur
Sägerstraße 4
6850 Dornbirn
Österreich
Tel. + 43 / (0) 55 72 / 2 36 90
oder
Taborstraße 71
1020 Wien
Österreich
Tel. + 43 / (0)1 / 2 14 00 00
office@jkarch.at
www.jkarch.at

Seite 58–63
seeger-ullmann architekten
Bettina Seeger und Matthias Ullmann
Heilbrunner Straße 63
81671 München
Tel. 0 89 / 49 13 71
an@seeger-ullmann.de
www.seeger-ullmann.de

Rathscheck Schiefer und Dach-Systeme KG
56707 Mayen-Katzenberg
Tel. 0 26 51 / 95 50
Tel. 0 26 51 / 95 52 44

Seite 64–69
Steinblock Architekten / Rau Steinblock
Tietze Tietze
Ulrike und Alexander Tietze
Porsestraße 19
39104 Magdeburg
Tel. 03 91 / 7 34 69 31
info@steinblock-architekten.de
www.steinblock-architekten.de

Seite 70–77 und 110–115
MAGK architektur aichholzer klein
Schönbrunnerstraße 31/7
1050 Wien
Österreich
Tel. + 43 / (0)1 / 5 86 38 09
E-mail: architektur@magk.at
www.magk.at

Seite 78–83
Architekt Torsten Stelling
H.-Lamprecht-Straße 33
27442 Gnarrenburg
Tel. 0 47 63 / 12 83
mail@stelling-architekt.de
www.stelling-architekt.de

Seite 84–89
Architekt Gerhard Blasisker
Andreas-Hofer-Straße 27
6020 Innsbruck
Österreich
Tel. + 43 / (0)5 12 / 90 89 08 12
blasisker@aon.at
www.blasisker.com

Seite 90–95 und 124–127
TuS Modulhaus Produktion
www.modulhaus.at
Architekt Oliver Seindl
Anichgasse 4
8051 Graz
Österreich
Tel. +43 / (0)3 16 / 58 16 37
und Zimmerei Luttenberger
(Generalunternehmer)
Liebenauer Hauptstraße 204a
8041 Graz
Österreich
Tel. +43 / (0)3 16 / 40 14 18

Seite 96–101
Architekt Raimund Dickinger
Waidach 45
4655 Vorchdorf
Österreich
Tel. +43 / (0) 76 14 / 7 17 85

Seite 102–109
Architekt Bernhard Nickel
Neufeldstraße 42d
82140 Olching
Tel. 0 81 42 / 6 52 89 10
cbn@imail.de

Carola Nickel (Innenraumberatung)
Mode- und Kommunikationsdesign
Cannabichstraße 7
81543 München
Tel. mobil 01 79 / 2 94 38 38
hase@carnickel.de

Landschaftsarchitektin Theresa Fuchs
(Garten- und Grünflächenberatung)
Emmeringer Straße 8
82223 Eichenau
Tel. 0 81 41 / 81 37 57
theresafuchs@gmx.de

Seite 116–119
Architekt Viktor Jung/S_M_L houses
Radlpassstraße 21
8502 Lannach
Österreich
Tel. +43 / (0) 31 36 / 8 30 92
office@sml-houses.com
www.sml-houses.com
www.vja.at

Seite 120–123
SPLITTERWERK
St.-Peter-Pfarrweg 30 / Vinzenzgasse 8 /
Mandellstraße 33
8010 Graz
Österreich
Tel. +43 / (0)3 16 / 81 05 98
splitterwerk@splitterwerk.at
www.splitterwerk.at

Seite 130–133
Caramel – Architekten Katherl, Haller,
Aspetsberger
Schottenfeldgasse 60/36
1070 Wien
Österreich
Tel. +43 / (0)1 / 5 96 34 90
kha@caramel.at
www.caramel.at

Seite 134–139
Architekt Gerhard Fischill
Tobersbergerweg 6
4040 Linz
Österreich
Tel./Fax +43 / (0)7 32 / 22 13 38
office@fischill-architekt.at
www.fischill-architekt.at

Seite 140–145
Architekt Ivano Iseppi
Canovastraße 13
7430 Thusis
Schweiz
Tel. +41 / (0)81 / 6 51 04 40
iseppi.arch@bluewin.ch
www.iseppi-urbanplus.ch

Seite 146–151
Architekten Koeb und Pollak
Sabine Pollak und Roland Koeb
Wälderstraße 18
6922 Wolfurt
Österreich
und Margaretenstraße 38/8
1040 Wien
Österreich
Tel. +43 / (0)1 / 58 17 78 10
arch.koeb@aon.at

Seite 152–155
Architekt Bernhard Nickel
Neufeldstraße 42d
82140 Olching
Tel. 0 81 42 / 6 52 89 10
cbn@imail.de

Bundesamt für Wirtschaft und Ausfuhrkontrolle (BAFA)
www.bafa.de
Bauförderungen

Fachagentur Nachwachsende Rohstoffe e.V. (FNR)
Hofplatz 1
18276 Gülzow
Tel. 0 38 43 / 6 93 00
www.fnr.de
Bauförderungen

Kreditanstalt für Wiederaufbau (KfW)
Palmengartenstraße 5–9
60325 Frankfurt am Main
Tel. 0 69 / 7 43 10
Tel. 0 18 01 / 33 55 77
www.kfw.de
vergünstigte Baukredite

Schweizerisches Bundesamt für Energie
Beratung/Förderung im Bereich Energieeinsparung/
ökologisches Bauen
Worblentalstraße 32
3300 Bern
Schweiz
Tel. +41 / (0) 31 / 3 22 56 11
www.admin.ch.bfe

UmweltBank Nürnberg
Laufertorgraben 6
90489 Nürnberg
Tel. 09 11 / 5 30 81 05
www.umweltbank.de
u.a. vergünstigte Finanzierungen für nachhaltiges Bauen

Versandservice Verbraucherzentrale Bundesverband
Postfach 1116
59930 Olsberg
Tel. 0 29 62 / 90 86 47
versandservice@vzbv.de
www.vzbv.de
Verbraucherinformationen zu unterschiedlichen Themen,
u.a. zum kostengünstigen Bauen

www.bauarchiv.de
insbesondere
www.bauarchiv.de/neu/baurecht/_baugenehmigung.htm
Umfassende Webseite zu den verschiedensten Bau- und Archi-
tekturthemen, u.a.zum Thema Bauen + Geld (Baukosten, Honorar-
abrechnung, Fördermittel etc.)

www.bauen.de
Tipps und Hilfe u.a. zu den Themen Finanzierung, Rechtsfragen und
Vertragsgestaltung, Folgekosten, Baugeld-ABC und Finanzierungs-
lexikon

www.baufoerderer.de
Beratungsforum für Bauherren (Baufinanzierung, Bauberatung,
Baurecht, Baurechner für Fördermöglichkeiten etc.)

www.baulinks.de
Webseite mit zahlreichen Links zu Bezugsadressen für Bau-
material/Baustoffe, Preisangaben für Bauleistungen, Baukosten-
Rechenmodelle zur Baukostenschätzung und Förderdatenbank

www.bau.net
insbesondere www.bau.net/forum/planung
inklusive Frage- und -Antwort-Forum für Bauherren

www.bauordnung.at
Verzeichnis der Bauordnungen der deutschen und österreichischen
Bundeslände sowie der Schweizer Kantone

www.baurechtscentrum.de
Vertragsmuster- und Vorlagensammlung, Bauherrentipps, Gesetze
und Verordnungen zum (kostenpflichtigen) Downloaden

www.energyagency.at/esf/index.htm
Webseite mit Link zu Energiesparförderungen und Energieberatung
in ganz Österreich, mit Verzeichnis der Ansprechpartner auf
Bundes- und Landesebene

www.heimwerker-webverzeichnis.de
u.a. zahlreiche Arbeitsanleitungen und Informationen zu nahezu
allen Aufgaben beim Hausbau

www.help.gv.at
Behördenübergreifende Plattform zu Amtswegen in Österreich –
in der Rubrik »Bauen« u.a. Informationen zu Baurecht und Bau-
ordnung, Vorbereitung des Hausbaus, finanziellen Förderungen
und Beihilfen

www.immowelt.de
Webseite zum Thema Bauen und Immobilienerwerb

www.oekostest.de
Sehr empfehlenswerte Homepage auch zu den Themen Bauen, Wohnen, Renovieren sowie zu Förder- und Zuschussmöglichkeiten (www.fdb.oekotest.de).
Aktuelle Testberichte über Baumaterialien und Produkte am Bau und im Wohnbereich finden sich darüber hinaus im Öko-Test-Magazin sowie in regelmäßig erscheinenden Öko-Test-Sonderheften.

Unternehmen und Bezugsadressen für günstige Bauprodukte

Bauteilnetz Deutschland
www.bauteilnetz.de
Regionale Bauteilbörsen:
www.bauteilboerse-bremen.de
www.bauteilboerse-hannover.de
www.jugendwerkstatt-giessen.de

Baustoff-Zentrum Olching GmbH
J.-G.-Gutenberg-Straße 16
83140 Olching
Tel. 0 81 42 / 4190
kontakt@bzo-olching.de

Betonwerk Büscher GmbH
Hofkamp 34
48599 Gronau-Epe
Tel. 0 25 65 / 14 22
Betonfertigteile

Farben Kaes
Inh. K. Fleckenstein
Hauptstraße 5
82140 Olching
Tel. 0 81 42 / 1 29 48

Konak Kunststoffverarbeitung
Lerchenfeldstraße 15
6890 Lustenau
Österreich
ahmet.kocagozeli@aon.at
www.konak-netze.com
Anbieter Textilvlies für Fassaden

Schreinerei Ulrich Lang
Gewerbering 12
86944 Unterdiessen
Tel. 0 82 43 / 96 03 71

Lütkenhaus Hochbau, Stahlbetonbau GmbH
Börnste 64
48249 Dülmen
Tel. 0 25 94 / 9 40 20
Betonfertigteile

Fa. Marwilit
Rita Bunke
Heinrich-Haanen-Straße 16
Gewerbegebiet Heidenfeld
41334 Nettetal
Tel. 0 21 53 / 95 21 12
Tel. 0 21 53 / 91 16 68
burita@t-online.de
Trapezbleche, Faserzement-Wellplatten, Polycarbonatplatten etc.

Fa. Parkett Mahl
Fasanenweg 1
86551 Aichach
Tel. 0 82 51 / 49 88
parkett-mahl@gmx.de
www.parkett-mahl.de

Sägewerk Baumüller GmbH
Ottomühle 4
86438 Kissing
Tel. 0 82 33 / 55 39

LITERATUR

Thomas Drexel, Häuser für junge Bauherren. Von der Idee über die Finanzierung und Planung zum eigenen Haus, München 2003 (2. Auflage)
Thomas Drexel, Kleine Grundstücke optimal nutzen, München 2005
Thomas Drexel, Die neuen Öko-Häuser. Kostengünstig und zeitgemäß, München 2004
Friedrich Grimm, Einfamilienhäuser unter 250.000 Euro, München 2004
Frank Littek, Richtig sparen beim Bauen. Der clevere Ratgeber für den preisgünstigen Hausbau, Taunusstein 2004 (4., überarbeitete Auflage)